高职高专物流管理专业规划教材

现代物流企业管理

主　编　阮喜珍

参　编　曾　毅　刘晶璟　李诗华

叶清贫　汤中明

机　械　工　业　出　版　社

本教材采取理论联系实际的方法，使学习者掌握物流企业管理的基本知识和基本方法。突出以生产岗位和工作任务或项目所需的知识、技能要求，并进行教材内容体系的架构，突出理论知识够用，强化应用和实践技能。教材在注重学生获得间接经验的同时，把探究性学习活动置于重要地位，让学生在“做”的过程中充分经历探究过程。每章通过导入案例来揭示和分析所要学习的内容和相关要求，说明需要解决的具体问题及应具备的技能和知识构成，并由此引导本章内容的展开。同时每章后配有一定数量的案例分析题或物流企业管理方法的操作分析、训练习题，旨在使学生通过相关技能的训练和知识的应用，有效地获得解决物流企业管理中的基本问题的能力。本书可作为高职院校物流企业管理类专业的专业课教材和其他相关专业的辅导教材，也可作为企业内从事相关工作人员的参考用书。

图书在版编目（CIP）数据

现代物流企业管理/阮喜珍主编. —北京：机械工业出版社，2011.7（2016.1 重印）
高职高专物流管理专业规划教材
ISBN 978-7-111-34541-1

I. ①现… II. ①阮… III. ①物资企业—企业管理—高等职业教育—教材 IV. ①F253

中国版本图书馆 CIP 数据核字（2011）第 156426 号

机械工业出版社（北京市百万庄大街 22 号 邮政编码 100037）
策划编辑：孔文梅　　　　责任编辑：张 亮
责任印制：李 洋
北京瑞德印刷有限公司印刷（三河市胜利装订厂装订）
2016 年 1 月第 1 版·第 3 次印刷
169mmx239mm·18.5 印张·358 千字
5001—7000 册
标准书号：ISBN978-7-111-34541-1
定价：32.00 元

凡购本书，如有缺页、倒页、脱页，由本社发行部调换
电话服务
服务咨询热线：010-88379833
读者购书热线：010-88379649
网络服务
机 工 官 网：www.cmpbook.com
机 工 官 博：weibo.com/cmp1952
教育服务网：www.cmpedu.com
金 书 网：www.golden-book.com

前　言

目前，企业基层及生产、服务第一线管理人员非常匮乏，而高等职业教育正是培养适应生产、建设、管理、服务第一线需要的高等技术应用型人才的摇篮。目前，虽然物流企业管理方面的教材较多，但很多不适合高职的学生，也不适合高等职业教育的教学模式的改革。特别是对物流管理类专业的针对性不强，要么偏向企业管理，要么偏向企业物流。“物流企业管理”是物流管理类专业的主要专业课程或专业基础课程，其教材和教学模式改革迫在眉睫，编写本教材可以解决当务之急，为培养满足社会需要的第一线物流人才作贡献。

考虑到高职教育突出技能性和实用性的特点和要求，本教材围绕现代物流企业管理实务操作的相关知识、技能要求进行编写。突出以管理岗位和物流工作任务所需的知识、技能要求进行教材内容体系的架构，即按现行物流企业相关管理岗位或管理项目所实施的实务操作技能和必备知识要求编写。采用通俗易懂的语言，既注重理论与方法的系统介绍，又穿插一些小案例、知识链接和小思考，增强趣味性。着重介绍怎么做、如何做，力求通俗易懂，注重案例和图表的运用。每章均以相关案例引入，后面附有基本训练、案例分析和综合实训。

本书以全国高职高专类院校经济管理类，特别是物流管理专业的学生为教学对象，同时也可作为物流管理人员培训和普通高等教育的教材或教学参考书。

在本书的编写过程中，参考和引用了许多学者的研究成果，在此谨向有关作者表示诚挚的感谢！

本书由阮喜珍主编。全教材共分为十章，其中第 1 章由武汉职业技术学院阮喜珍编写；第 2 章和第 4 章由湖北第二师范学院汤中明编写；第 3 章由武汉纺织大学李诗华编写；第 5 章、第 7 章、第 10 章由武汉铁路职业技术学院曾毅编写；第 6 章由武汉职业技术学院刘晶璟编写；第 8 章、第 9 章由武汉铁路职业技术学院叶清贫编写；最后，由阮喜珍总纂全书。本书得到了机械工业出版社的大力支持以及同行专家关心、帮助和指导，在此一并表示感谢！

为方便教学，本书配备电子课件等教学资源。凡选用本书作为教材的教师均可索取，请发送邮件至 cmpgaozhi@sina.com，咨询电话：010-88379375。

由于编者水平有限，本书难免存在欠缺和差错，恳请读者批评指正。

编　者

目 录

第1章 现代物流企业和物流企业管理概述

学习目标

知识目标

- 掌握物流企业的概念、基本职能、任务、分类及经营模式；
- 了解物流企业的特征；
- 掌握物流企业管理的含义、性质及职能；
- 掌握物流企业管理的原理、原则及方法；
- 了解物流企业管理模式、物流企业文化。

技能目标

- 正确判断物流企业类型及经营模式；
- 正确运用企业管理原理、原则和方法处理实际问题；
- 分析物流企业管理中存在的问题，指出改进方向；
- 能针对问题提出一些措施；
- 能从物流企业文化的角度分析企业管理问题。

引例

佐川急便株式会社

佐川急便株式会社是日本著名的综合性第三方物流企业，全球100强物流企业之一。公司在日本拥有300多个营业网点、2万余辆汽车和3万余名职工。2001年8月，公司总部、全体分公司及营业店均获得ISO9001认证，公司总部还获得ISO14001 认证。佐川急便株式会社（简称佐川急便）的业务范围覆盖中国、中国香港、美国、新加坡、越南、菲律宾、马来西亚等国家和地区。

在过去几十年内，佐川急便不断积累经验，改进运营和作业方法，形成一套综合性第三方物流业务流程和运营经验，并形成相应的现代化物流企业管理制度。佐川急便拥有广泛的客户群，并拥有丰富的现代物流经营管理经验和具有国际先进水平的计算机物流信息管理系统；重视服务质量的管理；实施高度柔性的人员管理。

佐川急便能够针对不同行业的客户需求提供灵活、高效的物流服务，提供 365 天 24 小时运作的全方位服务体制。佐川物流中心还能够每天灵活地安排有关作业人员，根据客户所需要的业务内容，能够随时安排所需要的人员。在实际操作上，能够有效并及时地调节“空间”和“人员”。佐川急便经过近半个世纪的发展和开拓，在日本国内形成星罗棋布的物流网点，可保证随时根据客户的要求，快捷、准确地将各类货物运达任何地点。同时，通过信息系统网和遍布日本的物流基地构成完备的物流体系。为了提高货物行踪报告服务质量，佐川急便的所有配送车辆均装备有专用通信系统。佐川急便可以在分析客户运作现状的基础上，定做个性化方案，由其设计的物流系统可以在较短时间内同客户系统相连接。

资料来源：根据 www.sagawa-exp.co.jp/ 提供的资料修改。

这一案例表明：一个成功的物流企业必须有现代化物流企业管理制度、先进的物流运营管理体系、科学合理的物流业务流程、完备的物流网络，重视物流服务的质量管理和人员管理。总之，任何一个物流企业的成功与有效的企业管理是分不开的。

1.1 供应链环境下的物流企业及经营模式

1.1.1 供应链环境下的物流类型

在供应链管理环境下，物流企业扮演着举足轻重的角色，如果没有物流系统的无缝连接，就会使供应链上企业之间的同步化、并行化运作，实现快速响应市场的能力大打折扣。在供应链管理这个大环境下非常有必要进行物流企业管理创新，提高物流企业管理水平，从而更加敏捷地应对市场环境和消费者需求的变化，做到柔性化的经营。这不仅使物流企业具有获得市场存在的依据和持续发展的动力，还会推动物流客户服务战略的发展。

物流是社会分工日益细化的结果。1991 年，在荷兰乌德勒支市第九届物流国际会议上，人们对现代物流概念与内涵达成共识，认为物流包括生产前和生产过程中的物质、信息流通过程，而且还向生产之后的市场营销活动、售后服务、市场组织等领域发展。伴随物流理论的发展，物流可分为 4 种方式：

（1）第一方物流。第一方物流又称自营物流，即工业企业自身对产品和物品进行的物流活动。这是一种粗放、绩效低下的物流管理模式。

（2）第二方物流。这是指买方或流通企业组织的物流行为，这些物流组织的核心业务是采购并销售商品，生产企业将一部分物流功能委托给物流公司，实现共同配送。

（3）第三方物流。这是一种介于供应商和用户之间的专业物流形式，是指由物品供方和需方以外的第三者提供物流服务的业务模式。随着企业竞争的加剧，生产企业开始把包括物流系统设计的整个物流业务外包给第三方物流企业。

（4）第四方物流。第四方物流的概念，是由安盛咨询公司首先提出的，其主要定义为一个供应链集成商，这个集成商既能调配和管理组织自身，又能给客户提供物流增值及互补服务，利用资源、能力与技术，为客户提供全面的供应链解决方案。第四方物流也可以理解为是在第三方物流的基础上对管理和技术等物流资源作进一步的整合，并为客户提供全面供应链物流的解决方案的集成商。本书中所指的现代物流企业主要是指第三方物流企业。

第三方物流与第一方物流、第二方物流的关系如图 1-1 所示。

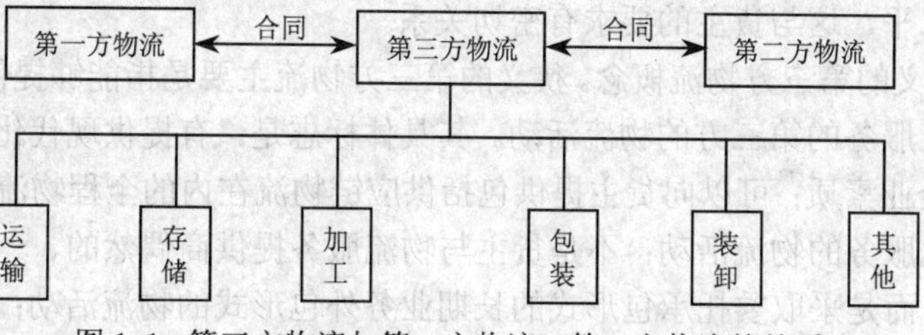

图 1-1　第三方物流与第一方物流、第二方物流的关系

1.1.2　物流企业的定义及类型

1．第三方物流和物流企业

第三方物流（third party logistics）的概念源自于管理学中的外部资源（outsouring），意指企业动态地配置自身和其他企业的功能和服务，利用外部的资源为企业内部的生产经营服务。将外部资源引入物流管理领域，就产生了第三方物流的概念。所谓第三方物流是指生产经营企业为集中精力搞好主业，把原来属于自己处理的物流活动，以合同方式委托给专业物流服务企业，同时通过信息系统与物流服务企业保持密切联系，以达到对物流全程的管理和控制的一种物流运作与管理方式。因此，第三方物流又叫合同制物流（contract logistics）。提供第三方物流服务的企业，其前身一般是运输业、仓储业等从事物流活动及相关的企业。从事第三方物流的企业在委托方物流需求的推动下，从简单的存储、运输等单项

活动转为提供全面的物流服务，其中包括物流活动的组织、协调和管理、设计建议最优物流方案、物流全程的信息搜集和管理等。目前第三方物流的概念已广泛地被西方流通行业所接受。

中国国家标准《物流术语》中，将第三方物流定义为："由供方与需方以外的物流企业提供物流服务的业务模式。"这一定义明确了"第三方"的内涵，即物流服务提供者作为发货人（甲方）和收货人（乙方）之间的第三方，代表甲方或乙方来执行物流功能。在美国的有关著作中，第三方物流的定义是：非货主企业通过合同的方式确定回报，承担货主企业全部或一部分物流活动。与《物流术语》相比，这一定义除了强调"第三方"不拥有货物所有权外，特别突出了第三方物流企业与传统仓储业的重要区别，即管理功能和契约式共同利益。日本对于第三方物流的理解是：供方和需方以外不拥有商品所有权的从业者为第三方，向货主企业提供物流系统，为货主企业全方位代理物流业务，即物流的外部委托方式。

（1）广义的第三方物流概念。广义的第三方物流是相对于自营物流而言的。凡是由社会化的专业物流企业按照货主的要求，所从事的物流活动都可以包含在第三方物流范围之内，至于第三方物流是从事哪一个阶段的物流、物流服务的内容和服务水平，这与货主的要求有密切关系。

（2）狭义的第三方物流概念。狭义的第三方物流主要是指能够提供现代化的、系统的物流服务的第三方的物流活动。其具体标志是：有提供现代化的、系统物流服务的企业素质；可以向货主提供包括供应链物流在内的全程物流服务和特定的、定制化服务的物流活动；不是货主与物流服务提供商偶然的、一次性的物流服务活动，而是采取委托承包形式的长期业务外包形式的物流活动；不是向货主提供一般性物流服务，而是提供增值物流服务的现代化物流活动。

小思考

如何理解《物流术语》的第三方物流定义呢？

我们至少可以这样理解：①第三方物流是一种物流服务，这种物流服务是"由供方与需方以外的物流企业提供"的。②第三方物流是一种业务模式，这种业务模式是指"由供方与需方以外的物流企业提供物流服务的业务模式"。

（3）物流企业的概念。物流企业是为各类用户从事各种后勤保障活动的经营者，是一种自我经营、自我发展、自我积累、自我约束的营利性经济组织，它追求利润最大化。而第三方物流企业区别于其他提供单一物流服务性业务的企业，它致力于提供物流综合业务，通过提供专业化的服务享受利润。物流企业相对单一运输的企业来说，服务更加多样化，经营范围更广。

一般情况下，物流企业又等同于第三方物流企业。具体可定义为物流企业

（logistics enterprise）至少从事运输（含运输代理、货物快递）或仓储经营业务，并能够按照客户物流需求对运输、储存、装卸、包装、流通加工、配送等基本功能进行组织和管理，具有与自身业务相适应的信息管理系统，实行独立核算、独立承担民事责任的经济组织。

知识链接 1-1

物流企业的范畴

物流企业的范畴较广，其中包括经营各种货运站（中转站）、集装箱码头（多式联运中转站）、车站、港口、机场、各种物流设施、配送中心、仓库、各种货物运输方式及多式联运、各个物流要素，以及货运代理、配载服务、物流信息服务等企业。从事第三方物流的企业在委托方物流需求的推动下，从简单的存储、运输等单项活动转为提供全面的物流服务，其中包括物流活动的组织、协调和管理，设计、建议最优物流方案，全程的信息搜集、管理等。现有的第三方物流公司中的大多数并不是一开始就是第三方物流公司，而是以传统的“类物流”业为起点（如仓储业、公路运输、空运、海运、货代、公司物流部等）逐渐发展成为第三方物流企业的。

2．物流企业类型

按照企业经营业务的不同，物流企业可分为以下几种类型：

（1）运输型物流企业。运输型物流企业应同时符合以下要求：以从事货物运输业务为主，包括货物快递服务或运输代理服务，具备一定规模；可以提供门到门运输、门到站运输、站到门运输、站到站运输服务和其他物流服务；企业自有一定数量的运输设备；具备网络化信息服务功能，应用信息系统可对运输货场进行状态查询、监控。

（2）仓储型物流企业。仓储型物流企业应同时符合以下要求：以从事仓储业务为主，为客户提供货物储存、保管、中转等仓储服务，具备一定规模；企业能为客户提供配送服务及商品经销、流通加工等其他服务；企业自有一定规模的仓储设施、设备，自有或租用必要的货运车辆；具备网络化信息服务功能，应用信息系统可对货物进行状态查询、监控。

（3）综合服务型物流企业。综合服务型物流企业应同时符合以下要求：从事多种物流服务业务，可以为客户提供运输、货运代理、仓储、配送等多种物流服务，具备一定规模；根据客户的需求，为客户制订整合物流资源的运作方案，为客户提供契约性的综合物流服务；按照业务要求，企业自有或租用必要的运输设备、仓储设施及设备；企业具有一定运营范围的货物集散、分拨网络；企业配置专门的机构和人员，建立完备的客户服务体系，能及时、有效地提供客户服务；具备网络化信息服务功能，应用信息系统可对物流服务全过程进行状态查询和监控。

按照上述物流企业的产生缘由的不同，目前我国的物流企业主要有：

（1）大型外资跨区域物流企业。目前，这类物流企业在绝对数量上不多，但是他们在物流行业中极具影响力。这些公司在新设备投资、资金实力、人才、观念、经验和管理方法上，都具有很大的优势。他们往往能提供较为全面的、跨地区的服务。这类企业大多集中于东部沿海大城市，且服务对象主要是三资企业。他们之中部分企业并不拥有车辆、仓库等物流设施，主要是提供代理服务，通过转租、联营等方式寻求中方物流企业的合作。一方面，可以充分利用国内的闲置资源，降低其固定资产的投入，从而可以降低运营成本；另一方面，因其中方合作伙伴的能力、收费及双方的沟通，也会给外资物流企业的服务质量和收费水平造成影响。

（2）由国有企业演变成的物流企业。这些公司规模都比较大，资金实力较雄厚，物流设施相对先进，在各自行业中处于领先或垄断地位。他们大多是全国性的公司，但地方的子公司都是独立核算，因此除非是很大的客户，多数客户很难享受到较为全面的配合和统一的协调。

（3）新兴内资跨区域的物流企业。新兴物流企业的定位一般都比较高，专业化程度强。为了能在短期内打入市场，回避物流设施投资大、回收期长的风险，很多新兴物流企业都采取了非资产型的第三方物流代理模式。

知识链接 1－2

综合信兴物流

综合信兴物流由马来西亚综合物流集团和中国香港信兴集团共同投资，于1995年注册成立。综合物流集团成立于1973年，是马来西亚久负盛名的集团上市公司；信兴集团成立于1953年，为松下电器产业株式会社在中国香港、中国澳门的产品总代理。综合信兴物流以仓储、配送、运输为业务主干并为客户提供全球供应链整合物流方案及物流服务。经过10余年的业务发展与稳健经营，公司已成长为深圳市实力雄厚的大型第三方物流企业。综合信兴物流将先进的信息技术与现代化的物流设备紧密结合，依托完善的服务网络、专业的服务能力等为客户提供综合物流服务，公司已与国内外多家知名企业结成长期战略合作联盟，为其提供高效优质的物流服务。目前公司在深圳和上海拥有17万平方米设计先进、安全可靠的仓库。仓库内均设有高速的装载电梯、卸货平台及自动化消防系统，运用先进的SSA EXCEED3.7仓库管理系统，实施EDI电子报关，全面采用CCTV、CAS门禁管理系统并根据TAPA A级要求进行管理。

1.1.3　物流企业的特征

一般而言，物流企业具有以下几个方面的特征：

1．关系契约化

物流企业与货主企业间需要信息共享，要求互相信任且共同承担风险、共享收益，因此需要用契约的形式约束双方的行为。根据契约的条款，第三方物流企业提供规定的物流服务，并管理其物流活动及其过程，而不是按照客户的临时要求提供服务；根据契约的条款，明确各物流联盟企业间的责、权、利关系。

2．服务个性化

物流企业需要对客户具有深度了解，从而提供针对性的定制化服务和增值服务。物流服务从产品推销阶段发展到市场营销阶段，物流企业也从面向社会提供服务的传统外包阶段进化到面向企业的个性化服务阶段。物流企业因市场竞争、物流资源、物流能力等的影响需要形成核心业务，不断强化所提供物流服务的个性化，以增强自身竞争力。

3．规模化、功能专业化

物流公司一般要承包很多客户的业务，实际上是面对整个物流市场提供服务。因此，这类公司容易达到较大的业务规模，取得规模效应。第三方物流与一般的物流相比，从物流设计、物流操作过程、物流技术工具、物流设施到物流管理，必须体现出专门化和专业水平，并且能够提供增值服务。这既是货主企业的需要，也是第三方物流企业自身发展的需要。

4．管理系统化

第三方物流应具有系统的物流功能，能为客户企业提供多功能甚至全方位的物流服务，它可以有效地整合运输、仓储等资源要素，利用物流网络要素，提供运输、储存、包装、装卸搬运、流通加工、信息处理、增值服务等部分或全部的物流功能。

5．信息网络化

信息技术是第三方物流发展的基础。信息技术提高了数据的快速、准确地传递，使订货、仓储、运输、流通加工实现一体化，促进了相关企业间的交流和协作。用于支撑第三方物流的信息技术包括电子数据交换技术、电子支付技术、条形码技术和电子商务技术等。第三方物流企业信息化和科技化水平普遍比较高。在网络经济时代和信息技术高度发达的今天，市场竞争非常激烈，第三方物流企业只有运用现代信息技术及时地与客户交流协作，才能赢得市场，才能生存和发展。

1.1.4 物流企业的职能和任务

1．物流企业的职能

物流企业是物流服务的供应商，其职能就是围绕如何为其顾客提供完整的以供应链组织协调为核心的整套服务。即物流企业在整个供应链中具有承上启下的作用，通过物流企业可以将生产企业、流通企业和最终消费用户联系起来。物流企业的职能分为宏观职能和微观职能两类。

物流企业的宏观职能：解决生产与消费之间在数量、质量、时间和空间上的矛盾，实现生产与消费的供求结合，保证社会再生产的良性循环。

物流企业的微观职能：物流企业的微观职能具体地讲可从资源的购买职能、销售职能、储存职能、实体输送职能、信息流通职能五个方面去考虑，具体表现为：

（1）购买职能：用货币购买生产企业的产品（产成品或原辅材料等），进入流通，实现从货币到商品的流转。

（2）销售职能：实现从商品到货币的流转。

（3）储存职能：解决生产与消费之间的时间阻碍。

（4）实体输送职能：解决生产与消费之间的空间阻碍。

（5）信息流通职能：解决信息的交流。

物流企业的宏观职能是通过微观职能的具体实施来完成的，宏观职能为微观职能指明方向，微观职能又是实现宏观职能的具体体现。

2．物流企业的任务

物流企业的任务具体体现在：促进引导生产、积极组织进货；搞好销售工作、满足市场需要；加速商品流转、缩短流通时间；实现商品实物上的节约；创造自己的品牌，加快现代化建设。

在现实状况下，物流企业要苦练内功，加快自己的发展。这主要是指从单功能向多功能发展，从小企业向规模化发展，从小整合向大整合发展，从区域性向全国性发展，从不规范向规范发展。要用供应链管理的理念与发展模式把自己融入供应链。在供应链中当好自己的角色，发挥自己的作用。凡有条件的物流企业，要有提供解决方案的能力。要创自己的品牌。品牌在某种意义上是一个企业的生命。物流企业一定要瞄准品牌这一目标，创企业业务品牌，创客户服务品牌，创信息网络品牌，一定要有自己的特色。要培养人才，要有自己的团队，物流业是一个复合型产业，物流企业要有复合型的人才结构。物流企业家要敢于、善于在人才培养与人本管理上下工夫。要建立企业自身的为客户服务的绩效考量指标。一切都要体现在财务的指标上，物流服务的最终目的，对国家来讲是提高经济运行质量与效率，对企业来讲，就是降低物流成本，提高市场竞争能力。

1.1.5　物流企业的经营模式

目前，以中远物流、中外运物流、招商局物流为代表的一批中国先进物流企业，积极适应市场需求变化和应对国外企业的冲击，结合自身优势，在开展现代物流服务的过程中探索出了很多具有代表性的经营模式。

1．物流服务延伸模式

所谓物流服务延伸模式，是指在现有物流服务的基础上，通过向两端延伸，向客户提供更加完善和全面的物流服务，从而提高物流服务的附加价值，满足客户高层次物流需求的经营模式。例如，仓储企业利用掌握的货源，通过购买部分车辆或者整合社会车辆从事配送服务；运输企业在完成货物的线路运输之后，根据客户的要求从事货物的临时保管和配送。这种模式对于从事单一功能物流服务的传统物流企业来说，不仅可以拓展物流服务的范围，而且能够达到提高物流服务的目的。

2．行业物流服务模式

行业物流服务模式是通过运用现代技术手段和专业化的经营管理方式，在拥有丰富行业经验和对客户需求深度理解的基础上，在某一行业领域内，提供全程或部分专业化物流服务的模式。这种经营模式的主要特点是将物流服务的对象分为几个特定的行业领域，然后对这个行业进行深入细致的研究，掌握该行业的物流运作特性，从而提供具有特色的专业服务。在国内，行业物流服务是近年来我国物流市场发展的一个趋势，服装、家电、医药、书籍、日用品、汽车、电子产品等行业或领域纷纷释放物流需求，极大地丰富了物流市场。

3．项目物流服务模式

项目物流服务模式是指为具体的项目提供全程物流服务的模式。这类需求主要集中在我国一些重大的基础设施建设项目和综合性的展会、运动会中，如三峡水电站、秦山核电站、国家体育馆等基建项目，以及奥运会、展览会等大宗商品的运输物流服务，实施这种模式的物流企业必须具备丰富的物流运作经验和强大的企业实力。

4．定制物流服务模式

定制物流服务模式是指将物流服务具体到某个客户，为该客户提供从原材料采购到产成品销售过程中各个环节的全程物流服务模式，涉及储存、运输、加工、包装、配送、咨询等全部业务，甚至还包括订单管理、库存管理、供应商协调等在内的其他服务。

案例1–1

北京星网物流中心的定制物流服务模式

北京星网物流中心是由“金鹰公司”（MSAS和Sinotrans在1996年成立的合资公司）专门为诺基亚公司兴建的物流设施，它坐落在诺基亚星网工业园内，将园区内诺基亚的区域供应商和制造商紧密地连接在一起，通过“金鹰公司”提供的无缝隙供应链解决方案，降低整个园区内企业的供应链成本，实现低成本运营目标。

5．物流咨询服务模式

物流咨询服务模式是指利用专业人才优势，深入到企业内部，为其提供市场调查分析，物流系统规划、成本控制、企业流程再造等相关服务的经营模式。企业在为客户提供物流咨询服务的同时，帮助企业整合业务流程与供应链上下游关系，进而提供全套的物流解决方案。企业通过物流咨询带动其他物流服务的销售，区别于一般仓储、运输企业的简单化服务，有助于增强企业的竞争力。

6．物流管理输出模式

物流管理输出模式是指物流企业在拓展国内企业市场时，强调自己为客户企业提供物流管理与运作的技术指导，由物流企业接管客户企业的物流设施或者成立合资公司承担物流具体运作任务的服务模式。采用管理输出方式时，可有效减少客户企业内部物流运作与管理人员的抵制，使双方更好地开展合作。

案例1–2

招商局物流集团与青岛啤酒股份有限公司的物流管理输出模式

招商局物流集团与青岛啤酒股份有限公司（简称青啤）的合作便是物流管理输出模式的一个成功案例，招商局物流集团通过对青啤发展现状和其他多方信息的分析，结合青啤自身拥有大量物流设施、设备与人员的实际情况，提出与青啤成立合资物流公司，购买或租赁青啤原有物流设施、设备，并接收青啤原有运作和管理人员。这种模式确保了招商局物流能够将其较为先进的现代物流理念、员工分配制度、操作流程的再造方法，渐进地、完整地灌输到合资公司的物流管理中。合资公司开始运作的三周时间内，青啤原有车辆利用率就提高了60%，每年仅公路运输就将为青啤节省物流成本近700万元。

7．物流连锁经营模式

物流连锁经营是指特许者将自己所拥有的商标（包括服务商标）、商号、产品、专利和专有技术、经营方式等以特许经营合同的形式授予被特许者使用；被特许者按合同的规定，在特许者统一的业务模式下从事经营活动，并向特许者支付相应费用的物流经营形式。

案例 1-3

锦程国际物流集团的加盟连锁

锦程国际物流集团从 2000 年开始物流连锁经营的尝试，将商业中加盟连锁的经营理念引入到物流业，创造出了以现代网络技术为支持，以加盟连锁的形式进行物理网络扩张的经营模式，使公司迅速汇集了资金、人才和客户资源，扩大了企业规模。

8．物流战略联盟模式

物流战略联盟模式是指物流企业为了达到比单独从事物流服务更好的效果，相互之间形成互相信任、共担风险、共享收益的物流伙伴关系的经营模式。

1.2　物流企业管理概述

1.2.1　物流企业管理的含义、性质、职能及工作内容

1．物流企业管理的含义

物流企业是从事商品实体流通活动的经济组织。作为企业，物流企业同其他企业一样通过为社会提供相应的商品或服务，实现价值增值。但关键的是企业能否如其所愿地实现价值增值，这就需要管理。管理是使组织有效运作的活动和手段。物流企业管理就是指根据商品流通的客观规律要求，应用管理的基本原则和方法，对物流企业的资源进行计划、组织、控制和协调，使物流企业能够以最小的投入，为社会提供最优质的物流服务，实现最佳经济效益的活动过程。

2．物流企业管理的性质

物流企业管理具有二重性，即物流企业管理，一方面与流通和生产力相联系，表现为劳动者同一定的物质技术条件相符合，为组织社会商品流通进行共同劳动，由此产生的自然属性；另一方面同商品流通中一定的生产关系相联系，表现为企业内部人与人之间，部门与部门之间，企业与企业之间，企业与国家之间的经济关系，因此产生了社会属性。

3．物流企业管理的职能

物流企业管理的职能包括计划与预测、组织与指挥、协调与控制、教育与激励，其中计划是物流企业管理所有职能中的首要职能。

4．物流企业管理的工作内容

对于一般企业来说，企业管理的内容如图 1-2 所示。

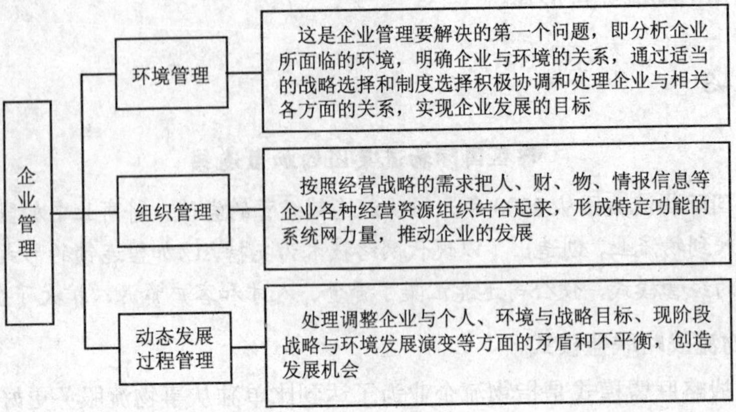

图 1-2 企业管理的内容

具体来说，物流企业管理的内容有四方面：人际关系方面的管理；经营决策方面的管理；经营活动方面的管理；物流技术方面的管理。

人际关系方面的管理。它包括物流企业领导体制的确定，企业领导班子的建立，领导权威的发挥，改进领导作风和工作方法，建立合理的管理体制、组织机构和规章制度，职工录用的考核，干部的配备、选拔，职工培训等，另外还有物流企业文化的培育、精神激励和物质利益等。

经营决策方面的管理。根据国家政策和市场需求、确定经营目标，制定经营计划，组织力量实施经营计划。它包括物流企业内部条件分析、经营管理的外部环境分析、经营的预测与决策、经营的计划工作、财务决策与计划等。

经营活动方面的管理。主要是对物流活动进行管理，通过计划、组织与控制，保证企业按规定的物流品种、数量、质量、期限、成本进行物流服务经营。具体内容包括：物流技术准备、物流组织、劳动组织、物流作业的动作研究、时间研究、物流计划与物流作业计划、在库品管理、物料控制、物料管理的安全、文明经营、质量管理等。

物流技术方面的管理。物流企业经营活动的正常运行及物流运输、搬运、仓储、流通加工、包装、配送、信息处理等功能的实现是需要现代物流技术的支持的，包括：物流信息处理技术、现代物流仓储与自动识别技术、现代物流运输与配送技术、物流安全技术等。

1.2.2 物流企业管理原理、原则及方法

物流企业管理是一门科学，具有广泛适用性，以下普遍的原理与原则适用于任何性质的物流企业。

1．系统管理原理

系统具有目的性、整体性、层次性及相关性，社会上任何组织都是以系统的形式存在的，物流企业也是如此。物流企业作为一个系统，其系统管理的基本原则如下：

（1）目标明确原则。物流企业管理必须要有明确的管理目标，要具有方向性。

（2）整合分工原则。物流企业中各部门、各要素都有不同的区别与功用，因而是可以分解的。但各部门、各要素间又有密切的联系，因此又是可以综合的。在物流企业各部门职责分工中，强调的“分工合作”即是最好的证明。

（3）层次清晰原则。物流企业在管理活动中，必须明确组织层次，明确企业中各部门、人员在整体中的地位、作用及从属关系，在实际工作中，逐层汇报、逐层指挥，只有这样，才能保证物流企业管理活动的有序进行。

2．能级管理原理

能级管理要求管理系统中的各个要素都要各在其位、各谋其政、各司其职，以保证该能级目标的实现。物流企业能级管理的基本原则如下：

（1）稳定性原则。物流企业各要素能级的确定必须保证组织结构的稳定性。

（2）责权利原则。应授予物流企业中不同能级的要素不同的权力与责任，给予不同的利益，使其责任、权力、利益与该能级相对应。责任能使该能级的工作目标与企业的整体目标相联系；权力能保证该能级正常履行职责，完成工作任务；利益能激励该能级发挥最大的能量。

（3）能级对应原则。物流企业应使具有相应才能的人处于相应的岗位上。

3．效益管理原理

管理的根本目的是利用有限的资源，通过科学的方法和手段，取得尽可能多的效益。在物流企业管理中，必须讲求管理的效益，时时以效益为出发点，加强管理，提升效率，更好地实现物流企业的管理目标。效益管理的基本原则如下：

（1）价值原则。在物流企业管理活动中，必须合理利用各种资源，努力追求以最小的耗费，取得更多的价值。

（2）有效原则。物流企业要进行有效的管理必须确定管理绩效，从而全面衡量管理的总效果，若总体效果很差，则是管理的失败，此时，其他的一切都已经不重要了。

（3）定量分析原则。对现代管理的有效性评价，在很多方面要求用量化指标来衡量，因此要求物流企业管理者必须重视和运用定量分析原则。

以上管理原理与原则是普遍适用于任何类型的物流企业的，具有普遍的实践指导意义。如果不承认管理的科学性，不按规律办事，违反管理的原理与原则，随心所欲地指挥，一意孤行地蛮干，就一定会导致管理的失败。

物流企业管理的主要方法有经济、行政、法律、现代化管理方法，其中现代化管理方法是指运用现代社会科学、自然科学与技术科学的理论、方法和手段，以达到管理高效率、高质量的一种管理方法。现代管理方法的主要特征是对物流企业的经营业务活动进行定量分析、决策，使物流企业管理达到科学、合理、有效的目的。

1.2.3 现代物流企业管理的特征

物流企业管理的最终目的是满足客户与企业战略目标的需要，包括整个供应链（从供应商开始，一直到客户）的物流成本、客户服务水平和企业投资收益的权衡取舍。现代物流企业管理表现出如下特征：

1．现代物流企业管理具有系统整合性

供应链环境下物流企业管理以企业整体最优为目的，从商品供应体系的角度来看，现代物流不是单个生产、销售部门或企业的事，而是包括供应商、批发商、零售商等有关联企业在内的整个统一体的共同活动，从而也使第三方物流企业管理成为一种供应链管理。

2．现代物流企业是为客户提供物流服务

客户服务是物流企业管理创新的原动力，其服务对象是组织体外的顾客，与此相适应，企业经营理念的核心是市场营销和为客户服务。企业的物流活动也以客户服务为价值取向，通过提供顾客所期望的服务，在积极追求自身交易扩大的同时，强调实现与竞争者顾客服务的差别化。

3．信息已成为物流企业管理的核心

现代物流企业管理依靠高度发达的信息网络和全面、准确的市场信息，来实现企业各自的经营目标和实现整个供应链的效率化。信息已成为物流企业管理的核心，现代物流活动必须及时了解和反映市场的需求，并将之反馈到供应链的各个环节，才能保证生产经营决策的正确和再生产的顺利进行。

1.2.4 我国现代物流企业管理流程

1．全面计划管理

物流企业的全面计划管理是一项综合性的全面管理工作，它是通过计划把企业的各项工作全面地组织与协调起来。物流企业全面计划管理的内容有许多方面，其中最基本的是商品供求调查、产需预测与经营决策、计划体系与计划指标体系的确立、制订计划的主要方法、计划管理的基础工作等五个方面。

2．目标实现管理

目标实现管理是围绕确定目标和实现目标而开展的一系列管理活动，是企业运用激励理论和系统工程原理，充分依靠和调动全体员工的热情和智慧，对确定和实现企业目标的计划、实施、检查和处理等四个阶段的全部活动的管理。

3．顾客服务导向管理

现代物流管理以顾客满意为第一目标，只有在很好地服务顾客的基础之上，物流企业才能进一步谋求自身的发展。建立顾客服务导向管理关键在于：

（1）确定顾客服务的目标；

（2）构建顾客服务信息系统；

（3）制定多物流服务组合；

（4）不断对物流服务绩效进行评价。

4．全面质量管理

全面质量管理是企业为保证最经济地生产用户满意的产品所做的全部组织管理工作。全面质量管理的特点是全面性和科学性相结合，其全面性体现在对全面质量、全过程和全面参加的管理，其科学性体现在以科学的思想为指导，综合、灵活运用科学方法。

1.2.4　我国物流企业现代化管理模式

物流企业的现代化管理是为了满足消费者需要而对企业的原材料中间库存、最后产品和相关信息有效流动和储存计划及实施进行更科学有效地控制管理的过程。

1．即时化物流管理

当前市场竞争日趋激烈，企业的管理逐渐向精细化和柔性化发展，即时化管理（Just—in—Time）已得到企业的广泛应用。即时化物流管理主要是指在必要的时间里，对必要的产品进行必要数量的流通，从而达到零库存的目的。它主要包括即时采购和即时销售两个环节。其中，即时采购是一种较先进的商品采购模式。

2．一体化物流管理

消费者消费个性化、多样化的发展，要求企业在商品供应和配送上能够满足消费者多品种、小批量、多频度的配送需求；而对于构筑自己物流体系的企业而言，由于即时配送的能力有限或处于经济上的考虑，难以满足多频度、小批量配送的要求。面对这些问题，作为企业物流管理新的发展方向，一体化物流应运而生。一体化物流是打破单个企业的物流界限，通过相互协调和统一，创造出最适宜的运行模式，它有横向一体化物流和纵向一体化物流两种形式。

知识链接 1－3

横向一体化物流和纵向一体化物流

所谓横向一体化物流是指同行业或不同行业企业之间通过相互协调而形成

的一种合作性的物流管理系统。同行业内不同的企业之间为了更有效地开展物流服务，降低由于多样化和即时配送导致的高额物流成本，而相互之间形成的一种通过物流中心集中处理和配送，实现低成本物流的系统。不同行业的企业生产经营的商品集中起来，通过物流或配送中心配送，从而达到企业间物流管理的协调与规模效益性。通常后一种物流一体化模式更容易被接受，因为同行业内不同企业间的物流一体化容易造成一定程度的企业机密的泄漏，而不利于企业经营战略的实现。而不同行业的企业间的物流一体化，由于不存在直接的产品竞争，因而既能保证物流集中处理的规模经济性，又能有效地维护各企业的利益及经营战略的有效实施。纵向一体化物流是指处于流通渠道不同阶段的企业之间进行合作的一种物流运行机制。生产企业与批发商之间的物流合作就是一种典型的纵向一体化物流方式。这种物流合作有两种形式：对于力量较强的生产商，为实现批发中心的效率性，生产商可自己进行商品批发，或充分利用自己的信息或技术优势，对批发企业多频度、小单位的配送服务提供支援；若生产商的力量弱而批发商的力量强，可由批发商集中处理生产商的物流活动。

3．社会配送化物流管理

社会配送化物流管理是通过一定的运作方式，把企业的物流业务外包给专设的物流管理部门来承担，产品从生产方到销售方的环节不是由生产方自身的物流部门来承担，而是交由其他的物流企业来完成。这种物流管理模式既可以减少生产企业对物流方面的资金投入，同时由于借助专业化的物流企业物流服务而达到更快捷、安全、高效的目的，也对增加生产企业经营柔性，提高其生产效率，集中其主业，改进其服务质量方面有显著效用。

案例1-4

社会配送物流模式的应用

产品畅销全国的强生公司通过S-TAnda公司（中国和新加坡合资的专业第三方物流企业，总部位于深圳）来组织产品分销，把产品从上海的合资工厂运到地区的仓库和经销商手中。通用汽车公司也高度认同第三方物流的作用，通过利用一流的专业物流公司管理自己的供应链，通用汽车比其他竞争对手更迅速地实现了预定的市场占有率。社会配送物流模式在我国有较大的发展空间。

4．电子商务物流管理

现代信息技术的迅猛发展，特别是互联网迅速向市场渗透，使电子商务成为企业物流的第二拓展空间。第二拓展空间是指物流的第二空间，其具有相对体制无关性、相对物理无关性的显著特征。电子商务为企业提供了更加详尽的信息资源，使企业对消费者需要的把握更加准确和全面，能更迅速地对市场变化作出反应，并及时作出相应的调整，同时电子商务可以简化传统物流烦琐的环节和手续，大幅度降低交流沟通成本和顾客支持成本。

知识链接 1－4

电子商务物流的两种发展模式

电子商务物流有两种发展模式，一是生产企业向电子商务延伸，二是生产企业与电子商务合作，进行现货仓单交易。具有资金和技术实力的企业可以采用前一种模式。如海尔“一流三网”、订单式生产模式，就是一个成功的范例；而后一种模式则更有实际意义，它适用于大多数企业，两者相互合作，形成一种紧密结合的供应生态链。但由于我国的电子商务企业都是新发展起来的，并不拥有庞大的物流网络，所以生产企业与电子商务企业合作式的物流模式还有一个逐渐发展的过程。这里需要指出的是，实施电子商务并不是彻底否定传统的物流模式，相反，它们是相互依存的，这是因为虚拟化企业之间的合作必然产生大量的实体商品的配送和处理，而这些活动必须以发达的物流网络为基础才能实现，或者说电子商务物流是建立在发达的实体物流网络基础上的，企业应积极地探索将这两者的优势有机地结合在一起。

1.2.5　物流企业的文化建设

1．物流企业文化的含义

企业文化是企业竞争的利器，优秀的企业文化是中国物流企业领先于竞争对手的关键性力量。物流企业文化是指物流企业在市场经济的实践中，逐步形成的为全体员工所认同、遵守、带有本企业特色的价值观念、经营准则、经营作风、企业精神、道德规范、发展目标的总和。

物流企业文化的三大结构要素即企业物质文化要素、企业制度文化要素、企业精神文化要素。从企业文化的层次结构看，企业制度属中间层次，它是精神文化的表现形式，是物质文化实现的保证。企业制度作为职工行为规范的模式，使个人的活动得以合理进行，内外人际关系得以协调，员工的共同利益受到保护，从而使企业各部门、各环节有序地组织起来为实现企业目标而努力。

知识链接 1－5

企业文化理论系统的 5 个要素

迪尔和肯尼迪把企业文化整个理论系统概述为 5 个要素，即企业环境、价值观、英雄人物、文化仪式和文化网络。企业环境是指企业的性质、企业的经营方向、外部环境、企业的社会形象、与外界的联系等方面。它往往决定企业的行为。价值观是指企业内成员对某个事件或某种行为好与坏、善与恶、正确与错误、是否值得仿效的一致认识。价值观是企业文化的核心，统一的价值观使企业内成员在判断自己行为时具有统一的标准，并以此来选择自己的行为。英雄人物是指企业文化的核心人物或企业文化的人格化，其作用在于作为一种活的样板，给企业中其他员工提供可供仿效的榜样，对企业文化的形成和强化起着极为重要的作用。文化仪式是指企业内的各种表彰、奖励活动、聚会及文娱活动等，它可以把企业中发生的某些事情戏剧化和形象化，来生动的宣传和体现本企业的价值观，使人们通过这些生动活泼的活动来领会企业文化的内涵，使企业文化“寓教于乐”之中。文化网络是指非正式的信息传递渠道，主要是传播文化信息。它是由某种非正式的组织和人群，以及某一特定场合所组成，它所传递出的信息往往能反映出职工的愿望和心态。

2．物流企业文化的作用

物流企业文化是企业员工群体共同认可的员工行为道德规范和追求，是以该企业拥有的其他物质生产要素为基础的员工世界观、价值观和人生观在企业活动中的具体表现。物流企业中的员工是企业的第一生产要素，因此在既定的科学技术装备水平下，物流企业员工的劳动质量和效率决定了物流企业服务的质量，也决定了物流企业的生命力。物流企业文化是影响员工行为的决定因素，因而企业文化是物流企业健康持续发展的魅力和源泉。

物流企业文化不是孤立的某个企业的文化，它是受社会文化和社会道德影响的，与社会文化多方交流的，应符合先进社会文化发展的要求；同时，企业文化又是促进物流企业健康发展的文化，一个不能代表企业总体共同发展愿望的文化，不会得到企业员工的认可；物流企业文化存在的另一关键是该文化可以促进员工自身发展和福利的提高，给企业员工个体带来发展的机会和希望，因而具有很强的凝聚力、向心力、号召力、激发力。物流企业文化虽然是包罗员工各种行为思想的大系统，但在实践中它的主要表述形式和层次可以提炼为物流企业宗旨、企业核心价值观、企业精神、企业经营理念、企业人才观、企业职工行为规范等。

案例1－5

爱普司的企业文化

2002 年爱普司运输服务有限公司成立。在爱普司这块沃土上，系统地运用了之前在大企业从事高层管理的专业经验与认识，建立起一套完善的企业文化体系。目前，爱普司提出了“以人为本，爱心管理”的企业文化核心，为了营造这片肥沃的企业文化的土壤，爱普司投入大量的资本，做培训、办报纸、办刊物，使企业文化能够深入人心，催人奋进。随着时间的推移，它给予爱普司的回馈也是无与伦比的。爱普司在广东省一年内完成自己的品牌建设，同时向其他领域拓展。如今不仅在运输业发展顺利，在教育产业也取得了较好的成绩。爱普司的企业文化深入人心，通过企业上下一心，逐步形成了爱普司的企业人格。爱普司的每一个员工都深刻地理解了爱普司的企业人格，并如一地执行着；培训让他们充满自信，再加上合理的约束与激励机制，让爱普司充满活力，使爱普司的利润倍增。可以说，建立具有在物流行业内"异质优势"的企业文化，是爱普司成功的关键。

分析：爱普司成功的例子生动地证明了企业文化是企业生存与发展的内在制约。因此，我们说企业文化就是现代物流的灵魂！随着商品经济的发展，西方国家的连锁物流、配送制和代理制等形式已几近成熟，物流企业文化也渗透在每一个角落。毫不夸张地说，一个没有良好文化的物流企业肯定是永远长不大的物流企业，一个长大了没有健康文化的物流企业，不但营养不良，而且风雨飘摇。有文化的企业未必都成功，但没有文化的企业注定不会成功。

本章知识结构图

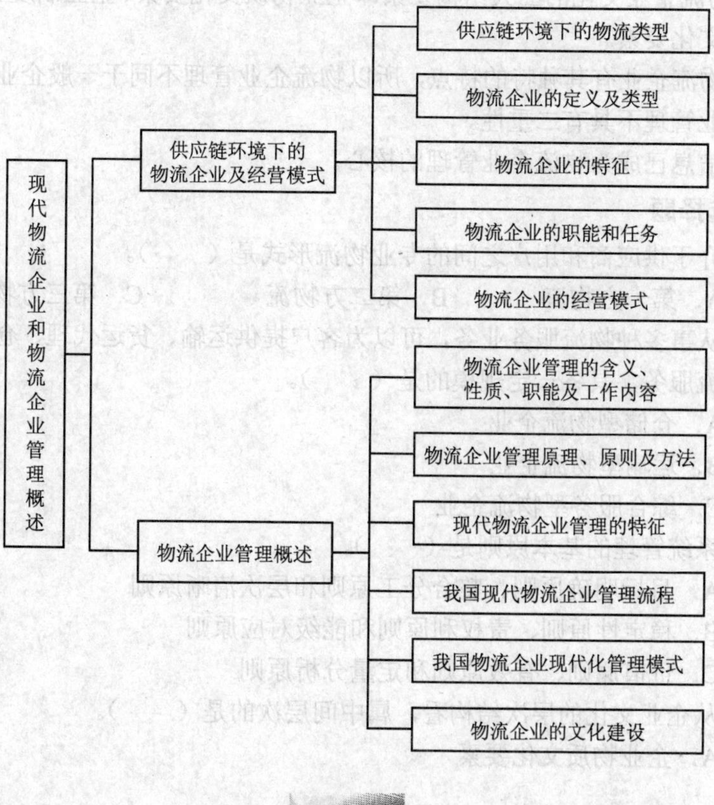

复习与训练

一、基本训练

1. 简答题

（1）“物流企业”是如何定义的？有哪些类型？

（2）简述物流企业的特征。

（3）举例说明物流企业管理的含义。

（4）物流企业管理有哪些性质、职能及内容？

（5）什么是物流企业文化？物流企业文化有何作用？

2. 判断题

（1）通常物流企业是指第一方物流。 （ ）

（2）物流企业专门从事物流活动并且追求盈利，是享有合法权益的法人。 （ ）

（3）物流企业文化的三大结构要素即企业物质文化要素、企业制度文化要素、企业精神文化要素。 （ ）

（4）物流企业有其独特的特点，所以物流企业管理不同于一般企业管理，因而物流企业管理不具有二重性。 （ ）

（5）信息已成为物流企业管理的核心。 （ ）

3. 选择题

（1）介于供应商和用户之间的专业物流形式是（ ）。

A．第一方物流　　B．第二方物流　　C．第三方物流

（2）从事多种物流服务业务，可以为客户提供运输、货运代理、仓储、配送等多种物流服务，具备一定规模的是（ ）。

A．仓储型物流企业

B．运输型物流企业

C．综合服务型物流企业

（3）系统管理的基本原则是（ ）。

A．目标明确原则、整合分工原则和层次清晰原则

B．稳定性原则、责权利原则和能级对应原则

C．价值原则、有效原则和定量分析原则

（4）从企业文化的层次结构看，属中间层次的是（ ）。

A．企业物质文化要素

B．企业制度文化要素

C．企业精神文化要素

（5）要求物流企业应使具有相应才能的人处于相应的岗位上的是（　　）。

A．稳定性原则　　B．责权利原则　　C．能级对应原则

4．技能题

（1）参观 1～2 家物流企业，要求学生写一份参观报告，内容包括所参观物流企业的类型、经营范围、经营内容和经营方法及企业管理的状况。

实训目的：要求学生了解典型物流企业类型，把所学的物流企业管理方面的理论知识应用于实践。

实训要求：结合所学知识仔细观察，认真听讲解。

（2）查阅大型物流企业的知名网站，写出 3～4 个网址，对某一自己感兴趣的网页栏目的话题写一篇 1 000 字左右物流企业管理的体会。

实训目的：对物流企业的含义及物流企业管理的重要性有进一步认识。掌握一些物流企业管理的经验。

实训要求：认真思考，结合所学知识，用自己的语言写出自己关于物流企业管理的体会。

二、案例分析

宝供物流的成功之路

宝供物流企业集团，是国内第一家注册成立的物流企业集团，以其超前的物流服务理念、遍布全国的运作网络、一流的质量保证体系、全程的信息服务优势、先进的物流管理模式、丰富的物流实践经验及强大的学习型、知识型物流人才队伍，为 40 多家跨国公司和十几家国内大型企业提供优质、高效的专业化物流服务，一跃成为中国第三方物流的“璀璨之星”。宝供物流企业集团的成功之路必将成为中国第三方物流企业发展模式研究的重要案例。它的发展轨迹，或许会为那些依然在茫茫迷雾中探索的国内新兴物流企业解释许多心存已久的困惑。

一、不断创新经营理念。宝供集团自成立之日起就不断汲取国外先进物流理念，大胆探索和创新。宝供打破传统业务分块经营的模式，在各大中心城市设立分公司或办事处，建立强大的物流运作网络，将仓储、运输、包装、配送等物流服务广泛集成，为客户“量身定做”，提供“门到门”的一体化综合服务及其他增值服务。

二、广泛采用具有国际水准的 SOP 运作管理系统和质量保证 GMP 体系。宝供有一套完整而严格的运作管理系统和质量保证体系，确保为客户提供优质

高效的专业化物流服务，即 SOP 标准操作程序及 GMP 标准质量保证体系。为了规划业务部门的运作标准，宝供物流建立了系统化、规范化、标准化的各类标准操作程序，即 SOP。任何岗位上的任何事，SOP 都有详细的规定。通过 SOP 的正确执行，确保业务运作不会因个人的因素造成服务品质的不同，确保 GMP 质量体系的实施和实现。此外，重点提供国内领先的基于 VPN 系统的物流信息服务。

三、可贵的“中国心、民族情”。为了使我国的民族物流业在激烈的竞争中占得先机，宝供做了大量的社会性工作，用以推动中国物流业的共同发展。从 1997 年起，宝供和北京工商大学合作，每年召开一次“物流技术与管理发展高级研讨会”，迄今为止，研讨会已成功举办了四届，为推广物流理念、促进物流业的发展做出了不可磨灭的贡献。2000 年，独家发起并设立我国第一个由企业出资、面向物流领域的公益性“宝供物流奖励基金”，每年出资 100 万元用于奖励科技界、企业界和新闻界对中国物流业做出重要贡献的团体和个人。另外，还将筹资 1 000～2 000 万元，用于对有关物流研究项目的资助。

四、建立先进的物流信息系统和运作网络，不断提高物流服务效率，采用信息网络技术，构建现代物流业体系发达的神经系统，是提高物流服务效率的重要保障。建设了基于 Internet/Intranet 功能强大的物流信息管理系统，实现对全国各地物流运作信息实时动态的跟踪管理，确保信息处理的及时性、准确性和有效性。这个系统也向客户开放，客户可通过 Internet 或其他网络方式，利用该系统实时了解自己货物的运作信息，确保对货物的有效管理控制。

五、努力开发智力资源，为拓展业务提供高素质的人才支持。通过高起点招聘、加强培训、完善用人机制和激励机制，宝供集团逐步建立起一支高素质的专业人才队伍。在该集团现有员工中，大专以上学历达到 74.8%，拥有包括博士后、博士、硕士在内的高层次、高素质的专业人才，还聘请国内外大批物流领域的资深人士组成专家顾问团，提高企业的咨询、决策水平。

宝供积极研究制定了发展战略，包括观念领先战略、科技支持战略、服务创新战略、人才效益战略、联盟发展战略。总之，宝供凭借规模经营优势、专业化优势、知识人才优势和个性化服务优势，有效地为客户节省投资和费用，减少库存、降低风险，提供增值服务，使企业集中精力于主业，增强核心竞争力，全面提升企业形象，从而成为客户获得竞争优势的重要战略伙伴。

资料来源：www.examda.com

问题：

1．宝供物流是如何成为中国第三方物流的璀璨之星的？

2．宝供物流的企业管理是如何实施的？有哪些特色？

三、综合实训

1．实训目的

正确认识物流及物流企业，掌握现代物流企业管理的基本理论及物流企业的发展趋势，提高对物流企业管理职能分析的能力，以及在此基础上进一步掌握物流企业管理的内容。了解物流企业管理合理化目标，理解影响物流企业管理的相关因素，掌握物流企业管理的主要职能，熟悉物流企业文化的建设。

2．实训项目安排

实训项目 1：以佳怡物流企业发展为案例，分组进行讨论。通过近年来佳怡企业从运输公司转型为物流公司的发展历程，使学生正确认识什么是物流企业，物流系统的构成，树立正确的物流意识。

实训项目 2：随机访查有关物流企业，以观察者身份观察物流企业管理状况，也可事先预约或直接访问企业管理者，以对话者身份了解物流企业管理现状。然后写出报告，指出管理优劣，并提出解决问题的办法。有计划地安排学生轮流到共建企业实践，在企业管理人员的直接指导下亲自体验并处理管理工作。

实训项目 3：分组模拟一家物流企业，结合所学物流企业及物流企业管理的知识，形成对物流企业管理影响因素的判断力、对物流企业管理的决策力和实际操作能力，并总结出物流企业管理的现实做法。结束后，对比、讨论各自优劣，分析物流企业管理的措施。

3．实训纪律与实训守则

以班级为单位组织教学，地点选择一般有三个：教室、实训室、企业现场。人员安排一般为临时团队（4～5 组，每组 8～10 人）。以学生主动学习为主，教师只是引导者。

4．实训要求

通过对实训项目的组织实施，使学生正确认识物流企业，掌握有关物流企业管理的基本概念与基本理论，能够根据市场营销学、管理学知识对物流企业环境、经营状况进行客观分析，并能基本运用有关工具制定物流企业管理规范，使学生们的企业管理综合技能有较大的提高。

第2章 物流企业组织管理

学习目标

知识目标

- 了解组织设计的任务和影响因素；
- 明确组织设计的基本步骤和组织结构的基本类型；
- 熟知不同类型物流企业的组织结构；
- 掌握物流企业组织结构的创新模式。

技能目标

- 能够掌握各物流岗位的工作内容和职责；
- 能够根据物流企业的类型和特点选择和设计合适的组织结构。

引例

全球物流巨头的物流网络

UPS 是全球最大的速递机构和全球最大的包裹递送公司之一。每个工作日，该公司为 180 万家客户送邮包，收件数目高达 600 万。UPS 的业务范围覆盖美国国内并遍及其他 200 多个国家和地区。从地区来看，美国国内业务占总收入的 89%，欧洲及亚洲业务占 11%。UPS 已经建立规模庞大、可信度高的全球运输基础设施，提供完善的物流服务，包括一体化的供应链管理。

FedEX 公司是一家环球运输、物流、电子商务和供应链管理服务供应商，其子公司包括 FedEXExpress（经营速递业务）、FedEXGround（经营包装与地面送货服务)、FedEXCustomCritical(经营高速运输投递服务)、FedEXGlobal(经营综合性的物流、技术和运输服务)及 VikingFreight(美国西部的小型运输公司)。从地区来看，美国业务占总收入的 76%，国际业务占 24%。从运输方式来看，空运业务占总收入的 83%，公路占 11%，其他占 6%。

TPG 在全球为超过 200 个国家和地区提供邮递、速递及物流服务。TPG 利用 TNT 品牌提供速递及物流服务，现有 137 间仓库，共占地 155 万平方米。按业务类型来看，TPG 的三大业务邮递、速递和物流(净收入)分别占 42%、41%及 17%，而从地域表现来看(净收入)，欧洲占 85%，大洋洲、北美、亚洲及其他地区分别占 6%、4%、2%、3%。如果从运营利润来看，邮递、速递和物流分别占 76%、15%和 9%。

世界大型物流公司大多是总公司与分公司相配合的物流组织结构，采取总部集权式物流运作模式，实现物流一体化经营管理模式。

资料来源：http://www.pgl-world.cn/MagShowNews.asp? ArticleID=ex08u520074216 3950

这一案例表明：从全球物流巨头的实践来看，“一个统一的指挥中心+多个操作中心”的运作模式，能有效控制物流实施状态和未来运作情况，并能及时有效地处理衔接中出现的各种疑难问题和突发事件，有效地提高物流运作效率。由于物流业务的复杂性，物流企业应具有更灵活的组织结构，因此，如何设计合适的组织结构是物流企业普遍关注的问题。

2.1　现代企业的组织结构设计

2.1.1　组织及组织设计概述

组织一词有两种含义：其一指社会单位。组织是为了实现既定目标，通过人与人、人与物及信息的有机结合所形成的社会系统。企业、银行、学校、医院、政府机关、军队等都是组织的具体形式。其二指组织职能。它是为了完成计划和实现组织目标，将组织资源进行有效组合的过程，具体包括对组织活动的分类组合，划分组织部门和管理层次，以及进行职权的划分和协调工作。从本质上讲，组织是人们为了实现共同的目标而采用的一种手段或工具。

组织有正式组织和非正式组织之分。正式组织是为了实现一定的目标，依据一定的规则和程序建立的组织。非正式组织是伴随着正式组织而生的，它是由兴趣、爱好、观念等大体一致或相似的组织成员自发形成的松散群体。正式组织与非正式组织的主要区别见表 2-1。

表 2-1 正式组织与非正式组织的主要区别

比较项目	正式组织	非正式组织
存在形态	正式（官方）	非正式（民间）
形成机制	自觉组建	自发形成
运作基础	制度与规范	共同兴趣与情感上的一致
领导权力来源	由管理当局授予	由群体授予
组织结构	相对稳定	不稳定
目标	利润或服务社会	成员满意
影响力的基础	职位	个性
控制机制	解雇或降级的威胁	物质或社会方面的制裁
沟通	正式渠道	小道消息

组织设计是指管理者将组织内各要素进行合理组合，建立和实施一种特定组织结构的过程。组织设计可能有三种情况：新建的企业需要进行组织结构设计，原有组织的目标发生变化致使组织结构需要进行重新评价和设计，组织结构需要进行局部的调整和完善。

1．组织设计的任务

组织设计的任务是设计清晰的组织结构，规划和设计组织中各部门的职能和职权，提供组织结构系统图和编制职务说明书。组织结构系统图的基本形状如图 2-1 所示。

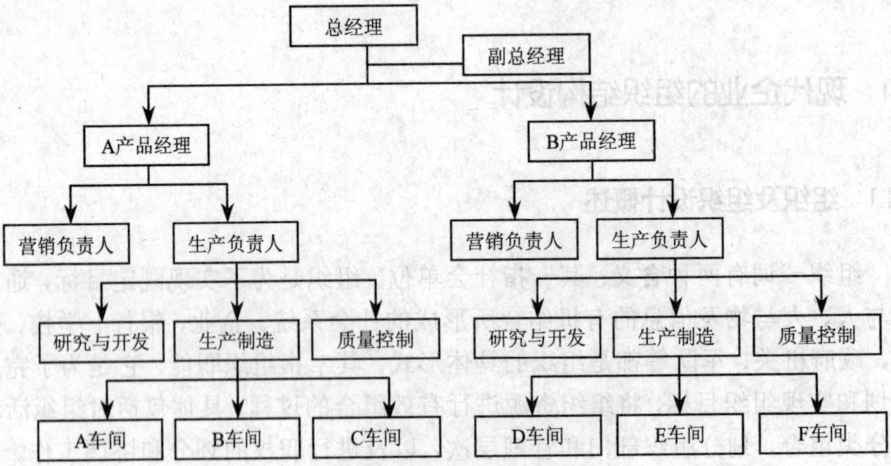

图 2-1 组织结构系统图

职务说明书是对每个人应当做些什么工作及任职者雇佣规范的规定，它要求能简单明确地指出各管理职务的工作内容、职责与权力、与组织中其他部门和职务的关系，担任该项职务者所需拥有的基本素质、技术知识、工作经验、处理问题的能力等条件。

为了提供组织结构系统图和职务说明书，组织设计者要完成以下三个步骤的工作：

（1）职务设计与分析。设计组织结构时，要从最基层开始，自下而上地划分各个部门的职责。

（2）部门划分。根据各个职务的工作性质及职务之间的关系将各个职务组合成相应部门。

（3）结构的形成。在职务设计和部门划分的基础上，根据组织内外能够获取的资源，对初步设计的部门和职务进行调整，平衡各部门、各职务的工作量，以使组织机构合理。然后，根据各自工作的性质和内容，规定各管理机构之间的职责、权限及义务关系，使各管理部门和职务形成一个严密的网络。

知识链接 2－1

物流系统的基本框架

辨别物流系统最直观的方法就是认识这个系统的框架图。因为物流系统的框架图包含物流系统的功能要素及其位置关系。很多人都提出了物流系统的框架，其中比较典型的是鲍尔索克斯的物流系统框架，如图 2-2 所示。

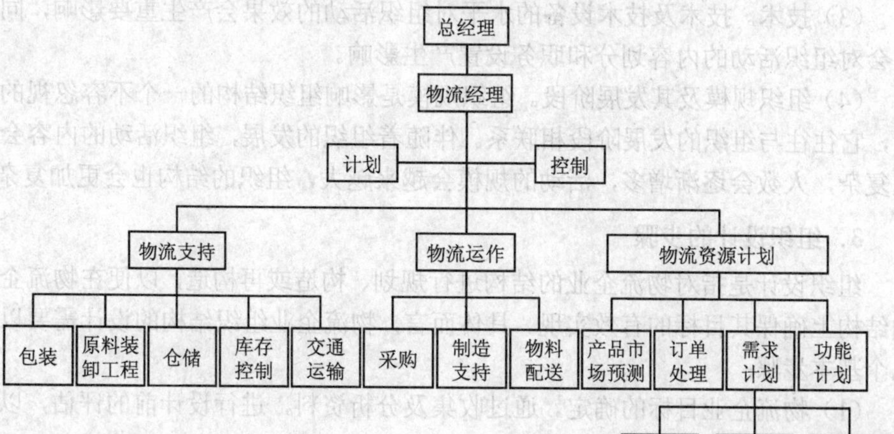

图 2-2　物流系统框架

鲍尔索克斯提出的是经过内部整合的企业物流机构。在其物流系统框架中，企业需要建立统一的物流部门，管理企业内部所有的物流资源、计划与运作。物流经理的管理范围包括计划、控制、物流支持、物流运作、物流资源计划等方面。原材料采购、需求预测计划、生产计划等属于生产领域的活动也被包括在物流框架中。

2．组织设计的影响因素

组织活动是在一定的环境中利用一定的技术条件，并在组织总体战略的指导下进行的。组织结构的确定和变化通常都受到以下因素的影响：

（1）经营战略。战略在两个方面影响组织结构的设计：不同的战略要求不同的业务活动，从而影响职务的设计；战略重点的改变会导致组织工作重心的转移，从而要求对职务及部门之间的关系进行相应的调整。按企业对竞争的方式和态度可以将经营战略分为保守型战略、风险型战略和分析型战略，这三种战略对组织设计的影响见表 2-2。

表 2-2　三种战略对组织设计的影响

结构特征	保守型战略	风险型战略	分析型战略
集权与分权	集权为主	分权为主	适当结合
计划管理	严格	粗放	严格与粗放结合
高层管理人员构成	工程师、成本专家	营销、研究开发专家	联合组成
信息沟通	纵向为主	横向为主	网络结构

（2）外部环境。外部环境的影响主要表现在以下三个不同的层次上：对职务和部门设计的影响；对各部门关系的影响；对组织结构总体特征的影响。

（3）技术。技术及技术设备的水平对组织活动的效果会产生重要影响，同时也会对组织活动的内容划分和职务设置产生影响。

（4）组织规模及其发展阶段。组织规模是影响组织结构的一个不容忽视的因素，它往往与组织的发展阶段相联系。伴随着组织的发展，组织活动的内容会日趋复杂，人数会逐渐增多，活动的规模会越来越大，组织的结构也会更加复杂。

3．组织设计的步骤

组织设计是指对物流企业的结构进行规划、构造或再构造，以便在物流企业的结构上确保其目标的有效实现。具体而言，物流企业组织结构的设计需要以下几个基本步骤：

（1）物流企业目标的确定。通过收集及分析资料，进行设计前的评估，以确定物流企业的服务目标和成本目标。

（2）整合物流活动，划分物流部门。列出物流企业所从事的所有物流活动，根据物流的内容和性质对物流活动进行整合，成立物流部门，并确定各物流部门的业务范围和工作量。

（3）确定物流企业组织结构的基本框架。根据划分的物流部门及各物流部门之间的关系，设计物流企业的层次及部门结构，形成物流企业的基本框架。

（4）确定物流职责和权限。根据初步确定的组织结构，对物流企业各层次、各部门及每一职位的权限和职责进行分析，并以职位说明书或岗位职责等文件形式予以明确规定。

（5）物流企业运作方式的设计。物流企业运行方式的设计主要包括各物流部门之间的协调方式和控制手段的设计、管理规范的设计及各类运行制度的设计三个方面的内容。

（6）配备人员，授予职权。根据工作和人员相称的原则为各物流职位配备合适的人员，并确定每个职务所拥有的职责和权限。

（7）物流企业组织结构的形成。对物流企业组织设计进行审查、评价及修改，并确定其运作程序。

（8）物流企业组织结构的调整。根据物流企业的实际运行情况及内外部环境的变化，对其组织结构进行调整，使之不断完善。

小思考 2－1

物流组织的发展周期经历了哪几个基本过程？

答：物流组织经历了从物流的分离、物流的职能整合到物流的过程整合三个基本过程，它包含的基本阶段如图 2-3 所示。

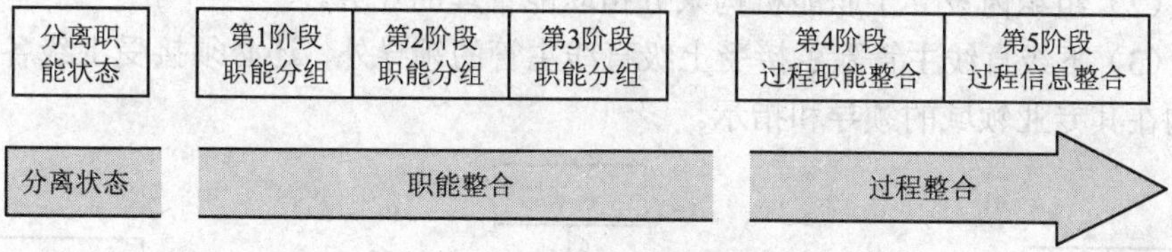

图 2-3　物流组织的发展周期

2.1.2　组织结构类型

组织结构是在组织内部分工协作的基础上，由部门职责职权及相互关系所构成的结构体系。它是指构成组织的各要素的排列组合方式，是组织各要素之间排列顺序、空间位置、聚集状态、联系方式及其相互关系的一种模式，是人们实现组织目标的手段。组织结构犹如人体的骨架，起着支撑、保护的作用。迄今，企业组织结构的形式主要有：直线制、职能制、直线—职能制、事业部制和矩阵制等。

1．直线制

直线制是一种最早也是最简单的组织形式，最初广泛应用于军事系统中，后来推广到企业管理中。直线制组织结构如图 2-4 所示，它具有以下基本特点：

（1）企业各级行政单位从上至下实行垂直领导，下属部门只接受一个上级的指令，各级主管负责人对所属单位的一切问题负责。

（2）不设专门的职能机构，一切管理职能基本上都由行政主管执行。

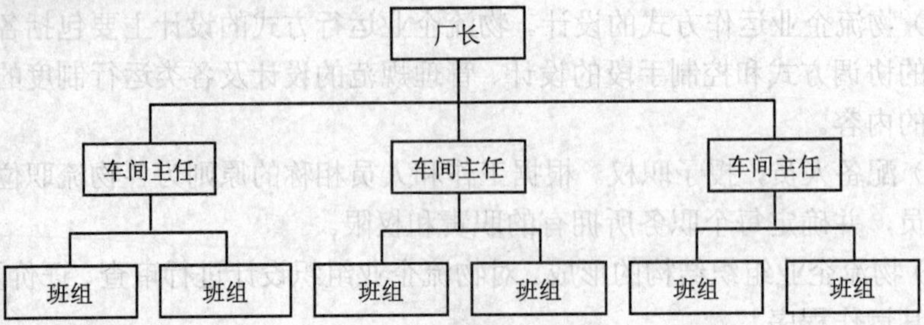

图 2-4 直线制组织结构

2．职能制

职能制组织结构，又称多线型或“U”型组织结构，它是按管理职能专业化的要求设计的组织结构形式。在职能制组织结构下，各级行政单位除主管负责人外，还相应地设立一些职能机构，如在厂长下面设立职能机构和人员，以协助厂长从事职能管理工作。职能制组织结构如图 2-5 所示，它具有以下基本特点：

（1）专业分工的管理者代替直线型组织中的全能型管理者。

（2）组织内设立了职能机构来分担职能管理的业务。

（3）下级直线主管除了接受上级直线主管的领导外，还必须接受上级各职能机构在其专业领域的领导和指示。

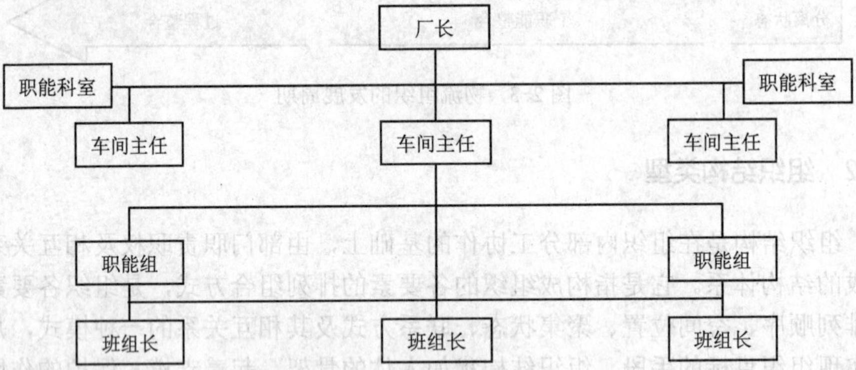

图 2-5 职能制组织结构

3．直线—职能制

直线—职能制，也叫生产区域制，或直线参谋制。它是在直线制和职能制的基础上，取长补短，吸取这两种形式的优点而建立起来的。这种组织结构形式把企业管理机构和人员分为两类：直线领导机构和人员、职能机构和人员。直线—职能制组织结构如图 2-6 所示，它具有以下基本特点：

（1）直线领导机构和人员按命令统一原则对组织各级行使指挥权。他们在自己的职责范围内有一定的决定权和对所属下级的指挥权，并对自己部门的工作负全部责任。

（2）职能机构和人员按专业化原则从事组织的各项职能管理工作，他们是直线指挥人员的参谋，不能对直接部门发号施令，只能进行业务指导。

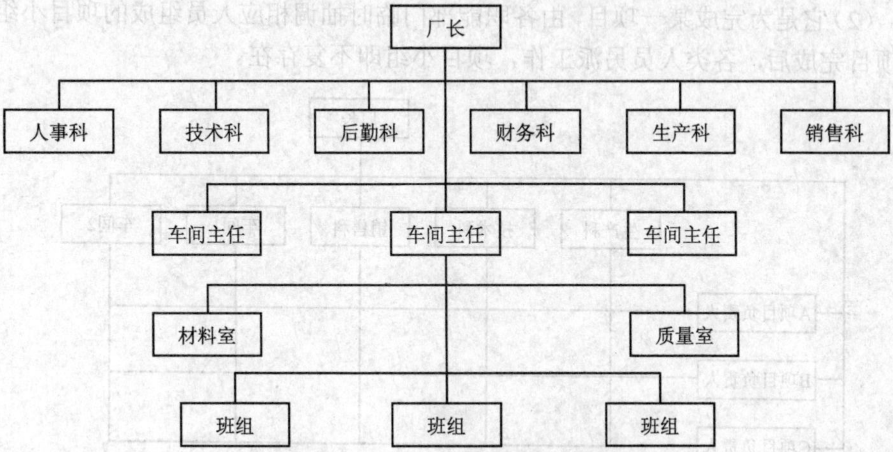

图2-6　直线—职能制组织结构

4．事业部制

事业部制最早是由美国通用汽车公司总裁斯隆于1924年提出来的，故有“斯隆模型”之称，也叫“联邦分权化”，是一种高度（层）集权下的分权管理体制。它适用于规模庞大、品种繁多、技术复杂的大型企业，是国外较大的联合公司所采用的一种组织形式。事业部制是分级管理、分级核算和自负盈亏的一种形式，即一个公司按地区或按产品类别分成若干个事业部，从产品的设计、原料采购、成本核算、产品制造，一直到产品销售，均由事业部及所属工厂负责，实行单独核算，独立经营，公司总部只保留人事决策、预算控制和监督大权，并通过利润等指标对事业部进行控制。事业部制组织结构如图2-7所示。它具有以下基本特点：

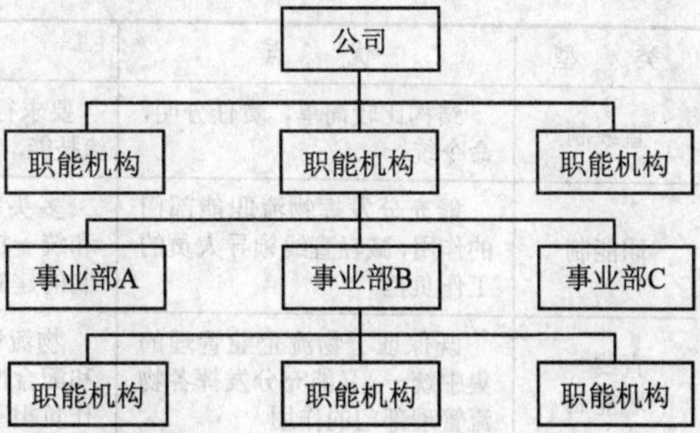

图2-7　事业部制组织结构

（1）有独立的产品或市场，是产品责任或市场责任单位。

（2）有独立的利益，实行独立核算，是一个利益责任单位。

（3）是一个分权单位，拥有足够的权力，能自主经营。

5．矩阵制

矩阵制组织结构是把按职能划分的垂直领导系统和按产品（项目）划分的横

向领导关系组合在一起的结构，其组织结构如图 2-8 所示，它具有以下基本特点：

（1）它打破了传统的一个员工只有一个上级的统一命令原则，使一个员工受两个甚至两个以上上级的领导。

（2）它是为完成某一项目，由各职能部门临时抽调相应人员组成的项目小组。当项目完成后，各类人员另派工作，项目小组即不复存在。

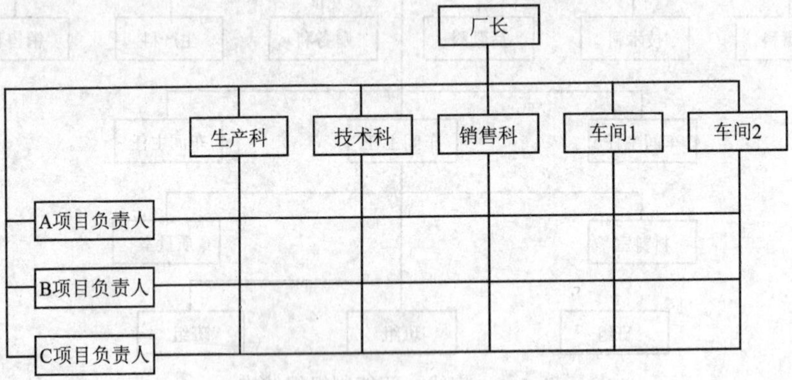

图 2-8　矩阵制组织结构

小思考 2－2

各类组织结构有何优缺点？各适用于哪种类型的物流企业？

答：各类组织结构的优缺点及其适用情况见表 2-3。

表 2-3　各类组织结构的优缺点及其适用情况

类　型	优　点	缺　点	适用情况
直线制	结构比较简单，责任分明，命令统一	要求行政负责人通晓多种物流技能，亲自处理各项物流业务	适用于规模较小，技术比较简单的物流企业
职能制	能充分发挥物流职能部门的作用，减轻直线领导人员的工作负担	多头领导，有碍集中领导和统一指挥；不利于物流责任制的建立和健全	适用于中、小型物流企业
直线—职能制	既保证了物流企业管理的集中统一，又能充分发挥各物流管理部门的作用	物流职能部门之间的协作和配合性较差；上层领导的工作负担重；办事效率低	比较适用于大中型物流企业，但不适合规模很大的物流企业
事业部制	物流领导能集中精力于战略决策；能较好地调动物流管理人员的积极性，提高物流管理的灵活性和适应性	物流机构重复造成人员的浪费；事业部之间相互间竞争激烈，支援较差，协调困难	适用于规模庞大，服务区域广的物流企业
矩阵制	机动、灵活；物流人员和设备得到充分利用；有利于人才培养，克服"近亲繁殖"	物流项目负责人的责任大于权力，对项目参与人员管理困难；物流员工容易产生临时观念，对工作有一定影响	适用于一些重大攻关物流项目，特别适合于第四方物流企业

➋ 案例 2－1

山东锐特物流有限公司的组织结构

山东锐特物流有限公司总部位于德州市经济开发区，成立于 2003 年 7 月，公司注册资金 1 000 万元，其组织结构如图 2-9 所示。

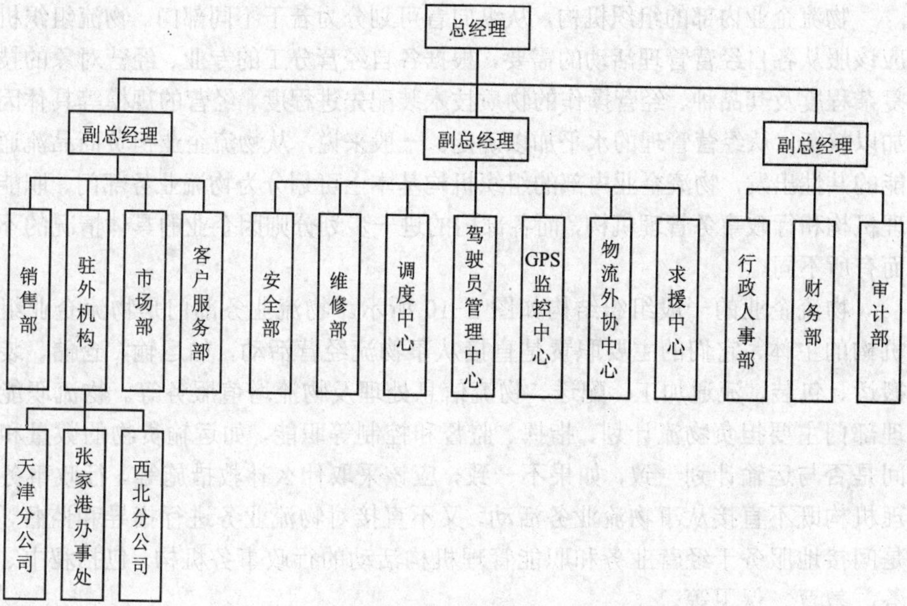

图 2-9 山东锐特物流有限公司组织结构图

山东锐特物流有限公司主要以危险化学品运输和仓储业务为主，自有危化品运输槽罐车辆 260 部，拥有危险品铁路专运线一条，具备 20 000 立方米的仓储能力，年液体危化产品运输量达 85 万吨，覆盖国内 20 多个省、市、自治区，全部车辆安装 GPS 全球卫星定位系统，对公司所有运输车辆实行 24 小时监控，公司拥有行业内的信息门户类支持平台——中国化工物流网。2010 年 5 月公司一次性通过了 ISO9001 国际质量体系认证、ISO14001 国际环境管理体系认证和 OHSAS18001 职业安全健康管理体系认证。

资料来源：http://www.rate56.com

分析：山东锐特物流有限公司采用了典型的直线—职能制组织结构。公司总体实行直线管理，同时设立了许多平行的职能部门。从物流职能来看，该公司是运输类物流企业，每个职能部门的职责很明确。为了适应企业的发展，公司组织结构在逐步向“总公司+分公司”模式转变。

2.2 现代物流企业的组织结构形式

2.2.1 现代物流企业的组织结构类型

物流企业内部的组织机构，从纵向看可划分为若干不同部门。物流组织机构应该服从各自经营管理活动的需要，根据各自经营分工的专业、经营对象的技术复杂程度及其品种、经营操作的物质技术装配先进程度、经营的规模等具体因素加以权衡，从经营管理的水平加以确定。一般来说，从物流企业担负商品流通职能的共性出发，物流企业内部的组织机构基本上可划分为物流业务部门、职能管理机构和行政事务管理机构，而各部门的进一步划分则因企业的具体情况的不同而有所不同。

物流企业的一般组织结构如图 2-10 所示。物流业务部门是物流企业组织机构的主体，它们的主要职责是直接从事物流经营活动，如运输、仓储、装卸搬运、包装、流通加工、配送、物流信息处理及物流增值服务等。物流职能管理部门主要担负物流计划、指挥、监督和控制等职能，如运输货物的数量和时间是否与运输计划一致，如果不一致，应该采取什么补救措施等。行政事务管理机构既不直接从事物流业务活动，又不直接对物流业务进行指导和监督，而是间接地服务于经营业务和职能管理机构活动的行政事务机构，包括秘书、总务、教育、保卫等。

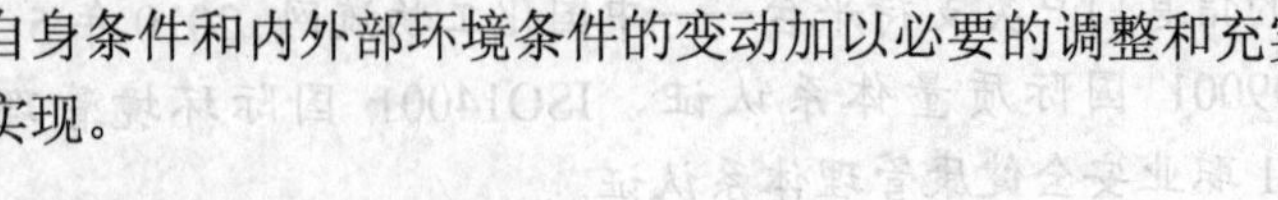

图 2-10 物流企业的一般组织结构

上述只是物流企业组织机构设置的一般模式。它并不是永久不变的，而是应当随着企业自身条件和内外部环境条件的变动加以必要的调整和充实，保证企业目标的顺利实现。

1．中小型物流企业的组织结构

目前在我国物流企业中，90%左右都是市场份额低于 1%的中小型物流公司。对于规模非常小的物流企业，由于业务相对较简单（往往只有运输和/或仓储业务），通常会采用直线制组织结构，如图 2-11 所示。

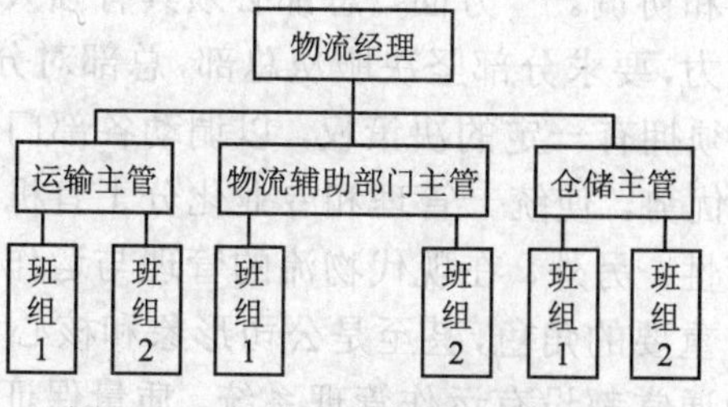

图 2-11 物流企业直线制组织结构

随着物流企业的发展，其经营规模、业务领域和市场范围都会不断扩大，企业的组织结构也相应会更加复杂。此时，直线—职能制成为我国中小型物流企业普遍采用的组织结构形式，如图 2-12 所示。在物流企业中，其具体格局为一个总公司、若干分公司、营业部等。其上下级公司之间是直线管理关系，上级公司的职能部门，如计划部、财务部、人事部等部门对下级公司的职能部门只能是业务指导关系，而不能是直接的领导关系。各级物流公司又可根据其所在市场的情况，按照客户、服务渠道等划分其内部部门。

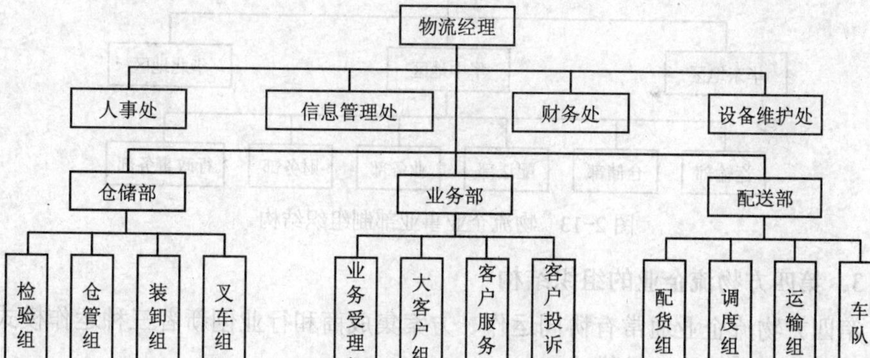

图 2-12 物流企业直线—职能制组织结构

2．大型物流企业的组织结构

大型物流企业的市场覆盖面非常广，地理位置会跨越整个国家甚至全球。从物流业务的内容来看，每项内容并不复杂，但协调整个过程的服务必须建立一个权威而又高效的组织系统，以控制物流实施状态和未来运作情况，并及时有效地处理衔接中出现的各种疑难问题和突发事件。为了加强对物流过程的控制，大型物流企业通常采用图 2-13 所示的组织结构。

在该组织结构模式下，运营的关键在于集权和分权的度的把握。有效控制是现代物流的保证，需要一个能力很强、指挥很灵的总部（指挥中心）来对整个物流业务进行控制和协调。一方面，总部必须具有强大的指挥、设计、市场把握和风险控制的能力，要求分部坚决服从总部，总部对分部有高度的控制力。另一方面，各分部必须拥有一定的决策权，以调动各部门的积极性。各分部实行专业化，发挥各自优势，使统一管理和专业化分工有机结合，提高管理的灵活性和对市场的适应性。另外，在现代物流的管理与运作中，信息技术与信息网络扮演着一个十分重要的角色，甚至是公司形象和核心竞争力的标志。因此，大型的专业物流企业通常都设有运作管理系统、质量保证系统、信息管理系统和客户管理系统。

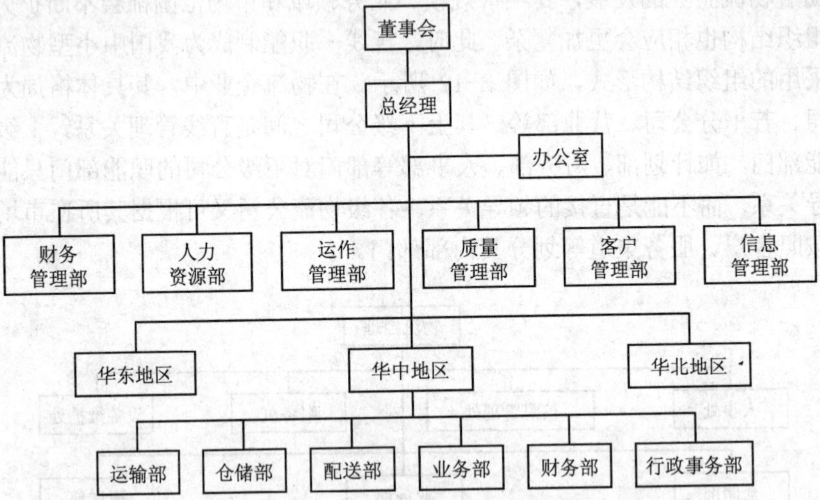

图 2-13　物流企业事业部制组织结构

3．第四方物流企业的组织结构

第四方物流企业通常有协同运作、方案集成商和行业创新者三种运作模式，下面分别简要介绍这三种模式。

（1）协同运作模式。协同运作模式由第四方物流与第三方物流采用合同方式绑定或采用战略联盟方式形成。在协同运作模式下，第四方物流与第三方物流共同开发市场。在开发过程中，第四方物流为第三方物流提供技术支持、供应链管理决策、市场准入能力及项目管理能力等。

（2）方案集成商模式。在方案集成商模式下，企业客户可以直接通过第四方物流企业来实现复杂的物流运作管理。服务过程中，第四方物流作为企业客户与第三方物流的纽带，将企业客户与第三方物流连接起来。第四方物流作为方案集成商，除了提出供应链管理的可行性解决方案外，还要对第三方物流资源进行整合，统一规划，为企业客户服务。

（3）行业创新者模式。与方案集成商模式类似，行业创新者模式下的第四方物流企业作为第三方物流和客户沟通的桥梁，将物流运作的两个端点连接起来。但在该模式下，第四方物流提供行业整体物流的解决方案，它面对同一行业的多个企业客户，使第四方物流运作的规模更大程度地得到扩大，使整个行业在物流运作上获得收益。

从以上论述可知，不管第四方物流采用哪一种运作模式，第四方物流的主要任务都是针对某一项目提供先进可行的供应链物流方案，因此，第四方物流企业通常采用适合项目研究的矩阵制组织结构，如图 2-14 所示。

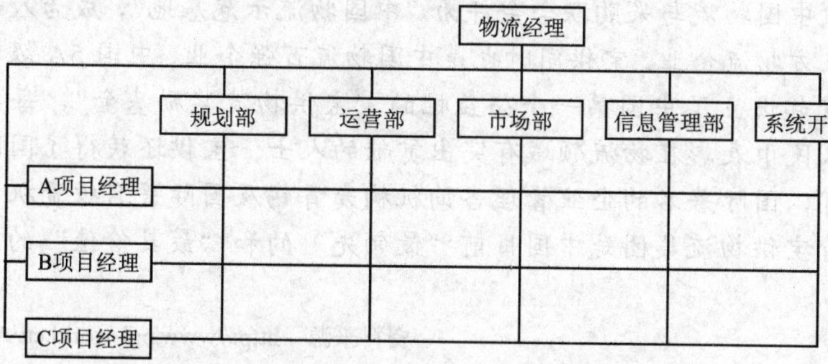

图 2-14 第四方物流企业矩阵制组织结构

知识链接 2－2

第四方物流

第四方物流于 1998 年由美国埃森哲咨询公司率先提出，它专门为第一方、第二方和第三方提供物流规划、咨询、物流信息系统和供应链管理等服务。第四方物流并不承担具体的物流运作活动，它是一个供应链的集成商，是供需双方及第三方物流的领导力量。它不是物流的利益方，而是通过拥有的信息技术、整合能力及其他资源提供一套完整的供应链解决方案，以此获取一定的利润。它帮助客户降低成本、有效整合资源，并且依靠优秀的第三方物流供应商、技术供应商、管理咨询及其他增值服务商，为客户提供独特、广泛的供应链解决方案。

案例 2－2

宝供物流，链接全球

宝供物流企业集团有限公司创建于 1994 年，总部设在广州，是国内第一家经国家工商总局批准以物流名称注册的企业集团，是中国最早运用现代物流理念为客户提供物流一体化服务的专业公司，也是目前我国最具规模、最具影响力、最领先的第三方物流企业之一。

当前，宝供已在全国65个城市设有7个分公司、8个子公司和50多个办事处，形成了一个覆盖全国并开始向美国、澳大利亚、泰国、中国香港等地延伸的国际化物流运作网络和信息网络，与国内外近百家著名企业结成战略联盟（其中包括宝洁、飞利浦、联合利华、安利、通用电器、松下、三星、东芝、LG、壳牌、丰田、雀巢、卡夫等52家世界500强企业），为他们提供商品及原辅材料、零部件的采购、储存、分销、加工、包装、配送、信息处理、信息服务、系统规划设计等供应链一体化的综合物流服务。2002年12月宝供集团被中国物流与采购联合会评为“中国物流示范基地”，成为入选的唯一一家第三方物流企业。宝供同时也是中国物流百强企业、中国5A级物流企业。宝供发起设立了中国第一个公益性的“宝供物流奖励基金”，每年斥资100万元人民币表彰在物流领域有突出贡献的人士；宝供还获得了国际上的好评和认可，国际著名的企业管理咨询机构麦肯锡及国际著名投资机构摩根士丹利评价宝供物流集团是中国目前“最领先”的和“最具价值”的第三方物流企业。

资料来源 http://www.pgl-world.cn/About.asp

分析：宝供物流从成立之初的宝供储运有限公司发展到现在规模庞大的物流网络，其物流组织结构也在不断变化。当前，宝供采用总部与分部相结合的组织结构，实施总部集权式物流运作、业务垂直管理的一体化经营管理模式。

2.2.2 物流企业组织结构模式的创新

我国现代物流发展起步较晚，呈现出物流成本高、反应灵敏度差、物流效益低下等问题，严重削弱了物流企业市场竞争的能力，物流组织创新势在必行。目前物流企业组织结构的创新模式主要有以下几种。

1. **基于流程的物流组织结构**

流程型组织就是围绕一系列核心流程进行工作、配置人员的一种组织模式。它打破了传统的主要着眼于任务分工的组织结构，着重于流程的一体化整合，如图2-15所示。在基于流程型的物流组织中，流程经理负责整个物流流程的协调与控制。每项物流活动均有专人负责，上、下环节彼此相互配合、相互促进，确保整个物流流程顺利进行。在整个物流流程中，订单是贯穿整个物流活动的主线，所有的活动都依靠订单信息完成，围绕订单的是一系列具体的操作活动，如运输、仓储、装卸搬运、包装、流通加工等。每个流程有一个流程经理来负责整个物流过程的计划、组织和协调。

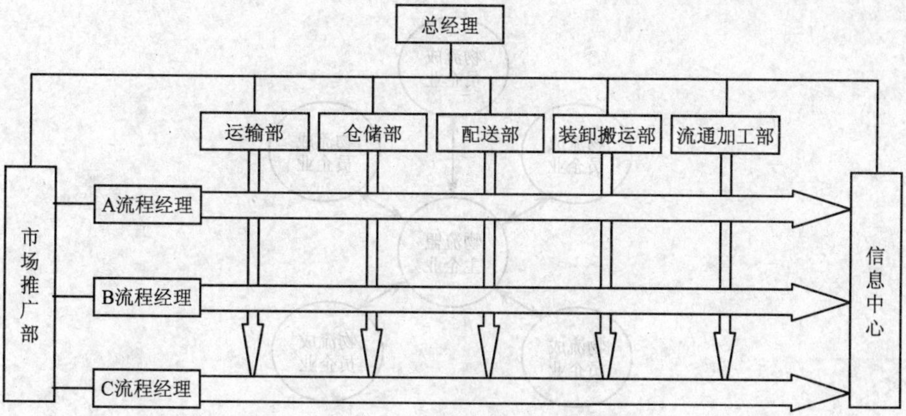

图 2-15　基于流程的物流组织结构

知识链接 2-3

新型组织运行的方式

仅仅靠减小规模并没有带来许多公司所期待的生产的巨大提高，要在绩效方面取得大的飞跃，需要重新思考完成工作的方式。为了达到这个目的，一些企业采用了一种新的组织模式，以下是这种模式可能运行的方式：

（1）根据过程，而不是任务进行组织。

（2）取消等级。

（3）使用小组管理一切事务。

（4）让客户驱动绩效。

（5）对小组的绩效予以酬劳。

（6）增加供应商和客户的接触。

（7）培训所有的雇员。

从以职能为导向到以过程为导向的根本改变，已经将物流经理脑中的信息混杂在一起。从积极方面讲，采纳过程导向的是以系统整合的基本原则为基础的。将物流作为一个过程来整合的重大变革，扩展了物流运作的潜力和影响。

2．物流企业联盟网络组织结构

物流企业联盟是物流企业为了扩大自身业务能力和市场覆盖范围而与其他物流企业建立的稳定的、长期的合作关系。它是通过各种协议、契约而结成的优势互补、风险共担、利益共享的松散型网络组织，是介于独立企业与市场交易关系之间的一种组织形态。对第三方物流企业的服务而言，物流企业联盟主要由物流盟主企业和物流成员企业构成，其组织结构和工作流程分别如图 2-16 和图 2-17 所示。

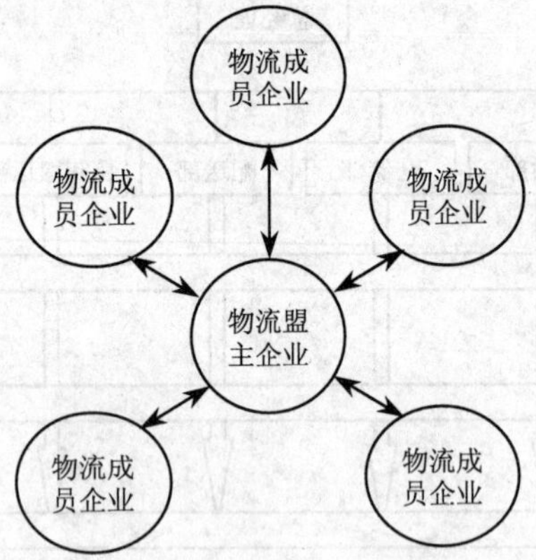

图 2-16 物流企业联盟网络组织结构

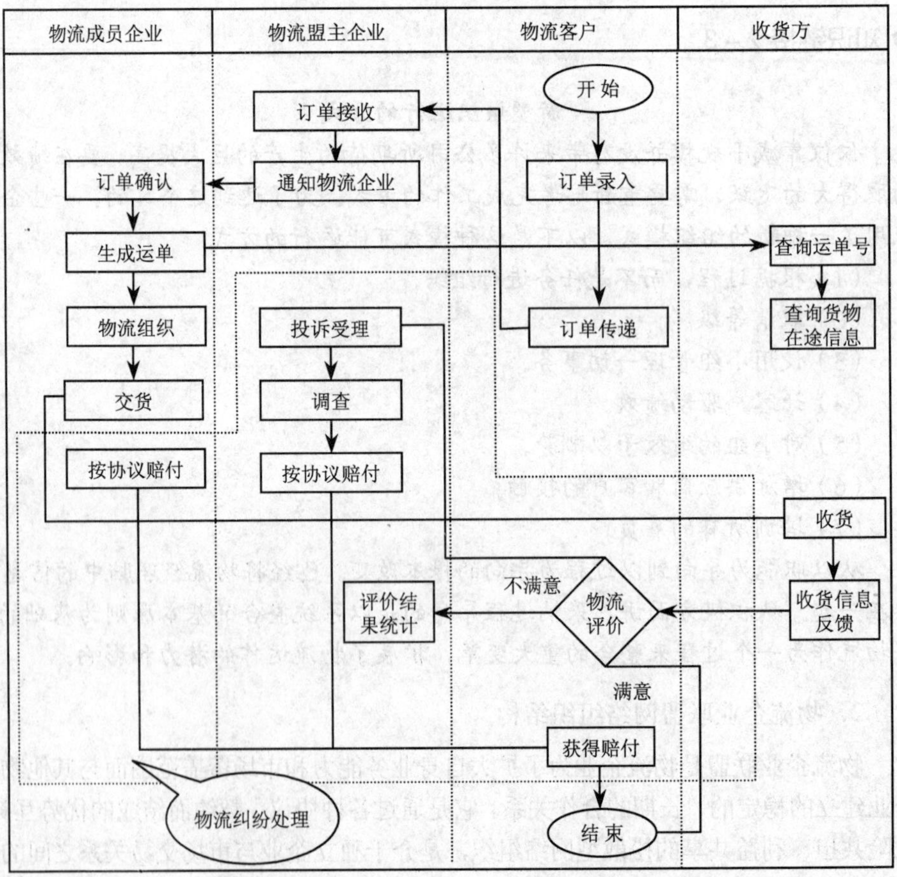

图 2-17 物流企业联盟网络组织的工作流程

小思考 2－3

物流联盟有利于提高服务水平，能有效降低物流成本和企业风险，但是既然收益这么明显，为什么物流联盟仍然为数不多呢？

答：原因在于当供应链合并时，潜在的合作伙伴有所顾虑。这些顾虑主要有：失去对物流渠道的控制能力、担心被“置于物流管理之外”、不能直接为客户管理物流、无法判断是否进行了充分的检查和平衡，以使合作伙伴满意、很难判断是否实现了成本约束、难以衡量共同获得的利益、合作各方相互信任不够、不知道如何成功实现物流联盟等。

3．供应链物流结构

供应链由原材料供应、生产、流通和消费等四个基本环节组成，每一环节都需要物流系统的支持。因此，供应链物流系统就是由原材料供应物流系统、生产物流系统、流通物流系统和消费物流系统组成。完整的供应链物流系统结构如图 2-18 所示。

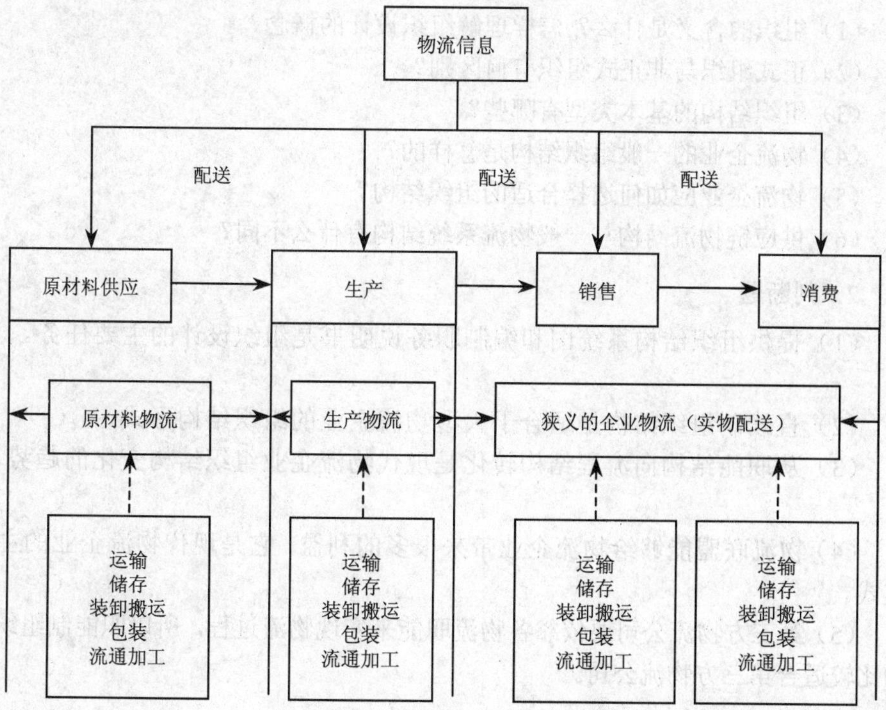

图 2-18　供应链物流系统结构

本章知识结构图

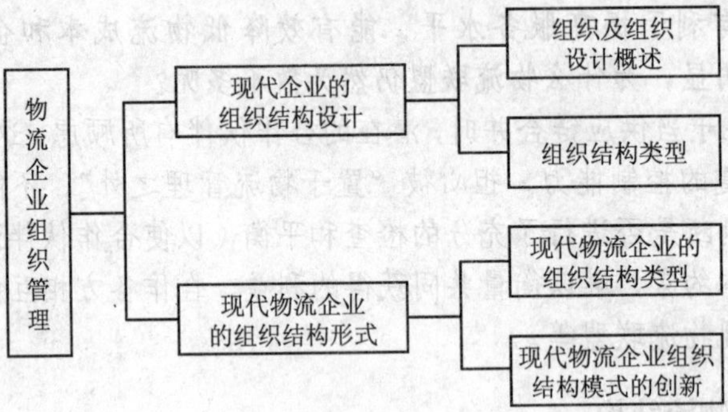

复习与训练

一、基本训练

1．讨论题

（1）组织的含义是什么？怎样理解组织设计的概念？

（2）正式组织与非正式组织有何区别？

（3）组织结构的基本类型有哪些？

（4）物流企业的一般组织结构是怎样的？

（5）物流企业应如何选择合适的组织结构？

（6）供应链物流结构与一般物流系统结构有什么不同？

2．判断题

（1）提供组织结构系统图和编制职务说明书是组织设计的主要任务。（　）

（2）直线制组织结构是适合于大型物流企业的组织结构形式。（　）

（3）从职能结构向流程结构转化是现代物流企业组织结构变化的趋势。（　）

（4）物流联盟能够给物流企业带来很多的利益，它是现代物流企业的主流模式。（　）

（5）第三方物流公司要依靠各物流职能来实现物流过程，所以职能制组织结构比较适合第三方物流公司。（　）

3．选择题

（1）下列不是直线—职能制组织结构缺点的是（　　）。

A．机构人员重复浪费

B．协作和配合性较差

C．上层领导的工作负担重

（2）与第三方物流共同开发市场，在开发的过程中向第三方物流提供技术支持、供应链管理决策的第四方物流模式是（　　）。

A．行业创新者模式　　B．协同运作模式　　C．方案集成商模式

（3）专门为其他企业提供物流规划、咨询、物流信息系统、供应链管理等活动的是（　　）。

A．企业物流　　B．第三方物流　　C．第四方物流

（4）我国物流企业采用最多的组织结构类型是（　　）。

A．直线制　　B．直线—职能制　　C．物流联盟

（5）下列选项中，适用采用矩阵制组织结构的是（　　）。

A．中百物流　　B．轮胎制造厂　　C．物流规划设计院

4．技能题

（1）参观 1～2 家物流企业，要求学生写一份参观报告，报告内容包括物流企业的组织结构形式、物流企业各部门的职责及物流企业的运作模式。

实训目的：要求学生了解物流企业的运作模式，分析物流企业组织结构与其运作模式之间的适应性。

实训要求：结合所学知识，仔细观察，认真听讲解。

（2）查阅大、中、小物流企业的知名网站，分析各种类型物流企业采取的组织结构形式。根据物流企业网站上介绍的物流业务及其发展方向，分析物流企业组织结构的变化趋势。

实训目的：进一步了解物流企业的组织结构，熟悉在各类组织结构下的物流运作方式。

实训要求：认真思考，结合所学知识，能够根据物流企业的发展状况设计其组织结构。

二、案例分析

海尔物流的组织创新

2000 年，海尔提出了三个战略转移：一是企业内部组织要适应外部组织变化，从原本直线职能制的管理转移到市场链的管理；二是从国内市场向国外市场转移；三是要有一套网上销售策略，实现制造业向服务业的转移。为了适应这三个转移，海尔开始进行以“市场链”为纽带的业务流程再造，创造了富有海尔特色的同步物流模式。2000 年海尔对企业内部组织结构进行了调整，成立

了物流、商流、资金流和海外推进部四个新部门。物流、商流推进部从原来十几个产品事业部的职能部门中剥离出来，由集团统一运作管理。海尔物流同步化模式的基本框架是国际物流中心和“一流三网”管理。“一流”是以订单信息网为中心；“三网”分别是全球供应资源网络、全球配送资源网络和计算机网络。“同步”即“三网”同步运行，为订单信息流的增值提供支持。海尔进行的以“一流三网”为主要标志的物流革命，其核心就是以订单信息流为中心对仓库进行革命，通过同步模式以高效物流运作实现“与用户零距离”的战略目标，使海尔通过现代物流一只手抓住用户的需求，另一只手抓住满足用户需求的全球供应链，获得企业核心竞争力。

三个战略转移对海尔物流提出了更高的要求，“市场链”要求物流推进本部成为集团的第三方，市场要求其服务对象从集团内向集团外转移，产业转移要求其从企业物流向物流企业转移，即海尔物流不能再仅仅是企业物流，而必须走向市场，发展成为第三方物流。由于企业内部物流和社会化物流区别很大，按原有模式已不能满足海尔集团的全球化扩张，这就要把原来直线职能制的组织结构改革为扁平化的组织结构。为此，海尔专门成立了独具特色的物流推进部。成立集团统一的物流推进本部，意味着将传统的直线职能制组织结构中的分散采购转变成集中采购，将传统的分散物流转变成由物流推进本部控制的网络式物流。海尔在物流本部分设了采购、配送和储运三个事业部，统一实施对集团内部物流的运作管理，统一采购、统一材料配送、统一成品配送，通过整合内部的资源，优化外部资源，实现了材料采购、生产支持和物资配送战略一体化的目的。

海尔物流的组织结构随着海尔战略的转移和市场环境的变化而创新。从实现海尔名牌战略的职能制结构、实现海尔多元化战略的事业本部结构到实现海尔国际化战略的流程型网络结构，体现了海尔物流组织结构创新之路。流程型物流网络结构是对传统组织结构的彻底创新，达到了世界大型物流企业组织结构创新的尖端水平，为国际化企业提供了业务流程再造的成功经验和模式，实现了由传统的功能性组织向流程性组织的转变。

目前，海尔物流根据海尔集团流程再造的经验可以提供整个供应链管理专家咨询及服务，包含诸如物流网络策略、运输设计、库存分析、仓储设计和模拟等。海尔物流能够结合自身的优势特点及每个行业不同的特性，为客户量身定制个性化的物流解决方案，目前已经在汽车行业、快速消费品行业、家具行业、IT 行业、电子电器行业和石化行业等多个领域开展了个性化物流方案设计，为 GE、SGMW、IKEA、FOXCONN、DOW、AVAYA、伊利和张裕等国内外知名企业提供物流供应链服务。

问题： 1. 海尔物流为什么要实现组织变革？

2. 海尔物流的组织创新主要表现在哪里？

三、综合实训

实训项目：物流企业的组织结构设计

1．实训目的

（1）通过本实训，使学生了解物流企业的组织结构。

（2）结合企业的实际运作情况分析组织结构的合理性。

（3）分析企业在实际运作中出现的问题，并从组织结构角度分析问题产生的原因。

2．实训要求

（1）在企业实习期间遵守各项规章制度，注意劳动安全。

（2）物流企业工作繁忙，实习时不得影响工作人员工作。

（3）要虚心好学，多向工作人员请教。

3．实训内容

（1）在第三方物流企业实习。

（2）熟悉第三方物流企业的组织结构。

（3）根据第三方物流企业的发展状况，对组织结构进行分析，找出问题，并提出优化与改进方案。

4．具体安排

（1）对实习物流企业的各个部门进行考察，了解各部门的职责。

（2）认真分析物流企业各个部门之间的关系，编制物流企业的组织结构。

（3）与物流企业的实际组织结构进行比较，分析所编制组织结构存在的问题。

（4）结合物流企业存在的问题分析物流企业当前组织结构中的问题，并进一步对其组织结构进行优化。

（5）撰写实践报告和实训报告幻灯片。5～6 人为一组，进行讨论。

（6）最后开设课堂讨论课，各个小组展示自己的实习成果，交流实训经验。

第3章 物流企业战略管理

学习目标

知识目标

- 了解物流企业战略的类型；
- 明确影响物流企业战略的环境因素；
- 熟知几种基本的物流战略管理思想；
- 掌握物流企业战略设计、规划、实施的要点。

技能目标

- 能针对不同类型的物流企业合理选择物流战略模式；
- 能对不同类型的物流企业做相应的战略规划设计。

引例

走自己的路——海烟物流的战略

上海烟草公司最初自己配送烟草，拥有一定数量的车辆和管理营运人员，但运营成本很高。而上海烟草又掌握着大量的终端客户，这些客户同时需要配送饮料、酒类和副食等物品，如何降低运营成本，利用已有资源成为上海烟草物流的问题。

上海烟草公司战略性地整合了上海烟草糖酒行业内数千家经营酒、食品、百货等各类物品的网络资源，汇集数千种规格商品，实行统一管理、统一经营、统一配送，实现资源最优化管理。于是，上海海烟物流发展有限公司（以下简称海烟物流）物流中心以“国内一流，国际先进”为目标建设而成。物流中心引进国际先进水平的物流设备，辅以GIS、GPS、WMS、ERP的高度集成，实现了信息处理及时、配送流程优化、存取拣选自动化、物流管理智能化，从而在物流流程的各个节点上达到无缝衔接。

海烟物流针对不同客户提供个性化的物流服务。如接受加急订单，承接加急配送服务；按货主指定批号或生产日期出货；帮助货主召回商品等。物流配送承诺市内 24 小时送达，江浙其他地区 36 小时送达；实行多客户、多品种配送服务，对多种业态如大卖场、超市、便利店，可实现同时配送；针对不同地区不同客户要求，专门设计配送办法。在卷烟经营上，海烟拥有包括全市 29 家连锁超市、卖场、便利店业务，共计 4 000 多家门店。

这一案例表明：物流战略的选择是物流企业成败的关键。上海烟草结合自身实际情况，利用已有的基础和掌握的资源，选择了资源整合、扩大规模的战略，将自身的物流体系转变成不仅为自身服务，也为他人服务专业的第三方物流公司，从原来的成本中心转变为利润中心。

3.1　企业战略管理

企业战略是指企业按照长期经营管理中确立的企业发展目标，根据企业的外部环境和内部条件制定出企业实现经营目标所需要遵循的方针和政策，做出资源分配的决策，提出实现目标的经营途径和手段。概括来讲，是企业为实现长期经营目标，适应经营环境变化而制定的一种具有长期性、指导性的经营策略。

3.1.1　企业战略特征

企业战略是设立远景目标并对实现目标的轨迹进行的总体性、指导性谋划，属于宏观管理范畴，具有指导性、全局性、长远性、竞争性、系统性、风险性六大主要特征。

（1）指导性。企业战略界定了企业的经营方向、远景目标，明确了企业的经营方针和行动指南，并筹划了实现目标的发展轨迹及指导性的措施、对策，在企业经营管理活动中起着导向的作用。

（2）全局性。企业战略立足于未来，通过对国内外的政治、经济、文化及行业等经营环境的深入分析，结合自身资源，站在系统管理高度，对企业的远景发展轨迹进行了全面的规划。

（3）长远性。企业战略着眼于长期生存和长远发展，确立了远景目标，并谋划了实现远景目标的发展轨迹及宏观管理的措施、对策。此外，围绕远景目标，企业战略必须经历一个持续、长远的奋斗过程，除根据市场变化进行必要的调整外，制定的战略通常不能朝令夕改，应具有长效的稳定性。

（4）竞争性。竞争是市场经济不可回避的现实，也正是因为有了竞争才确立了战略在经营管理中的主导地位。面对竞争，企业需要进行内外环境分析，明确自身的资源优势，通过设计合适的经营模式，形成特色经营，增强企业的核心竞争力与对抗性，推动企业长远、健康的发展。

（5）系统性。企业战略立足于长远发展，确立了远景目标，并需围绕远景目标设立阶段目标及各阶段目标实现的经营策略，以构成一个环环相扣的战略目标体系。同时，根据组织关系，企业战略一般需由决策层指导战略、事业单位谋划战略、职能部门支持战略三个层级构成。

（6）风险性。企业做出任何一项决策都存在风险，战略决策也不例外。市场研究深入，行业发展趋势预测准确，设立的远景目标客观，各战略阶段人、财、物等资源调配得当，战略形态选择科学，制定的战略就能引导企业健康、快速的发展。反之，仅凭个人主观判断市场，设立目标过于理想或对行业的发展趋势预测有偏差，制定的战略就会产生管理误导，甚至给企业带来破产的风险。

知识链接 3-1

“战略”的由来

战略（strategy）一词最早是军事方面的概念。战略的特征是发现智谋的纲领。在西方，“strategy”一词源于希腊语“strategos”，意为军事将领、地方行政长官。后来演变成军事术语，指军事将领指挥军队作战的谋略，即“将军指挥军队的艺术”。在中国，战略一词历史久远，“战”指战争，“略”指谋略。春秋时期孙武的《孙子兵法》被认为是中国最早对战略进行全局筹划的著作。在现代，“战略”一词被引申至政治和经济领域，其含义演变为泛指统领性的、全局性的、左右胜败的谋略、方案和对策。战略强调要做对的事情，不仅仅把事情做对。因为“把事情做对”只是“效率”的好坏而已，唯有“做对的事情”才会产生长远的效果。

资料来源：蔡树棠．企业战略管理[M]．北京：石油工业出版社，2000.

3.1.2 战略管理层次

战略管理（strategy management）一词最早由美国学者安索夫（H. I. Ansoff）于 1976 年在其所著的《从战略计划走向战略管理》一书中提出的。安索夫认为企业战略管理是指将企业日常业务决策同长期计划决策相结合而形成的一系列经营管理业务。

企业经营战略是一个分层次的逻辑结构，它至少可分为三个层次：公司层总体战略、事业（经营）单位层战略、职能单位层战略，它们分别与从事多元化经营的公司组织机构相对应，如图 3-1 所示。

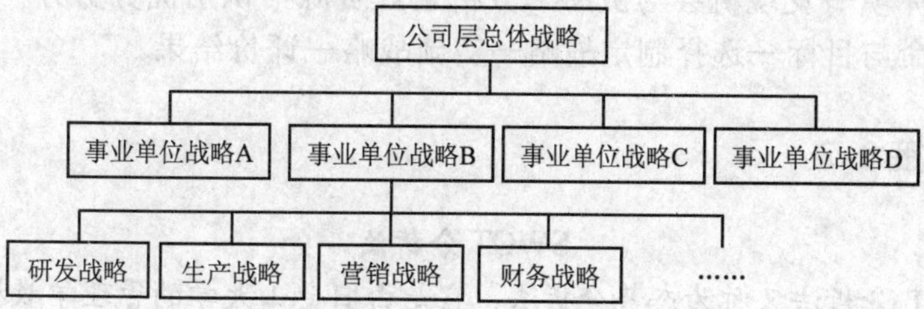

图 3-1　战略管理层次示意图

公司层战略又称总体战略，主要回答公司的使命与方针、总体目标、战略态势、事业组合与地位等问题。

事业层战略属支持战略，即在公司层战略指导下，为保证完成公司的总体战略而制定的本事业单位的战略计划，主要回答为完成公司总体目标，本事业部门应该采取什么样的行动的问题。

职能层战略是各职能部门为支撑事业层战略而制定的本职能部门的战略计划，主要回答为支持和配合事业层战略，本部门应该采取什么行动的问题。

3.1.3　战略管理过程

战略管理的基本过程是一个科学严谨的逻辑过程，该过程主要包括三个关键部分。

（1）战略分析：了解组织所处的环境和地位，特别是外部环境如图 3-2 所示。

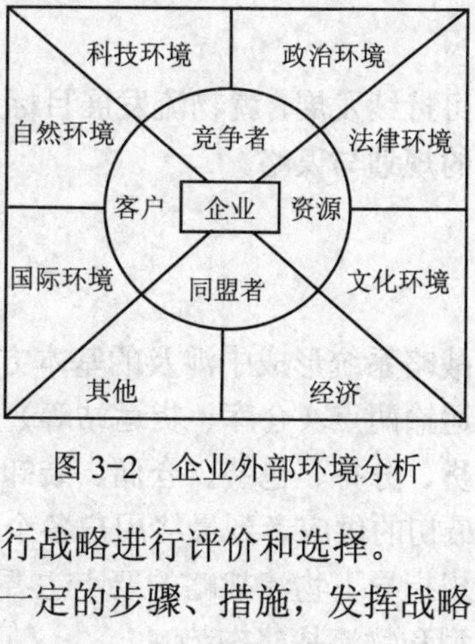

图 3-2　企业外部环境分析

（2）战略选择：对可行战略进行评价和选择。

（3）战略实施：采取一定的步骤、措施，发挥战略的指导作用，实现战略的指导作用，实现预期的战略目标。

另外，战略管理的三个部分可具体化为以下步骤：确定企业的使命与目标—分析环境—发现机会与威胁—分析企业资源—识别优势劣势—重新评价企业的使命与目标—选择制定战略—实施战略—评价结果。

知识链接 3-2

SWOT 分析法

SWOT 分析法又称为态势分析法，它是由旧金山大学的管理学教授于 20 世纪 80 年代初提出来的，SWOT 四个英文字母分别代表：优势（Strength）、劣势（Weakness）、机会（Opportunity）、威胁（Threat）。SWOT 分析法常常被用于制定集团发展战略和分析竞争对手情况。在战略分析中，它是最常用的方法之一。进行 SWOT 分析时，主要有以下几个方面的内容：

优势，是组织机构的内部因素，具体包括：有利的竞争态势；充足的财政来源；良好的企业形象；技术力量、规模经济、产品质量、市场份额、成本优势、广告攻势等。

劣势，也是组织机构的内部因素，具体包括：设备老化；管理混乱；缺少关键技术；研究开发落后；资金短缺；经营不善；产品积压；竞争力差等。

机会，是组织机构的外部因素，具体包括：新产品；新市场；新需求；外国市场壁垒解除；竞争对手失误等。

威胁，也是组织机构的外部因素，具体包括：新的竞争对手；替代产品增多；市场紧缩；行业政策变化；经济衰退；客户偏好改变；突发事件等。

3.2 物流战略

物流战略是指为寻求可持续发展，就物流发展目标及达成目标的途径与手段而制定的长远性、全局性的规划与谋略。

3.2.1 物流战略要点

物流战略要点是物流战略系统形成中涉及的基本方面的设计与选择。对物流运输企业而言，重点是将运输两点（仓库、货运站等）之间的货物位移于两端上的延伸服务（如订货、取货、分拣、包装、仓储、装卸、信息处理、服务等）紧密联合为一体，是货物从最初的供应者到最终用户各个物流环节成为完整的物流链管理系统，在此基本思想指导下物流战略的要点主要包括：物流战略导向、物流战略优势、物流战略类型和物流战略态势。

（1）物流战略导向。这是指使物流系统生存、成长与发展的主导方向，物流战略活动领域很宽阔，服务、市场、技术、规模、资源、组织、文化等方面都可能成为物流企业所经营的物流系统生存、成长与发展的主导方向。物流战略导向的确立既明确了前进方向，又可避免竞争与发展中的盲目性。

（2）物流战略优势。是指物流系统能够在战略上形成优于竞争对手的形势、地位和条件。构成物流系统战略优势的主要有以下方面：

1）资源优势，拥有雄厚的资金、技术、设备和优秀的人才等；

2）产业优势，服务于符合企业自身的成长条件且属于新兴的朝阳产业；

3）地理优势，占据便利的物流通道、丰富的原料产地、经济重点区域等方面的有利条件；

4）技术优势，有良好的支持物流系统运作的网络组织结构与技术手段；

5）组织优势，是基于服务优势、技术优势之上的整体优化配置资源，协同运作的思想、文化、方法、手段、制度等有机体系。

物流战略优势关键是要在物流系统成功的因素上形成差异优势或相对优势，这是取得物流战略优势比较有效的方式，当然也要注意发掘潜在优势，并关注未来优势的开发。

（3）物流战略态势。这是指物流系统的服务能力、营销能力、市场规模在当前的有效方位及战略逻辑演变过程和推进趋势。它反映了物流企业参与社会物流系统运作，在客观上的物力、人力资源表现的竞争能力与实力的体现，以及企业在指挥谋略方面的动态组合和运作状况。

（4）物流战略类型。这是指依据不同的标准对物流战略作的划分，以助于深刻的认识所拟定的物流战略的基本特点，进一步完善物流战略规划方案。现代物流企业通常可以按服务项目、发展方向、战略行为和战略重点等方面划分战略类型。

物流战略要点关系到物流战略的基本特征，物流企业需要在战略上形成自己的特色，以区别其他类型的企业，这也是形成物流企业战略优势的重要前提。

小思考

我国物流企业的发展态势如何？

答：当前我国物流企业的发展呈现出五个方面的特点：

第一，物流企业产权结构多元化。一是传统的运输、仓储和商贸企业转型为物流企业，以大中型国有企业为典型代表；二是生产制造企业在供应链流程再造中打造的第三方物流服务公司；三是按照现代物流理念和经营模式建立的新型的物流服务企业，以民营资本和股份资本为主；四是国外资本或合资或独资建立的物流企业。这种多元结构使我国物流业一开始就形成了竞争激烈的格局。

第二，传统物流与现代物流紧密结合。我国现代物流业主要是从传统的运输、仓储方式为主向现代物流过渡。即使是新型的民营和股份制物流企业，一般也是普遍以开展运输和仓储活动作为物流运作切入点，逐步向供应链管理的各环节进行渗透，进而进行资金、信息、流通等相关资源的整合。由于我国经济发展的不平衡性，这种传统物流与现代物流紧密结合的现象将会存在一个较长时期。

第三，物流运作模式在实践中不断创新。许多优秀企业结合实际，有的同时成了供应链方案提供商；有的向综合化或专业化方向发展，突出个性化服务；有的则将物流地产、物流市场与物流运作紧密结合。

第四，现代物流理念日益深入人心。强调以客户为中心，以信息网络做支持，实施一体化综合物流服务，最大限度地进行资源整合等现代物流理念正在日益被我国的物流企业所接受，并逐步运用到企业生产经营实践当中，大大提升了企业的服务能力和品质。

第五，物流信息化、标准化受到企业普遍重视。许多企业在信息化方面都不吝惜投入，不断对企业信息化设施进行改造，企业的网络系统、电子单证管理、货物跟踪及客户查询系统的能力显著提高。

3.2.2 物流战略选择

根据著名管理学家迈克尔·波特（Michael Porter）的理论，可选的基本竞争战略有三种：成本领先战略、集中化战略、差异化战略。这一理论框架对广大物流企业同样适用，三种基本战略在架构上差异很大，成功地实施它们需要不同的资源和技能。成本领先战略重点在于企业通过有效途径降低成本，使企业的产品和服务成本持续低于竞争对手的成本，从而获取竞争优势的一种战略，适合有实力的大型物流企业；集中化战略是针对大部分的中小物流企业，通过锁定特定目标来提供服务或产品，以便形成竞争优势；差异化战略是指企业针对客户的特殊需求，把自己同竞争者或替代产品区分开来，向客户提供不同于竞争对手的产品或服务，而这种差异是竞争对手短时间内难以模仿的。在此基础上，可供物流企业选择的基本战略模式主要有：

（1）精益物流战略。精益物流战略属于成本主导型战略，其目标是用较少的资源，如人力、空间、设备、时间来进行各种操作，有效组织物料的流动，杜绝浪费，使用最短的前置期，使库存和成本最小化。精益战略寻找出消除浪费的途径，典型的方法是对目前的操作进行详细分析，然后取消不增加价值的操作，消除耽搁，简化过程，降低复杂性，提高效率，寻找规模经济，节省运输费用，除去供应链中不必要的环节。

（2）敏捷物流战略。敏捷物流战略是服务主导型战略，其目标是对不同或变化的环境迅速作出反应，向客户提供高品质的服务。敏捷有两个方面的含义：第一是反应的速度，敏捷的组织一直在检查客户的需求，对变化作出迅速反应；第二是物流根据不同客户需求而量身定做的能力。

（3）合作与联盟战略。极度重视与供应链其他部分的密切合作，制定与供应商、客户和其他专业物流提供商建立战略联盟，形成更为有效的供应链，所有成员齐心协力，共享长期合作的成果。

（4）绿色物流战略。如何保证经济的可持续发展是所有企业在经营管理中必须考虑的重大问题，对物流企业也是如此。物流企业开始关注回收与废弃物流、减少“三废”排放、减低物流活动中的噪声污染、提高运输工具及包装材料的利用率等。要解决以上问题，物流企业在物流安排上必须有一个完善、全面的规划。在抑制环境破坏的同时，提高物流资源的利用率。

（5）其他战略。延迟战略：一种减少预测风险，把产品的运输时间和最终产品的加工时间推迟到客户订单之后的战略。

多样化分拨战略：不对所有产品或物流服务项目提供同样水平的客户服务，企业在同一产品系列内采用多种分拨战略。

集运战略：主要是区域化集中运输，即运往某个地区的不同客户的货物集中起来运输；预定送货，即与客户商定一个运送计划，保证按时送到，在预定期内有可能集中较大的运输量；第三方联营送货。

案例 3-1

日本的食品包装

众所周知，日本是世界上最讲究包装的国家之一，但近年来，环保的概念深入人心，日本在商品包装方面也开始追求简单、绿色的新时尚。

日本食品包装已不只是要好看和实用，还要考虑环保，食品包装尽量以不污染环境为原则，如用纸袋取代塑料容器。日本 90%的牛奶都是以有折痕线条的纸包装出售。这种包装袋是日本最常见的饮料包装，容易压扁，不但生产成本低，而且能够减少占用空间，且方便送往再循环。还有一种衬袋盒，其主要目的就是要让人们能够轻易地把纸盒和袋子分开，送去再循环时就较容易处理了。目前，日本市场上的酒类饮料通过机械化包装后，大半是采用这类包装。被日本消费者接受的新包装设计是立式袋。由于开袋子比开瓶子更容易使内部液体溢出，因此这种袋子的开口都经过特别设计，方便打开。这类袋子取代了塑料瓶，其塑料使用量只占塑料瓶的1/5。除了酒和饮料，日本市面出售的食油，很多也都是以复合纸包装出售的，大大减少了塑料的使用。

日本碗碟清洁剂的包装也同样重视环保。消费者第一次用完清洁剂后，能够在市场上买到以立式袋出售的清洁剂，再把清洁剂倒入原有的塑料容器中继续使用，使塑料容器不须丢掉。日本专家指出，很多没有包装必要的食品完全可以放弃包装。据日本连锁站商会的调查显示，除了番茄、桃、草莓外，90%的蔬菜、水果都不需要包装，这样既省去了使用特种保鲜功能的保鲜纸，又有助于保持蔬菜、水果的营养与新鲜。

分析：日本的食品包装突出体现了什么样的物流战略思想？这实际上是绿色物流战略管理思想的生动体现。包装材料节约、环保、便于回收，且有利于维护人体的健康。

3.3 物流企业经营战略

物流企业经营战略是指物流组织根据已制定的物流战略，付诸实施和控制的过程。从一般意义上说物流经营战略的实质就是运用战略进行社会或区域供应链物流管理。

3.3.1 物流企业战略目标

企业使命是对企业的经营范围、市场目标等的概括描述，它表明了企业的性质和发展方向。企业战略目标是企业使命的具体化，企业经营目标是战略目标的具体化，是对战略目标从数量上进行界定。物流企业经营战略的一般目标是：成本最小，投资最少，服务优化。

（1）成本最小，是指降低可变成本，包括运输成本、仓储成本、管理成本等。物流企业应达到什么样的服务水平是事先确定的事情，成本最小就是要在保证和满足服务水平的前提下选出成本最小的方案。

（2）投资最少，是指对物流系统的直接投资最小化而获得最大的投资回报率。在保证服务水平不变的前提下，我们可以采取各项措施来降低投资成本。比如，发展直达运输，尽可能选择公共仓库而非自建仓库，采用共同配送减少车辆投入等。

（3）服务优化，是指客户满意度的相对最大化。物流需求与供给方面的变化，体现在物流企业之间的竞争加剧，物流企业都在积极开拓物流业务的同时，更加注重服务的多样化、个性化、便捷化，以提升企业竞争力。当然，服务优化不是盲目追求服务水平越高越好，这里还要考虑到物流成本及投资成本，是一种相对的最大化。

物流企业经营战略与物流企业管理目标是一致的，在保证物流服务水平的前提下，实现物流成本的最低化。物流总体战略决定了其在市场上的竞争力，高效的物流系统往往是体现物流企业竞争力的重要因素。

3.3.2　物流企业战略构成要素

企业战略一般由四种要素构成，即经营范围、成长方向、竞争优势和协同作用。安索夫认为这四种要素可以产生合力，成为企业的共同经营主线。有了这条经营主线，物流企业内外的人员都可以充分了解本企业经营的方向和产生作用的力量，从而扬长避短，发挥优势。

（1）经营范围。它说明物流企业属于什么特定的服务领域，因为对于物流企业而言，其产品就是物流服务。按照物流企业服务的功能领域可以划分为：国际物流服务、区域物流服务和市域物流服务。按照其核心业务能力大致可以分为：综合物流管理服务、商品配送服务、区域性时效性运输、快递服务、现代仓储、传统物流服务及其他物流服务等。

（2）成长方向。物流企业的成长方向既有在一个行业的发展方向，也有跨行业甚至多个行业的发展方向。它说明物流企业从现有服务与市场相结合向未来服务与市场组合移动的方向，即企业经营运行的方向，如海尔物流的国际化发展策略。

（3）竞争优势。竞争优势是企业在某些方面比其他的企业更能带来利润或效益的优势，源于技术、管理、品牌、劳动力成本等。它表明企业的产品（服务）与市场组合的特殊地位，以及与其他企业的差别所在，凭借这种特殊性可以给企业带来强有力的竞争地位。或寻求兼并，或设置防止竞争对手进入的障碍与壁垒，或进行新技术开发，产生具有突破性的增值服务等确立自己的竞争优势。例如，中远物流公司通过自主研发的计算机仿真模拟装卸系统确立了企业在超大件物品运输市场的领先地位。

（4）协同作用。即企业内部各种要素有机整合的效益要大于各要素所独创的效益总和，说明 1+1>2 的联合作用效果。对于物流企业而言，协同作用意味着物流链各环节的协同一致和整体性，也就是追求整体的最优性。作为体现协同作用的一个实例就是第三方物流的兴起。协同作用是衡量物流企业新服务与市场项目的一种变量。如果企业的共同经营主线是进攻型的，该项目则应运用于企业最重要的要素，如物流服务网络、物流技术等；如果经营主线是防御型的，该新项目则要提供企业所缺少的关键要素。同时，协同作用在选择多种经营战略上也是一个关键的变量，它可以使各种经营形成一种内在的凝聚力。

以上四个要素是相辅相成、互不排斥的，共同构成了物流企业战略的核心。服务与市场范围指出寻求获利能力的范围，成长方向指出这种范围扩展的方向，竞争优势指出企业最佳机会的特征，而协同作用则挖掘企业总体获利能力的潜力，提高了企业获得成功的能力。

3.3.3 物流企业战略框架

企业战略目标是多元化的，既包括经济性目标，也包括非经济性目标。具体来说，包括利润目标、产品目标、市场目标、竞争目标、发展目标、职工福利目标、社会责任目标等。制定物流企业战略目标的有效方法是构造战略目标体系，物流企业战略目标体系一般由企业总体战略目标和主要的职能目标所组成，如图 3-3 所示。

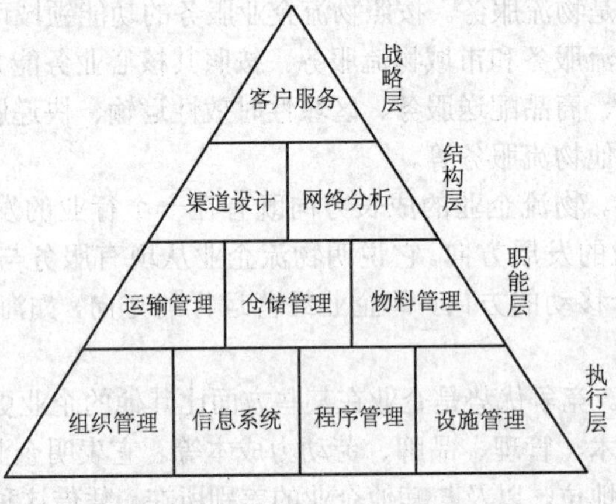

图 3-3 物流企业战略金字塔结构图

客户服务是物流管理的最终目标，是全局性的战略层目标；

结构层战略包括物流渠道设计和网络分析。

职能层战略包括运输管理、仓储管理、物料管理等。

执行层战略属于基础性的战略，是为保证物流系统正常运行提供基础性的保障，包括组织管理、信息系统、程序管理、设施管理等。

3.3.4 物流企业战略类型

制定切实可行的物流经营计划和战略，是物流企业有效开展物流服务业务，突出核心竞争力的关键。从企业发展的战略角度来对物流企业进行分析，可以从企业的资产规模和信息整合能力两个方面入手，将物流企业划分为资产型、管理型、优化型和边缘型四种类型。资产规模包括物流企业自身拥有的投资，含有形资产和无形资产。信息整合能力，主要指物流企业运用现代化管理水平和技术，高效率、低成本整合供应链资源的能力。

（1）资产型物流企业战略。资产型物流企业的主要特点资产雄厚，拥有机械、装备、运输工具、仓库、港口、车站等实物物流功能的资产，但对信息网络及相关人才等信息资产，以及社会资源的整合能力相对较弱。它们主要由传统的仓储企业、运输企业发展而来，对客户提供的服务功能单一，服务种类少，大量的是提供运输、仓储服务。在对客户服务上一般是对传统运输仓储业务进行拓展，提供增值服务，比如再包装、贴标签、拣选、回收物流等逐步向物流过程管理、库存控制、订货方向发展。这类物流企业的明显缺陷是信息化程度不高，缺乏专业的物流人才，对社会物流资源的整合能力差。因此，资产型物流企业应加强信息整合能力，培养专业物流人才，不断引进现代电子信息技术，提升信息处理能力，扩展服务种类，向综合性物流企业发展。

（2）管理型物流企业战略。管理型物流企业不把拥有实物资产作为向客户服务的手段，而是以本身的管理、信息、人才等优势作为物流服务的核心竞争能力。这种类型的物流企业，不是没有资产，而是主要拥有信息资产。在网络经济时代，实际是以“知识”作为核心竞争能力，通过网络信息技术的深入运用，以高素质的人才和管理力量，利用社会的设施、装备等劳动手段最终向客户提供优良服务。这类企业一般由咨询管理类、货代类企业经过业务拓展转变而来，它们在过去广泛的客户资源基础之上拓展业务，因此客户分布比较广泛，服务层次相对较低，但它具有很强的管理整合社会公共资源能力，能够实现物流服务供给社会资源的共有化，充分利用闲置的社会资源，使其在效益上产生乘数效应。其特征是通过系统化提高信息整合度来充分发挥竞争优势。这类企业对固定设备、设施的投资少，以其业务灵活、服务范围广和服务种类多等优势使其他企业难以与之竞争。因此，管理型物流企业应不断提升信息处理能力与社会资源整合能力，与工商企业建立长期友好的伙伴关系，并与其他类型的物流企业协作与联盟，适当增加专用性资产，向规模化、深层次的综合物流服务集成商方向发展。

（3）优化型物流企业战略。优化型物流企业应该是完全拥有管理型物流企业在信息、组织、管理的优势，同时建立必要的物流设施装备系统，而不是全面建设这种系统。以此不但获得上述两种物流企业的优点，同时又避免了过大投资、系统不灵活、服务水平不足的缺点。这类物流企业一般资金雄厚，规模庞大，设备比较先进，运输网络发达，具有高水平的物流人才和很强的资源整合能力。它能在全球及区域范围内开展国际物流服务，能应对不同的客户需求提供差异化服务。优化型物流企业通过不断引进学习国内外先进的管理、信息技术与最新成果，巩固资产专用性，加强其社会资源的整合能力，注重规模优势，提升规模经济壁垒，确立行业寡头地位。

（4）边缘型物流企业战略。边缘型物流企业的主要特点是机能整合度低、资产专用性低，是伴随电子商务出现而发展起来的小型物流企业，起步晚、规模小、服务范围窄，在经营资源数量和质量方面都受到限制，通常是以局部市场为对象、将特定的物流服务活动集中于特定的顾客群，严格来说不属于专业的第三方物流企业，是一些从事边缘型流通业务的小型物流公司。如搬家综合服务、会展服务、代收商品服务、网上订书、鲜花递送等个性化消费品的配送服务等。因此，这类物流企业必须发挥其在特定机能或特定物流服务方面的优势，在战略上实现物流服务的差别化、个性化、便捷化和低成本化。

案例 3－2

管理型物流企业——海勃物流

上海海勃物流软件有限公司是上海港集装箱股份有限公司旗下的一家合资公司，是为物流业提供应用系统服务和整体解决方案的高科技企业。为用户开发灵活适用的软件系统，并提供配套的优化方案，从而提升用户在科学化、自动化等方面的管理水平，使用户以最小的投资得到最大的回报。

凭借多年的行业知识和经验，公司整合了现代物流管理模式、先进理念和电脑应用技术等多方优势，致力于交通运输、港口、仓储物流等企业 ERP 和 MIS 软件的开发、无线数据传输系统的建设和小型机网络系统的集成服务等，并以此为基础，提供在线数据信息交易的电子商务平台。

资料来源：张红星. 论第三方物流企业的战略选择[J]. 武汉：商品储运与养护，2005（2）。

分析：上海海勃物流软件有限公司属于典型的管理型第三方物流企业，这类企业应不断提升信息处理能力，集中有限的资源，整合社会公共资源，与工商企业结成联盟关系，增加专用性资产，向规模化、深层次的综合第三方物流方向发展。

3.4 物流企业战略实践

3.4.1 物流企业战略的规划

美国的威廉·高柏斯劳（Willian Copacino）设计了一个物流规划流程，给我们很大启发，物流系统中每一个环节都要进行规划，且要与整个规划过程中的其他组织部分相互协调，如图 3-4 所示。

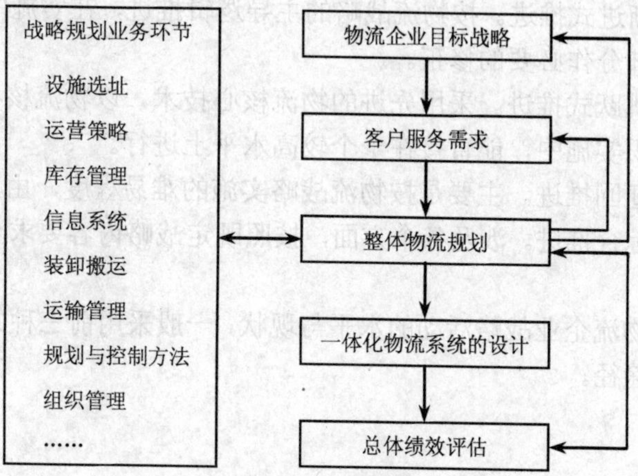

图 3-4　物流企业战略规划流程图

规划要点包括：

（1）分析物流发展条件和制约因素，提出物流发展路线；

（2）确定规划目标；

（3）确定物流系统的规模结构、职能分工与空间布局；

（4）确定重点发展的物流中心；

（5）确定物流流通渠道策略；

（6）确定仓储与运输策略；

（7）确定物流信息系统的规划；

（8）进行综合技术论证，提出规划实施的步骤、措施和方法建议。

3.4.2　物流企业战略实施

战略实施是一个自上而下的动态管理过程。所谓“自上而下”主要是指战略目标在公司高层达成一致后，再向中下层传达，并在各项工作中得以分解、落实。所谓“动态”主要是指战略实施的过程中，常常需要在“分析—决策—执行—反馈—再分析—再决策—再执行”的不断循环中达成战略目标。

物流企业战略一旦确定，为实现企业的战略目标就必须进行有效的实施。物流战略实施必须按照既定的战略实施方案循序推进、逐步落实，具体包括：物流经营战略实施行动的制定、物流企业组织架构及物流资源配置等实施准备；建立物流战略实施的内部管理支持系统，发挥物流战略实施的领导作用；建立物流战略实施的评审系统与监控系统；对物流战略实施进行评审与控制。

物流战略的设计与实施是一个完整的过程，应按物流战略规划的内容和步骤进行。通常可供采用的物流战略推进方式有：

（1）逻辑渐进式推进。按物流战略的主导逻辑推进，在实施的过程中可能对物流战略某些部分作必要的修正。

（2）技术跳跃式推进。采用先进的物流核心技术，以物流核心技术作指导。在物流战略组织实施中，能直接在一个较高水平上进行。

（3）分步迂回推进。主要是按物流战略实施的难易程度，由易到难地进行。

（4）全面综合推进。涉及各个方面，按照既定战略内容要求全面展开，同时推进。

根据我国物流企业战略活动的水平与现状，一般采用前三种方法作为推进物流战略的主要途径。

案例 3－3

浦运战略的成功实施

上海浦东汽车运输总公司（以下简称浦运）的战略规划实施过程中，快步易捷公司全程参与了浦运公司的企业变革。双方的合作集中在三个方面：一是企业战略规划，包括市场战略、内部运作体系战略；二是开发应用一套可适应多种业务模式和多种调度模式的一体化运输管理系统；三是物流战略实施。

要保证物流系统达到预期目标，实施步骤是关键。第一阶段，快步易捷公司在对浦运实际运作情况和业务流程进行分析的基础上，提出了详尽的企业变革计划。在变革计划实施过程中，快步易捷的物流顾问团队直接参与了浦运营销中心的建立，领导和完成了 SOP 和 KPI 体系的设计。

第二阶段，快步易捷为浦运设计了未来业务模式的核心目标，目标之一就是：建立起一个支持浦运快速业务发展、适应多种业务类型和运作方式的一体化运输管理系统。快步易捷在对系统进行全面设计和开发过程中，融合了国际先进物流管理理念和深厚的本土行业经验，以及跨系统、跨平台的集成方案，协助浦运建立起基于客户业务模式的、跨部门的、动态实时配置的流程管理平台，从而最终做到：

（1）成为在全国范围内提供多种增值服务、处于领导者地位的资产型专业运输公司；

（2）通过运输管理系统，将托运单调度作业流程统一化、规范化和高效化，实现最优的客户服务和最大的资源利用；

（3）使所有运作成本透明化，帮助浦运进行成本控制的集中管理。

经过一段时间的上线运作，上海浦运基本做到了从收到订单开始到货物准时、安全抵达客户手中为止的运作过程的全程可视性，达到了战略预期的效果。

分析：上海浦运通过准确的战略定位，科学规划，稳步实施，及一体化物流信息平台的接入，再加上良好的管理制度，轻松地实现了企业间物流流程的电子化连接、集成和整合，实现了最大化资源的利用。

3.4.3　物流企业战略优化

对于大多数的物流企业来说，战略优化是其降低供应链运营总成本的最显著的商机所在。但是，战略优化过程不仅要投入大量的资源，而且是一项需要付出巨大努力、克服困难和精心管理的过程。

物流企业实现战略优化要遵循几项基本的原则：①应该考虑自己所掌握的资源（各类资产和技术专长）及其特点；②应该考虑公司在发展与重组过程中的优势与存在的危机；③应充分考虑公司的内外部环境；④公司如何制定独特的战略公司作为一个整体如何创造价值的远见，指导着公司战略的制定；⑤公司战略是由各自相互独立的各个部分组成的系统；⑥公司战略必须顺应并利用公司以外的各种机遇；⑦各个子公司的收益必须高于成本，公司的大部分优势必须依赖业务部门提高业绩来实现。战略升级必须作为决策层的首要任务，责成专门机构或部门负责落实。

知识链接 3-3

物流优化的 10 项基本原则

美国领先的货运计划解决方案供应商 Velant公司的总裁和CEO——DonRatliff博士集 30 余年为企业提供货运决策优化解决方案的经验，在 2002 年美国物流管理协会（CLM）年会上提出了“物流优化的 10 项基本原则”，并认为通过物流决策和运营过程的优化，企业可以获得降低物流成本 10%～40%的商业机会。这种成本的节约必然转化为企业投资回报率的提高。这些原则可以借鉴到物流企业战略优化的过程中。

（1）目标（Objectives）：设定物流战略目标必须是定量的和可测评的。

（2）模型（Models）：物流决策模型必须忠实地反映实际的物流过程。

（3）数据（Data）：物流数据必须准确、及时和全面。

（4）集成（Integration）：物流系统集成必须全面支持数据的自动传递。

（5）表述（Delivery）：物流战略实施方案必须以一种便于执行、管理和控制的形式来表述。

（6）算法（Algorithms）：算法必须灵活地利用独特的问题结构。

（7）计算（Computing）：计算平台必须具有足够的容量在可接受的时间段内给出优化方案。

（8）人员（People）：负责物流战略设计、实施和优化的人员必须具备支持建模、数据收集和优化方案所需的领导和技术专长。

（9）过程（Process）：物流商务过程必须支持优化并具有持续的改进能力。

（10）回报（ROI）：投资回报必须是可以证实的，必须考虑技术、人员和操作的总成本。

常用的物流战略优化方法有：①数学规划法。包括静态优化和动态优化规划法。主要运用线性规划解决物流企业运输管理、物流资源分配和人员分派的优化问题；运用整数规划法选择适当的仓库地址和配送中心位置；采用扫描法对配送路线进行扫描求优。②动态规划法。③探索法。④分割法。另外，运筹学中的博弈论和统计决策也是较好的优化方法。

本章知识结构图

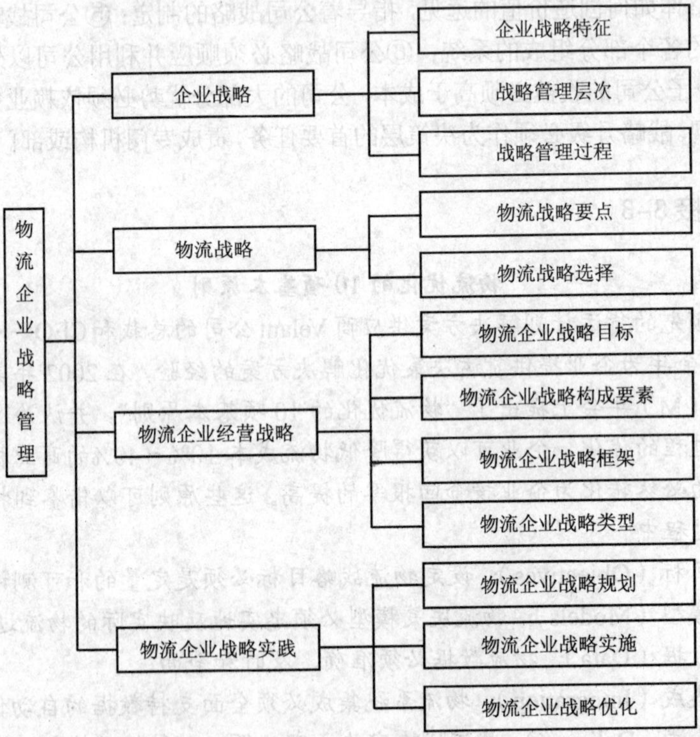

复习与训练

一、基本训练

1．讨论题

（1）简述物流战略的要点。

（2）可供物流企业选择的基本战略模式主要有哪些？

（3）物流企业战略的一般目标是什么？

（4）物流企业战略的构成要素有哪些？

（5）分析几种不同类型物流企业的战略特点。

（6）简述物流企业战略规划的一般过程。

2．判断题

（1）物流企业间竞争加剧，更加突出了物流战略的重要性。 （ ）

（2）差异化战略就是物流企业向客户提供的物流服务具有一致性。 （ ）

（3）物流企业把战略转化为实际操作的过程就是物流战略计划。 （ ）

3．选择题

（1）物流战略的一般目标是成本最低、投资最少、（ ）。

A．库存最低　　B．流通最快

C．结构最优　　D．服务优化

（2）企业战略的基本要素应包括（ ）。

A．经营范围　　B．成长方向

C．竞争优势　　D．协同作用

（3）以下不属于功能性物流战略层次的有（ ）。

A．运输与配送管理　　B．仓储与库存管理

C．基础设施管理　　D．信息系统管理

4．技能题

（1）一家大型国有钢铁企业的物流运输部门经股份制改造后成立新的物流运输企业，请为该物流企业选择战略发展模式。

实训目的：通过对不同类型的物流企业的特点和环境分析，明确企业的战略目标，并选择适合该企业业务发展的战略模式。

实训要求：可通过网上资料收集，了解钢铁行业物流运输的主要职能和经营范围，然后有针对性地提出可供企业选择的物流战略模式。

（2）通过企业实地考察或网上调研了解一家典型的物流企业的战略规划、实施的全过程，并进行分析，撰写调研报告。

实训目的：分析该物流企业战略规划的背景、实施方案及实施效果，并提出自己的改进建议。

实训要求：制定调研计划，分阶段按步骤展开调研工作，重点关注物流企业战略规划、实施的实际进展，找出问题所在，思考优化方案，提出合理化建议。

二、案例分析

中国航空物流企业的战略选择

20 世纪的航空公司一定想不到中国当前在航空物流方面的广阔前景。然而，这一产业却实实在在地发展起来了。在 1980 年，中国航空货邮总运输量仅为 8.8 万吨，而 2003 年已经达到 219 万吨；国际航线的货邮运输量也从 1980 年的 1.4 万吨增长到 2003 年的 51.4 万吨。波音公司发布的《中国市场预测》报告指出，中国航空运输市场将以每年 7.6%的速度增长，成为仅次于美国的世界第二大民用航空市场。如此光明的市场前景，自然会留给人无限的遐想空间。

这当然是中国高速成长的经济所创造的又一个奇迹。尽管经历了 911 和 SARS 等种种冲击，中国的航空物流都以一往无前的态势迅猛发展。随着中国成为世界制造中心的趋势渐趋明显，已经有越来越多的鲜活产品（如水果、鲜花、海鲜等）、精密机械产品（如医疗器械）、电子产品（如计算机）、商务文件、通信产品（如手机）需要通过飞机来进行运送。目前，在苏州、无锡，有 80%的 IT 产品都通过飞机在 48 小时或者 72 小时之内被运到世界各地。在越来越讲求速度的趋势下，书籍、药品、软件、玩具等都将逐渐会成为航空物流的服务行业。

这样的发展趋势当然能够给人以足够的信心，但也引来了为数众多的逐利者。重组后组建的四大航空集团都不约而同地加大了货运业务的投入，组建专业的航空货运公司，将航空货运作为新的经济增长点。随着跨国企业大批进入中国，它们的航空物流外包商也随之跟进，并积极拓展中国市场。与此同时，航空货运已成为国内资本投资的热点。除已有的中货航、国货航、扬子江快运外，民航总局近来又相继批准筹建翡翠国际货运航空有限公司和珠海捷晖货运有限公司。2009 年我国新批的一类货运代理公司更是多达 306 家，同比增长了 128 家。今天的中国航空物流市场，已经逐渐呈现出群雄逐鹿、硝烟四起的局面。谁能够成为最后的胜者？在国外航空巨头的竞争压力之下，中国的航空企业应该如何寻找自身的发展机遇？

航空物流企业 SWOT 分析

平心而论，相对于已有多年成熟运作经验的外国公司来说，国内的航空业仍然显得准备不足。和美利坚航空公司、汉莎航空公司、英国航空公司等国际航空公司相比，国内的航空公司无论是在货物运价、航油成本还是运力水平等方面，都处于相对劣势。但是，如果我们从更广阔的视野出发，航空物流企业仍然可以利用自己的相对优势，取得市场竞争中的有利地位。

如果运用著名的战略分析工具 SWOT 分析法，我国航空物流业的现状大体如下：

竞争优势（S）市场机会（O）

庞大的航线和销售网络；较强的综合运输服务能力；良好的国内客户资源；政府部门的政策支持；我国国民经济持续、健康、稳定的增长使市场需求稳定增长；在电子商务日益普及的今天，航空物流市场的技术壁垒在下降；国内企业对航空物流的需求越来越强烈

竞争劣势（W）潜在威胁（T）

缺少现代专业货运及工业加工型机场；管理手段和管理方法与世界发达国家相比还存在着很大差距；信息技术还比较落后，没有统一的航空物流信息平台；从业人员的业务素质水平不高；缺乏良好的发展航空物流的运营环境，外资企业已在国内展开全国性的业务布点；其他运输方式的替代性威胁；民间资本大量进入航空物流市场，容易造成暂时性的无序竞争。

如上所示，在中国市场上，国内的航空物流企业同时具备网络、客户和政府资源等方面的独特竞争优势，这一点是国外的航空公司所无法比拟的。航空物流业不同于其他的行业，它的充分发展需要相关的产业如公路运输业、快递业、机场等的积极支持。在这方面，国内的航空公司无疑具有相当的优势。根据SWOT分析结果，可以采取以下四种类型的战略：

1. SO战略。即：加强市场开拓能力，利用优势实行多式联运。

2. ST战略。即：利用优势创建核心竞争力，了解竞争对手市场、技术、发展规划等情况，以规避威胁。

3. WO战略。即：稳定目前业务，加强企业管理机制改革，健全内部经营制度，加快设备更新与设施改造，建立物流配送中心，改善物流市场服务结构，调整物流网络分布结构，建立信息系统，提高物流服务质量，增加增值服务，创建核心竞争力。

4. WT战略。即：稳定现有市场份额，健全企业经营机制，不断提高企业管理水平。

航空物流业的成功要素分析

航空物流既不是传统意义上的航空货运企业，也不是一般人简单理解的传统航空货运服务的延伸，它是现代信息时代的新兴行业，其运营模式也不仅仅是“飞机+载货汽车”的简单加法，而是以信息技术为基础，以客户需求为中心，结合生产企业的供应链管理，配合生产厂商设计出以“一站式”、“门到门”服务为特征的一体化物流解决方案，为客户企业提供原料和产品的供应、生产、运输、仓储、销售等环节结合成有机整体的优质高效的个性化综合物流服务。

从我国航空物流业的发展现状来看，大部分企业仍然停留在运输合同和分销阶段。然而笔者认为，借助于信息技术的发展，我国航空企业要越过物流外包，直接走向供应链管理集团也是很有可能的。成功的关键在于抓住一些成功的关键

要素。如果将航空物流业务细分为航空货运和航空快递两大类，根据著名物流管理专家宋杨先生的观点，航空物流业的成功关键要素有如下几种：

航空货运企业的成功关键要素

地面运输能力（二级城市的快运的货运网络，在其余城市代理的规模，以及能否提供城际货运）；

客户关系（是否建立全国性的货代网络、有无对客户进行分级管理、是否能培养客户的忠诚度）；

提供增值服务的能力（仓储、包装、装配等供应链管理的能力）；

信息技术（货运管理能力、CRM系统、知识管理系统）；

航线覆盖面（增加全货机、利用已有腹舱、利用其他国内外的航空公司的航线）。

航空快递企业的成功关键要素

多种模式的运输能力（提供航线齐全的全货机和腹舱运输，以及公路运输的能力）；

流程效率（全货机航线、分拣中心、全天候24小时运作）；

品牌（品牌宣传、统一的服务模式、统一的价格策略）；

IT系统（统一规划的信息系统，具有标准化、可靠性、兼容性和可扩展性）；

服务质量（完善的绩效考核及质量监控体系、质量管理认证）；

地面运输网络（建立同城网络、建立若干城市的市内投递站）。

能否抓住这些关键的成功要素，是国内航空企业能否取得市场竞争优势的关键所在。

问题：结合以上案例材料，你认为我国的航空物流企业可以采取什么样的业务发展模式？

三、综合实训

实训项目：虚拟物流企业的战略规划设计

1．实训目的

（1）使学生熟悉物流企业的基本类型与相应的业务范围；

（2）结合不同类型的物流企业选择不同的物流发展模式；

（3）站在企业物流发展的战略高度思考物流企业的战略实践；

（4）训练学生的战略管理思想与实践能力，为今后自主创业或管理物流企业打好基础。

2．实训内容

（1）几个同学一起，以兴趣小组的形式虚拟注册一家典型的物流企业，并给该企业合理配置各种物流资源（虚拟）；

（2）运用 SWOT 法分析该物流企业所处的环境与地位，机遇与挑战；

（3）模拟董事会议讨论企业的发展战略问题；

（4）拟定几套企业的战略规划设计方案，并举行论证会，选出最优方案；

（5）制定具体的战略实施方案，分工合作，落实责任，按计划有步骤地开展实施工作；

（6）请相关负责人陈述战略实施进展情况，并提出下一步的改进措施与设想。

3．实训要求

（1）4～5 人一组，确定组长 1 人，负责协调统筹工作；

（2）请不同战略规划方案设计者做 3～5 分钟的方案陈述；

（3）召开 2～3 次虚拟董事会；

（4）撰写实践报告。

4．注意事项

（1）兴趣小组先开会讨论，明确实训目标与任务；

（2）最后阶段可邀请专业教师做点评指导。

第 4 章 物流企业目标、决策、计划管理

学习目标

知识目标

- 了解物流企业的目标管理、经营决策的类型、经营计划的种类与内容;
- 明确物流企业 KPI 考核的内容、物流企业目标制定的方法;
- 熟知物流企业经营决策的方法;
- 掌握物流企业经营计划编制的方法。

技能目标

- 分析物流企业的决策问题，灵活运用决策方法进行经营决策;
- 根据决策结果，编制物流企业经营计划。

引例

青岛啤酒集团的物流系统目标和决策

青岛啤酒集团提出了以“新鲜度管理”为目标的物流管理系统思路，建立新的物流管理系统。当时青岛啤酒的年产量不过三十多万吨，但是库存就高达十分之一。这么高的库存，引发了以下几个问题：占用了相当大的流动资金，资金运作的效率低；需要有相当数量的仓库来储存这么多的库存。当时的仓库面积有 7 万多平方米；库存数量大，库存分散，部分啤酒储存期过长，新鲜度下降甚至变质。

青岛啤酒集团并没有把压缩库存作为物流系统的直接目标，而是把“新鲜度管理”作为物流系统的直接目标：“让青岛人民喝上当周酒，让全国人民喝上当

月酒”。基于此，青岛啤酒集团实施了以提高供应链运行效率为目标的物流管理改革，建立了集团与各销售点物流、信息流和资金流全部由计算机网络管理的快速信息通道和智能化配送系统。

青岛啤酒集团在确定了合理的目标之后，做出了一系列决策：成立了仓储调度中心，重新规划全国的分销系统和仓储活动，实行统一管理和控制；进行市场区域分布、流通时间等全面的调整和平衡，成立独立法人资格的物流有限公司，以保证按规定的要求、最短时间、最少环节和最经济的运行方式将产品送至目的地。实现了全国的订货，产品从生产厂直接运往港、站；省内的订货，从生产厂直接运到客户仓库。

这一案例表明：“新鲜度管理”物流系统目标的提出，不仅达到了降低库存、降低流动资金、降低损耗的目的，而且能面向消费者的实际需求，在实现消费者满意新鲜度目标的同时，达到了解决库存问题的目的。因此，在制定物流系统目标时，要考虑物流系统的方方面面，综合分析物流系统存在的主要问题，以保证目标的合理性，同时，为了实现目标，必须作出正确的决策。

4.1　物流企业目标管理

4.1.1　物流企业目标管理与 KPI 考核内容

自“管理大师”德鲁克在《管理的实践》中提出目标管理的概念后，目标管理在不断地完善中得到了长足的发展，现已成为企业管理的重要组成部分。由于这种管理制度在美国应用得非常广泛，而且特别适用于对主管人员的管理，所以被称为“管理中的管理”。目标管理已经在全世界为数众多的公司中得到了成功的应用。我国所引进先进的管理理论与经验，其中重要的一项内容就是目标管理。

1．目标管理的含义

目标管理是企业根据所处的环境，为了实现自身的任务与目的，从全局出发，在一定时期内，为企业组织各层“从上至下”制定切实可行的目标，并且让他们必须在规定时间内完成的一种管理方法。与传统的目标设定方法不同，目标管理的具体绩效目标由下级与上司共同决定。目标转化过程既是“自上而下”的，又是“自下而上”的，最终结果是一个目标的层级结构，如图 4-1 所示。在此结构中，某一层的目标与下一层的目标连接在一起，而且对每一位员工，MBO 都提供了具体的个人绩效目标。另外，这里的目标不是用来控制下级，而是用来激励下级。

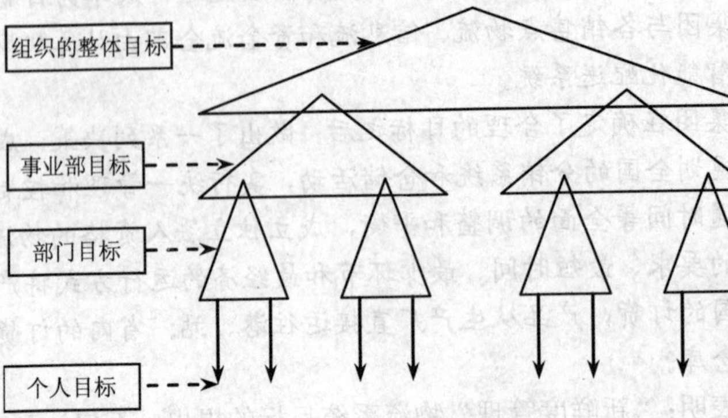

图 4-1　目标的层级结构

2．物流企业目标管理

物流企业目标管理是指围绕实现物流企业的服务目标和成本目标而开展的一系列管理活动，是物流企业为充分调动全体员工的积极性和创造性，运用管理学中的激励理论和系统工程理论来实现企业目标的一种管理方法。

物流系统有很多的要素，系统要素的层次也很多，每个层次系统及其要素都有各自的目标。对于复杂的物流系统来说，目标优化管理是一件很难的事情。物流系统的基本功能要素包括运输功能、储存功能、装卸搬运功能、包装功能、流通加工功能和物流信息处理功能等。当这些功能要素独立存在时，各自的目标存在着互相冲突。例如：物流成本目标、运输成本目标和储存成本目标之间就存在着明显的冲突，见表 4-1。物流系统内其他功能要素之间也存在着类似的冲突，如包装与运输存在着目标矛盾。物流包装的目标是保护商品在物流过程中免于损坏，同时要降低包装成本。因此，在包装材料的强度、内装容量的大小等方面就会考虑以能够确保商品安全为第一目标；但这常常会导致“过度包装”，结果不仅增加了商品物流包装的成本，同时由于物流包装过大、过重，增加了无效运输的比重。

表 4-1　物流成本、运输成本与储存成本目标之间的冲突

物流成本目标	运输成本目标	储存成本目标
物流总成本最低 运输、储存的成本不一定最低	运输最经济 运费最低	储存量最低 储存费用最低

物流企业实行目标管理是十分必要的。物流企业是为其他企业提供服务的，无论是仓储、运输，还是其他业务，都必须按客户的要求进行。物流企业进行目标管理的过程就是开展目标管理活动的步骤和工作内容，是一个围绕制定目标和实现目标进行管理活动的系统过程。

小思考 4－1

物流系统的目标冲突主要表现在哪些方面？

答：物流系统的目标冲突主要表现为两种形式：一是物流系统的功能要素之间的冲突，如运输、储存、装卸搬运、流通加工、配送和增值服务等之间往往都存在着冲突；二是物流系统的服务目标和成本目标之间的冲突。一般来说，要降低物流成本就会影响物流服务水平的提高，反过来，如果要提高物流服务水平就会增加物流成本，如图 4-2 所示。

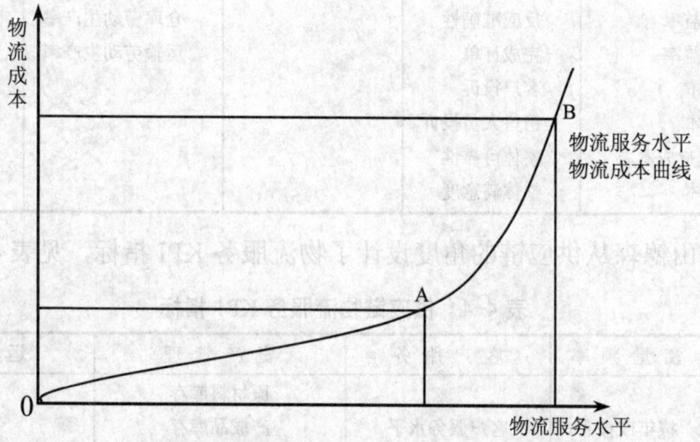

图 4-2　物流服务与物流成本之间的关系

3．物流企业的 KPI 考核内容

物流企业要提高客户服务质量，最有效的方式是建立科学可行的 KPI 绩效考评指标，建立物流服务质量指标体系。物流企业考核的难点在于确定物流服务目标。服务目标不能太多，少数几个目标应该能够反映物流服务水平。

马丁·克里斯多夫教授将物流服务指标分成交易前、交易中和交易后三个方面。基于此，何明珂教授构建了物流服务 KPI 指标，见表 4-2。

表 4-2　物流服务 KPI 指标

交易阶段	交易前	交易中	交易后
具体指标	库存可供率 送货日期报告 查询答复期	订单完成率 准时送货率 退单期 交货延迟率 产品替代率	首次报修修复率 客户投诉率 退货率/索赔率 发标差错率

鲍尔索克斯等人从物流职能角度对物流企业绩效加以评估，具体的 KPI 指标包括成本管理、客户服务、质量、生产率和资产管理五个方面，见表 4-3。

表 4-3　基于职能的物流绩效评估

成本管理	客户服务	质量	生产率	资产管理
总成本、单位产品成本	完成比率	损坏频率	运送产品数量	库存周转
成本占销售额百分比	缺货率	订单准确性	产品数量	库存水平
运入/运出运费率	运输误差	运输准确性	订单数量	供应天数
行政管理	准时交货	票据准确性	与历史水平比较	陈旧库存
仓库订单处理	延迟交货	信息可用性	目标程序计划	净资产回报
直接劳动	周转时间	信息准确性	生产力指数	投资回报率
实际与预算比较	交货一致性	信息索求次数	设备停工期	库存分类
成本趋势分析	询价反应时间	客户退货数量	订单输入生产率	经济价值增值
直接产品利益率	反应准确性		仓库劳动生产率	
客户部分利益率	完成订单		运输劳动生产率	
库存持有成本	客户投诉			
退回商品成本	销售人员投诉			
损坏/延迟交货成本	整体可靠性			
无效服务成本	整体满意度			

罗杰·山德森从供应链的角度设计了物流服务 KPI 指标，见表 4-4。

表 4-4　供应链物流服务 KPI 指标

	衡量频率	客户服务	资产管理	运作效率
主要业绩指标	按年或按月	客户服务水平	原材料库存 产成品库存 当地送货车辆利用率	
计划与控制	按月或按周	订单完成率 预测准确率	库存损失 运输车辆利用率 仓库利用率 装卸搬运设备利用率	仓库劳动生产率 送货人员劳动生产率 客户服务生产率
团队业绩	按月或按周	完成的订单送货率	送货车队劳动生产率	拣货人员劳动生产率

知识链接 4－1

我国物流企业分类与评估指标

2005 年 4 月 27 日，国家质量监督检验检疫总局、国家标准化管理委员会召开新闻发布会，向社会公布了 GB/T19680-2005《物流企业分类与评估指标》推荐性国家标准。该项国家标准由国家质量监督检验检疫总局、国家标准化管理委员会于 2005 年 3 月 24 日批准发布，于 2005 年 5 月 1 日起实施。《物流企业分类与评估指标》明确了物流企业的基本范围和类型，提出了不同类型和档次物流企业需要达到的规模和水平，制定了评估各类物流企业综合能力的指标。标准规定了物流企业的三种类型：运输型、仓储型和综合服务型。为了能够全面、系统地反映物流企业的综合能力，标准规定了物流企业的五个等级（从 5A 至 1A 依次降低），以及不同类型、不同级别企业的具体指标。评估指标包括三种不同类型企业的经营状况、资产、设施设备、管理及服务、人员素质、信息化水平六个方面的 16～18 项具体内容，使标准更具有指导性、实用性和可操作性。标准规定的物流企业主要评估指标见表 4-5。

表 4-5　物流企业主要评估指标

总　目　标	第一层指标	第二层指标
物流企业经营等级	企业经营状况	年营业收入、营业时间、资产总额、资产负债率
	物流技术与装备	物流设施能力、物流设备能力、物流设备先进程度、运营网点
	管理及服务水平	管理制度、质量管理、业务辐射面、物流服务方案与实施能力、顾客投诉率（或顾客满意度）
	人员素质	中高层管理人员素质、基层管理人员素质、操作人员素质
	信息化水平	网络系统、电子单证管理、货物跟踪、客户查询

资料来源：沙丁．“物流企业分类与评估指标”国家标准五月起实施．天津：中国储运[J]．2005（6）。

4.1.2　物流企业目标及其制定

1．物流企业目标制定的要求

为了更好地发挥目标管理的作用，物流企业在制定企业目标时要做好以下几点：

（1）明确目标。物流目标应当简明扼要，仅仅说希望降低物流成本、改善物流服务或提高质量是不恰当的，这些期望必须转换成定量的目标，以便于度量和评价。例如：明确的目标应该是这样的——降低物流成本 7%。

（2）参与决策。用参与的方式决定目标，上级和下级共同参与物流目标的选择，对如何实现物流目标达成一致意见。

（3）规定期限。每一个物流目标的完成都有一个简单明确的时间期限，如 3 个月、6 个月或 1 年。

（4）反馈绩效。目标管理寻求不断地将实现目标的进展情况反馈给个人，以便他们能够调整自己的行动。这种不断的反馈还包含不定期举行正式的评估会议。在会上，上下级共同回顾和检查进展情况。

2．物流企业管理的目标种类

目标是物流企业的灵魂和核心。一般来说，目标可分为长期、中期、短期、每天的目标和需要立即执行的目标。从目标内容来看，物流企业的目标主要包括物流服务目标和物流成本目标两大类。物流企业有一个总目标，该总目标规定了物流企业的总体客户服务水平和总物流成本。然后将物流企业的总目标逐层分解至各部门，如运输部门有运输服务目标和运输成本目标，仓储部门有仓储服务目标和仓储成本目标，管理部门有管理服务目标和管理成本目标等，如图 4-3 所示。

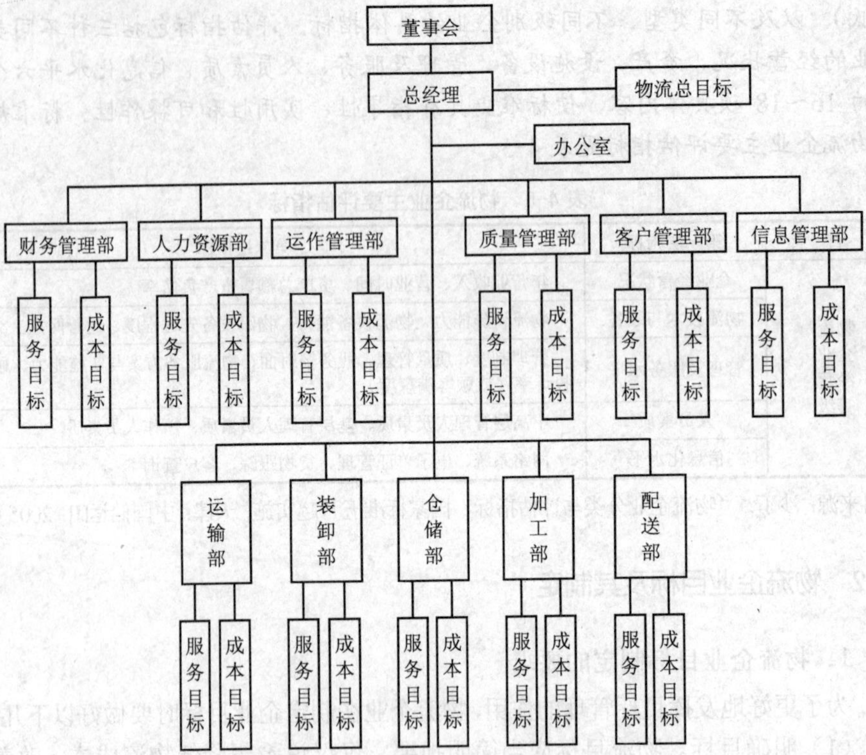

图 4-3　物流企业目标示意图

3．物流成本目标的制定

物流成本目标是指物流企业在其生产经营活动开始前，根据预定的目标所预先制定的提供物流服务所需各种耗费的标准，是物流成本责任单位和成本责任人为之努力的方向与目标。物流成本目标可以通过以下方法来制定：

（1）倒扣测算法。倒扣测算法是通过物流市场调查确定的顾客或服务对象可接收的目标售价，扣除企业预期达到的目标利润而倒算出物流成本目标的方法。

物流成本目标=物流目标售价–物流目标利润

案例 4－1

某物流企业制定的目标售价为 2 200 元，目标利润为 500 元，确定其物流成本目标。

分析：根据物流成本目标=物流目标售价–物流目标利润

则其物流成本目标为：2 200 –500=1 700（元）

（2）比价测算法。这是指将新物流服务与基本物流服务进行对比确定物流成本的方法。相同的物流作业，按基本物流服务成本目标来测定；不同的物流作业，按预计的各项费用标准加以估价测定。

案例 4－2

A 物流企业接到一项新业务，新业务物流服务内容及基本物流服务成本目标见表 4-6，试计算新业务物流服务成本目标。

表 4-6　新业务物流服务内容及基本物流服务成本目标

物流作业	新业务物流服务内容	基本物流服务成本目标
运输	500 公里	0.6 元/公里
储存	200 件，1 月	5 元/月 · 件
包装	200 件	2 元/件
流通加工	200 件	3 元/件
替客户收费	300 元	—

分析：由于运输、储存、包装和流通加工属于 A 物流企业的基本物流服务，故这些物流作业的成本目标直接按基本物流服务成本目标算，而替客户收费不在基本物流服务成本目标之列，所以要另外确定其成本目标。假设其成本目标为 300 元，则新业务物流服务成本目标为：$500\times0.6+1\times5\times200+200\times2+200\times3+300=2\,600$（元）

（3）本量利分析法。本量利分析法指在利润目标、物流固定成本目标和物流作业量目标既定的前提下，对单位变动成本目标进行运算的方式。

$$利润=单位售价\times物流作业量-单位变动成本\times物流作业量-固定成本$$

$$单位变动成本目标=单价售价-\frac{利润目标+固定成本}{物流作业量目标}$$

案例 4－3

某铁路物流中心的周转量目标为 100 万吨，物流中心提供物流服务的单位产品目标费用为 5 元/吨，物流中心固定成本为 100 万元，目标利润为 200 万元，求单位产品物流服务目标成本。

分析：单位产品物流服务变动成本目标为：$5-\dfrac{200+100}{100}=2$（元）

单位产品物流服务成本目标为：$2+\dfrac{100}{100}=3$（元）

（4）物流服务目标的制定。相对物流成本目标而言，物流服务目标比较模糊。对于物流企业而言，首先要确定企业的总体服务目标，然后将总体服务目标分解到部门，最后将部门服务目标分解到个人。物流企业不同层次的服务目标不一样，从高层到低层，物流服务目标会越来越具体，越来越详细。例如，物流企业的服务目标是提供使客户满意的物流服务，而将这一目标逐步分解，到最底层的运输作业环节，其服务目标可能为：降低发货品种、规格、数量、地点、时间和单证等方面的差错；缩短集货、组配、装货、填制和签发有关发货凭证的时间；及时与客户联系等。

物流企业的总体服务目标通常可以通过标杆法来制定。以竞争对象为基准，与有着相同市场的企业在物流服务和工作流程等方面的绩效与实践进行比较，制定合适的物流服务目标。从一些物流公司的实践中，可以总结出标杆管理的基本步骤如下：

（1）由物流企业的主要领导负责组建标杆管理团队。

（2）确立标杆管理的目标和准则。根据自身物流业务能力和企业发展状况，选择合适的物流企业作为标杆管理的目标，并通过系统的现场参观和访谈，仔细研究本企业的实践和进步情况，然后对结果进行分析并提出一系列改进建议，并付诸实施。

（3）收集与分析数据。这项工作比较繁琐，需要开发一套研究策略。其中包括：①实地考察，搜集标杆数据；②处理、加工标杆数据并进行分析；③与企业同组数据进行比较，进一步确立企业应该改进的地方。必要时还需要借助外部咨询和外部专门数据库。通过比较找出差距，确定标杆管理指标。分析流程，自我剖析，找出企业自身业务流程中的缺陷。

（4）实施和系统学习。实施阶段通常是标杆管理过程中最困难的。在这个阶段，物流经理要充分调动各物流部门人员积极参与，克服畏惧变革的心理障碍，谨慎地、巧妙地将参与和竞争文化相结合。同时，物流企业必须随时准备与其他物流企业相比较，向优胜者学习。学习的对象一定要与自己的物流服务方式有关，应在公司内制定明确的考核标准，真正评估、吸收和运用这些知识，达到学习的目的。

（5）评价与提高。实施标杆管理是一个长期渐进的过程。在每一轮学习完成时，都需要重新检查和审视标杆管理的目标，以不断提升实施效果。

4.1.3 物流企业目标管理的实施

1．物流企业目标管理实施原则

目标管理是物流企业管理模式中比较流行、比较实用的管理方式之一。它的最大特征就是方向明确，非常有利于把整个团队的思想、行动统一到同一个目标、同一个理想上来，是物流企业提高工作效率、实现快速发展的有效手段之一。它必须遵循以下四个基本原则：

（1）目标制定必须科学合理。科学合理的目标是目标管理的前提和基础，脱离了实际的工作目标，轻则影响工作进程和成效，重则使目标管理失去实际意义，影响企业发展大局。目标的制定一般应该注意以下几个方面：难易适中、时间紧凑、大小统一、方向一致。

（2）督促检查必须贯穿始终。物流企业必须随时跟踪每一个目标的进展，发现问题及时协商、及时处理、及时采取正确的补救措施，确保目标运行方向正确、进展顺利。

（3）目标控制必须严肃认真。物流管理者，在督促检查的过程当中，必须对物流运行目标严格控制，既要保证物流服务目标的顺利实现，又要把物流成本控制在合理的范围内。

（4）考核评估必须执行到位。必须严格按照目标管理方案，逐项进行考核并得出结论。对目标完成度高、成效显著的团队或个人予以奖励，对绩效差、影响整体工作的团队或个人按章处罚。

2．物流企业目标管理实施过程

目标管理具体分三个阶段：第一阶段为目标的设置；第二阶段为实现目标过程的管理；第三阶段为测定与评价所取得的成果。针对物流企业而言，实施目标管理的典型步骤为：

（1）制定物流企业的总体目标。

（2）在物流企业的各部门之间分配主要的目标。

（3）各物流部门的管理者与他们的上级一起设定本部门的具体目标。

（4）物流部门的所有成员参与设定自己的具体目标。

（5）管理者与下级共同商定实现目标的行动计划。

（6）所有成员实施行动计划。

（7）定期检查目标的进展情况，并反馈给各物流部门及个人。

（8）基于绩效的奖励，促进目标的成功实现。

小思考 4－2

我国物流企业应如何提高目标管理在物流管理中的作用？

答：与国外大型物流企业相比，我国物流企业在管理能力和严格程度上都有明显差距。要提高目标管理的作用，我国物流企业应做好以下几方面的工作：①设定有效的工作目标；②构建快速准确的绩效反馈系统；③提高物流管理人员的素质；④使用有效的激励手段与方法。

案例 4－4

DELL 的“零库存”目标

DELL（戴尔）供应链高度集成，上游或下游联系紧密，成为捆绑的联合体，其整个供应链最关键的地方在于整个供应链物流的控制。IT行业有它的特殊性，电脑配件放在仓库里一个月，价格就要下降1到2个百分点。由此，DELL设立了“零库存”控制目标，并创立了在业界号称“零库存高周转”的直销营运方式。在直销模式下，要真正按顾客需求定制生产，这需要在极短的时间内完成，速度和精度是考验戴尔的两大难题。戴尔的做法是，利用信息技术全面管理供应链过程，通过明确具体的目标管理来控制供应链运作。供应链过程控制经过优化后，戴尔供应链每20秒钟汇集一次订单。而戴尔的供应商仅需要90分钟的时间来准备所需要的原材料并将他们运送到戴尔的工厂，戴尔再花30分钟时间卸载货物，并严格按照制造订单的要求将原材料放到组装线上。由于戴尔仅需要准备手头订单所需要的原材料，因此工厂的库存时间仅有7个小时。这一切取决于戴尔的雄厚技术基础——装配线由计算机控制，条形码技术使工厂可以跟踪每一个部件和产品。在戴尔内部，信息流通过自己开发的信息系统，与企业的运营过程及资金流同步，信息极为通畅。精密的直接结果是用户的体验，正如一位戴尔员工所说：“我们跟用户说的不是‘机器可能周二或者周三到你们那里’，我们说的是‘周二上午9点到’。”

分析：DELL为了实现“零库存”目标，采取了合适的直销经营方法。在目标管理过程中，将总体目标分解到供应链物流的每个过程中，对每个物流过程都设立了明确具体的目标，这和目标管理的要求是一致的。

4.2 物流企业经营决策管理

4.2.1 经营决策的概念与类型

1. 物流企业经营决策的概念

经营决策就是企业等经济组织决定企业的生产经营目标和为达到生产经营目标的战略和策略，即决定做什么和如何去做的过程。物流企业的经营决策是指物流企业在组织商品流通和提供服务的过程中，对企业活动的重大问题，如经营方向、经营目标、经营范围，及对销售、运输、存储、价格、服务等经营要素的合理组织所做出的系列决策。物流企业经营决策应具有以下基本特征：

（1）有明确的目标。物流企业管理者应明确为什么要进行决策，决策最终要达到的目标是什么。

（2）有若干个可供选择的可行性方案。可行性方案是指能够解决经营决策问题和实现经营决策目标、在现有条件下能够得以实施的方案。物流决策时必须要提出多个可行性方案，以便于物流管理者对方案进行比较和选择，只有一个方案而无从比较和选择的决策不是科学的决策。

（3）经营决策是一个发现问题、分析问题和解决问题的过程。在物流服务过程中，通常会出现各种各样的问题，如运输时间太长、储存产品变质等，物流经营决策者要认真分析运营过程中出现的问题，提出有效解决问题的方案，以改善物流服务。

（4）经营决策是一项有组织的集体活动。物流运作需要物流企业各个部门的有机配合，因此物流经营决策问题涉及物流企业的各个部门，具有信息量大、涉及面广、变化快的特点，这就增加了决策的复杂性和艰巨性，因此，物流经营决策需要各个部门人员的共同参与，以提高决策的效用。

物流企业经营决策的一般过程如图 4-4 所示。

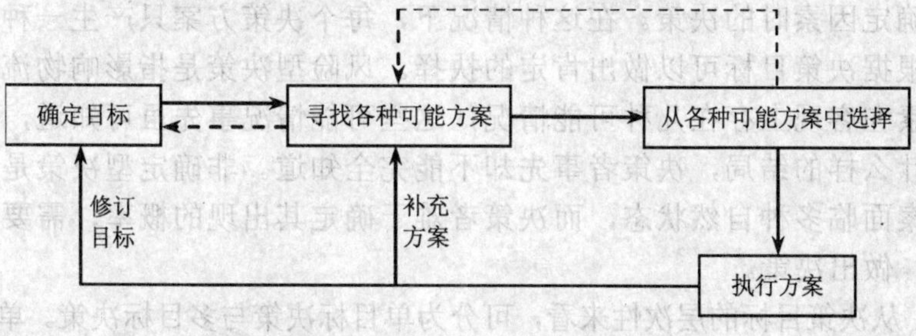

图 4-4　经营决策的一般过程

2．物流企业经营决策的类型

物流企业决策包括的内容很多，依据不同的参照标准可以划分为不同的类型。

（1）从决策主体来看，可以分为组织决策与个人决策。组织决策是物流企业或物流部门对未来一定时期活动的选择或调整；个人决策是指个人在参与物流活动中的各种决策。例如，物流企业的配送计划就是由配送部门共同制定的，这是组织决策。车辆在运行过程中遇到特殊情况不能按原计划路线行驶，车辆驾驶员根据实际情况重新规划行驶路线，这是个人决策。

（2）从决策需要解决的问题来看，可分为初始决策和追踪决策。初始决策是指物流企业对从事某种活动或从事该种活动的方案所进行的初次选择；追踪决策则是在初始决策的基础上对物流企业活动方向、内容或方式的重新调整。

（3）从决策所要解决问题的地位或重要程度的不同来看，可分为战略决策、战术决策和业务决策。物流企业战略决策、战术决策及业务决策的比较见表 4-7。战略决策面对的是物流企业高层在未来较长一段时期内（一般 1～5 年）的活动，它旨在调整物流企业的活动方向和内容。战术决策需要解决的是物流企业组织的某个或某些具体部门在某段时期内（一般半年到 1 年）的行动方案，它调整在既定方向和内容下的活动方式。业务决策是物流企业各个职能部门在短期内的作业决策，它旨在提出物流企业战术决策的具体实施方案。

表 4-7　战略决策、战术决策及业务决策的比较

特　点	战略决策	战术决策	业务决策
时期	长	中	短
层次	高层	中层	基层
复杂性	复杂	比较复杂	比较简单
主要内容	物流经营方向	物流运作方案	物流作业方案

（4）从环境因素的可控程度来看，可分为确定型决策、风险型决策和非确定型决策。确定型决策是指在对物流决策问题的未来情况拥有完整的信息，没有不确定因素时的决策。在这种情况下，每个决策方案只产生一种确定的结果。根据决策目标可以做出肯定的抉择。风险型决策是指影响物流决策的主要因素在客观上存在几种可能情况，这些可能情况事先虽可知道，但决策后出现什么样的结局，决策者事先却不能完全知道。非确定型决策是指物流决策方案面临多种自然状态，而决策者难于确定其出现的概率，需要进行综合分析，做出决策。

（5）从决策目标的层次性来看，可分为单目标决策与多目标决策。单目标决策是指只就物流企业的某个问题的决策，而多目标决策是指决策中包含两个或两个以上的问题的决策。例如，物流企业对物流系统进行库存运输集成优化时，就要考虑库存目标和运输目标两个基本目标，而单独进行运输或库存优化时，就只需考虑其中一个目标。前者属于多目标决策，后者属于单目标决策。

案例 4－5

美国通用汽车的物流决策

美国通用汽车在美国的 14 个州中，大约有 400 个供应商负责把各自的产品送到 30 个装配工厂进行组装，由于卡车满载率很低，使得库存和配送成本急剧上升，为了降低成本，改进内部物流管理，提高信息处理能力，委托 Penske 专业物流公司为它提供第三方物流服务。

调查了解半成品的配送路线之后，Penske 公司建议通用汽车公司在 Cleveland 使用一家有战略意义的配送中心。配送中心负责接收、处理和组配半成品，由 Penske 派员工管理，同时 Penske 也提供 60 辆卡车和 72 辆拖车。除此之外，还通过 EDI 系统帮助通用汽车公司调度供应商的运输车辆以便实现 JIT 送货。为此，Penske 设计了一套最优送货路线，增加供应商的送货频率，减少库存水平，改进外部物流活动，运用全球卫星定位技术，使供应商随时了解行驶中的送货车辆的

方位。与此同时，Penske 通过在配送中心组配半成品后，对装配工厂实施共同配送的方式，既降低了卡车空载率，也减少了通用汽车公司的运输车辆，只保留了一些对 Penske 所提供的车队有必要补充作用的车辆，这样也减少了通用汽车公司的运输单据处理费用。

另外，美国通用汽车公司选择第三方物流公司 Ryder 负责其土星和凯迪拉克两个事业部的全部物流业务，选择 Allied Holdings 负责北美陆上车辆运输任务，选择 APL 公司、WWL 公司负责产品的洲际运输。

分析：物流决策广泛存在于物流活动中。在本案例中包含的物流决策有：物流外包决策、第三方物流公司选择决策、增设配送中心决策、配送中心经营管理方法决策、送货路线决策和共同配送方法决策。

4.2.2　物流企业经营决策的方法

物流企业经营决策的方法分为两大类：定性决策方法和定量决策方法。

1．定性决策方法

定性决策方法是在社会学、心理学、行为学、政治学和经济学等基础上的“专家法”，是一种直接利用决策者本人或者有关专家的智慧来进行决策的方法。下面介绍两种常用的方法：

（1）头脑风暴法。头脑风暴法是比较常用的集体决策方法，是通过专家们的相互交流，在头脑中进行智力碰撞，使专家们的讨论不断集中和精化。

头脑风暴法的实施应遵循以下四项原则：对别人的建议不作任何评价，将相互讨论限制在最低限度之内；建议越多越好，参与者不要考虑自己建议的质量，想到什么就说出来；鼓励每个人独立思考，广开思路，想法越新颖、越奇异越好；可以补充和完善已有的建议，使他们更具说服力。

头脑风暴法的目的在于通过创造一种畅所欲言、自由思考的环境来诱发创造性思维的共振和连锁反应，产生更多的创造性思维。这种方法的时间一般为 20～60 分钟，参与者以 10～15 人为宜。

（2）德尔菲法。德尔菲法是美国兰德公司于 20 世纪 50 年代初发明的，它最早用于预测，后来推广应用到决策中来。德尔菲是古希腊传说中的神谕之地，城中有座阿波罗神殿可以预测未来，因而借用其名。

德尔菲法是一种向专家进行调查研究的集体判断方法。它以匿名方式通过几轮函询征求专家们的意见，组织决策小组对每一轮的意见都进行汇总整理，将本轮所有专家的意见整理后作为参考资料反馈给每一个专家，供他们分析判断，提出新的意见。如此反复，专家们的意见渐趋一致，最后做出最终结论。这种决策方法的大体过程如图 4-5 所示。

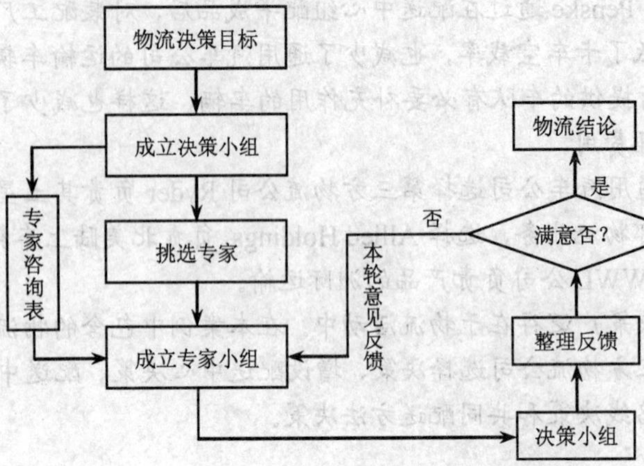

图 4-5　德尔菲法决策过程

2．定量决策方法

定量决策方法的核心是通过建立数学模型来表示经营决策相关变量与目标之间的关系，然后对数学模型加以求解，得出供决策者参考的结论。

（1）确定型决策方法。它主要适用于影响决策的因素或自然状态是明确、肯定的情况。盈亏平衡分析法是最基本的确定型决策方法。它是研究物流企业或其部门的经营规模至少应该达到什么程度的决策问题。物流经营者必须要知道，自己的企业最少完成多少业务量才不会亏损，这就是盈亏平衡分析的基本目的。它通过盈亏计算公式或盈亏平衡图（如图 4-6 所示），对产品或服务的可变成本和固定成本进行分析，确定物流经营收入和支出相等时的物流量。这一物流量称为盈亏平衡点或保本点。

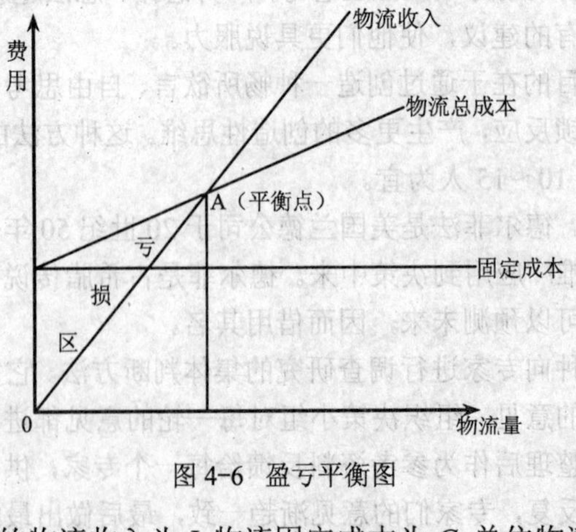

图 4-6　盈亏平衡图

设单位物流量的物流收入为 I，物流固定成本为 C，单位物流量变动成本为 v，

则盈亏平衡点的物流量为

$$Q=\frac{C}{I-v}$$

设目标利润为 p，则完成目标利润所需完成的物流量 Q^*为

$$Q^*=\frac{C+p}{I-v}$$

盈亏平衡分析法把十分复杂的物流企业经济活动作了理想化的处理，使问题变得非常简单明了。对于物流企业来说，问题显得复杂一些，如何使用盈亏平衡分析，则要做技术性处理。如果每个品种的物流处理系统基本独立，那么只要把物流企业管理费用合理地分摊到每个品种，就可以对每个品种分别作盈亏平衡分析。要注意的是，物流企业管理费用分摊的方法一定要科学合理。

案例 4－6

深圳某运输公司的单位运价为 200 元/千吨公里，单位变动成本为 150 元/千吨公里，每月固定成本为 20 万元。

求:（1）该运输公司实现盈亏平衡的运输量应为多少？

（2）如果该运输公司 10 月份运输目标利润为 30 万元，至少应完成多少运输量？

分析:（1）$Q=\frac{C}{I-v}=\frac{20\times10^4}{200-150}=4\,000$（千吨公里）

即该运输公司每月完成 4 000 千吨公里运输量时，正好处于盈亏平衡点上。

（2）$Q^*=\frac{C+p}{I-v}=\frac{20\times10^4+30\times10^4}{200-150}=10\,000$（千吨公里）

即该运输公司每月完成 10 000 千吨公里运输量时，可获得利润 30 万元。

（2）风险型决策方法。在实际物流企业运营决策过程中会碰到这样的情况，对问题的未来情况不能事先确定，但对未来发生某一情况的可能性（即概率）是可以知道的，这时的决策就被称为风险型决策。一般来讲，风险型决策应具备这样的条件：有明确的目标，如物流成本最小、物流利润最大等；有两个以上的可选方案；自然状态无法控制；不同行动方案在不同自然状态下的损益值可以计算出来；对自然状态的出现事先不肯定，但概率可以知道。

决策树是处理风险型决策问题的最常用方法。它把方案的一连串因素，按照它们的相互关系用树状结构图表示出来，然后再按照决策原则和顺序进

行优选。它具有层次清晰、一目了然和计算简便等特点。决策树的一般模型如图 4-7 所示。

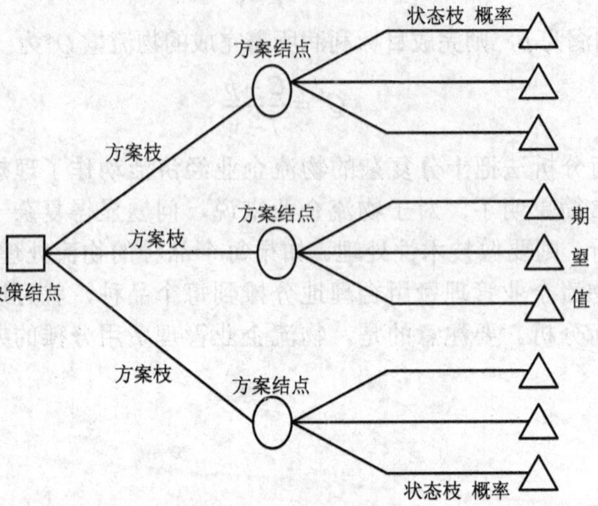

图 4-7 决策树的一般模型

从图 4-7 可知，决策树由决策结点、方案结点、方案枝、状态枝和状态末端五个要素组成。决策结点用来表示决策的结果；方案结点用来表示各种方案；方案枝是由决策点引出的若干枝条，每一枝条代表一种方案；每个状态枝代表一种自然状态；状态末端用来表示不同状态下的期望值。

利用决策树法进行决策的步骤：首先，根据可替换经营方案的数目和对未来市场状况的了解，画出决策树的图形。其次，计算各方案的期望值，这包括：计算各概率枝的期望值，将方案在各自然状态下的收益值分别乘以各自然状态出现的概率；把各概率枝的期望值相加，并将数字记在相应的自然状态节点上；再次，考虑各方案所需的投资，用收益减去投资，比较不同方案的期望收益值。最后，剪去期望收益值较小的方案枝，保留下来的方案枝就是决策选用的经营方案。

案例 4－7

某物流企业为了适应市场发展的需要，拟在汉阳沌口扩建一个仓库，提出了两种建设方案。一种方案是建大仓库，第二种方案是建小仓库。建大仓库需要投资 800 万元，建小仓库需要投资 320 万元，两种方案的使用期均为 10 年。两种方案的收益及自然状态的概率见表 4-8。试用决策树法选出合理的决策方案。

表 4-8　方案收益及自然状态概率

自 然 状 态	概　　率	建大规模仓库/万元	建小仓库/万元
物流业务发展好	0.75	280	130
物流业务发展差	0.25	−50	10

分析方法如下：首先画出决策树，如图 4-8 所示。

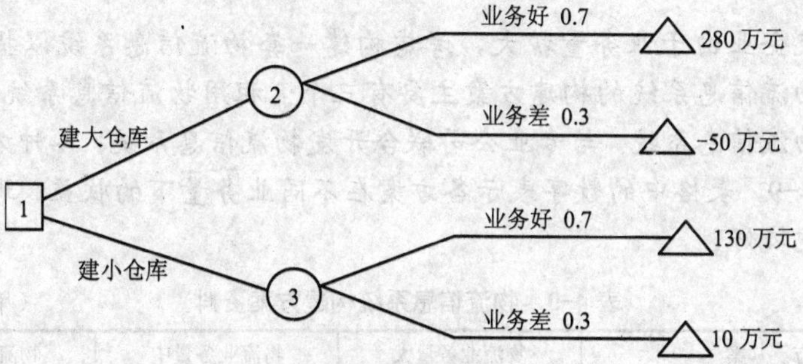

图 4-8　决策树

根据图 4-8 计算两种方案的期望值：

建大仓库的期望收益：$280\times0.7\times10+(-0.5)\times0.3\times10-800=1\,010$（万元）

建小仓库的期望收益：$130\times0.7\times10+10\times0.3\times10-320=560$（万元）

由此可见，建大仓库的方案较好。

（3）不确定型决策方法。在风险型决策方法中，计算期望值的前提是能够判断各种状况出现的概率。如果出现的概率不清楚，就需要用不确定型方法。不确定型决策方法主要依据决策者对待风险的态度来选择不同的决策原则。决策原则主要有乐观原则、悲观原则、折中原则和最小最大后悔值原则等。

1）乐观原则。如果决策者比较乐观，认为未来会出现最好的自然状态，那么决策者就可以首先找出各方案在各种自然状态下的最大收益值。然后进行比较，找出在最好自然状态下能够带来最大收益的方案作为决策实施方案。

2）悲观原则。持悲观原则的决策者对未来比较悲观，认为未来会出现最差的自然状态。与乐观原则相反，决策者会计算在各种自然状态下的最小收益值，然后进行比较，选择在最差自然状态下仍能带来最大收益的方案作为实施方案。

3）折中原则。持折中原则的决策者希望在乐观和悲观两种极端中求得平衡。决策者认为最好和最差的自然状态都有可能出现。决策时，决策者给最好自然状态一个乐观系数，给最差自然状态一个悲观系数，两者之和为 1。然后计算每一种方案的决策值。计算方法是：用某方案最好自然状态下的收益值与乐观系数之积加上该方案在最差自然状态下的收益值与悲观系数之积。最后比较各方案的期望收益值，选择期望收益值最大的方案。

4）最小最大后悔值原则。该原则力求使决策者后悔值最小。根据这个原则，决策者应先计算出各方案在各自然状态下的后悔值，然后找出每一种方案的最大后悔值，选择最大后悔值最小的方案作为实施方案。最大后悔值的计算方法是：用某自然状态下的最大收益值减去各方案在该自然状态下的收益值。

案例 4－8

某物流企业由于业务量扩大，考虑构建一套物流信息系统以提高物流效率。关于物流信息系统的构建方案主要有三个：租用物流信息系统管理平台，自己开发物流信息系统，与专业公司联合开发物流信息系统。各种方案的相关资料见表 4-9，表格中的数字表示各方案在不同业务量下的收益，现要决策选择哪种方案较好？

表 4-9　物流信息系统构建方案资料　（单位：万元）

方　案	物流业务量大	物流业务量中	物流业务量小
1. 租用物流信息系统管理平台	0	60	50
2. 自己开发物流信息系统	150	75	10
3. 与专业公司联合开发物流信息系统	180	70	–20

分析：分别选择不同决策原则下的决策方案：

（1）乐观原则。在乐观原则下，决策者认为会出现最好的自然状态即物流业务量会很大，此时，方案 3 的收益最大，因此，方案 3 是要选择的方案。

（2）悲观原则。在悲观原则下，决策者认为未来的物流业务量会较小，因此，此时选择的方案是方案 1。因为方案 1 在物流业务量小的情况下收益最大。

（3）折中原则。设乐观系数为 0.4，悲观系数为 0.6。首先计算各方案在折中原则下的收益值：

方案 1 的折中收益为：70×0.4+50×0.6=58（万元）

方案 2 的折中收益为：150×0.4+10×0.6=66（万元）

方案 3 的折中收益为：180×0.4+（–20）×0.6=60（万元）

由于方案 2 的折中收益最大，按折中原则，决策者应选择方案 2。

（4）最小最大后悔值规则。首先计算各方案在各种自然状态下的后悔值，见表 4-10。

表 4-10　各种自然状态下的后悔值　（单位：万元）

方　案	物流业务量大	物流业务量中	物流业务量小
1. 租用物流信息系统管理平台	110	15	0
2. 自己开发物流信息系统	30	0	40
3. 与专业公司联合开发物流信息系统	0	5	70

由表 4-10 可知，方案 1 的最大后悔值为 110 万元，方案 2 的最大后悔值为 40 万元，方案 3 的最大后悔值是 70 万元。经过比较，方案 2 的最大后悔值最小，所以选择方案 2。

小思考 4－3

定性和定量决策方法在物流企业决策中的适用场合是什么？

答：一般而言，定性决策方法用于物流战略决策，而定量决策方法用于物流战术决策和物流作业决策。对比较复杂的物流战术和作业决策问题，可以采用定性和定量相结合的混合决策方法。一般运用头脑风暴等方法确定几种较好的备选方案，然后再运用定量决策方法从这几种备选方案中选择最优的方案。

4.3　物流企业经营计划管理

4.3.1　物流企业经营计划的种类和内容

计划过程是决策的组织落实过程。决策是计划的前提，计划是决策的逻辑延续。经营计划是在经营决策基础上，根据经营目标对企业的生产经营活动和所需要的各项资源，从时间和空间上进行具体统筹安排所形成的计划体系。物流企业经营计划是按照物流经营决策所确定的方案，对物流企业生产经营活动及其所需各种资源，从时间上和空间上做出统筹安排的工作。

1．物流企业计划的类型

按照不同的标准，可将物流企业计划分为不同的类型，见表 4-11。

表 4-11　物流企业计划的类型

分类标准	类　型
按物流计划期限	长期计划、年度计划和短期计划
按物流计划所涉及的活动范围	战略计划、战术计划和作业计划
按物流活动的职能	运输计划、库存计划、包装计划、流通加工计划、装卸搬运计划、配送计划

（1）按计划期的长短分类，物流企业计划分为长期计划、年度计划和短期计划。

长期计划通常也称为规划或战略计划，计划期一般为 3～5 年，有时更长。长期计划的内容主要是选择、改变或调整物流企业的经营服务领域，确定企业的发展方向和目标，确定实现目标的最佳途径和方法。长期经营计划具有明确的方向性和指导性，具有统率全局的作用。

年度计划的计划期一般为一年，它是依据长期计划制定出来的，是长期计划的细化，是保证长期计划得以实现的重要手段。由于年度计划以自然年为计划期，时间不太长，而且在一个自然年内，内外部条件的变化有较强的规律性，因而计划的内容相对比较具体。它是物流企业组织商品流通活动的主要计划。

短期计划也称作业计划或进度计划，一般以季度、月、旬为计划周期。短期计划是依据年度计划对商品流转活动制定的，它的主要内容是具体的进、销、运、存的工作计划，是年度计划实现的保证。

（2）按计划所涉及的活动范围分，物流企业计划可分为战略计划、战术计划和作业计划。

战略计划是由高层管理者制定的，对物流企业的全部活动所作的战略安排。它通常具有长远性、计划期限较长等特点。

战术计划是依据战略计划而制定的，同时它也是战略计划得以实现的保证。它是由物流企业的中层管理者制定的，一般是阶段性的计划，用于指导物流企业各部门的共同行动，以完成具体的任务。

作业计划是基层管理者制定的细节计划，是物流企业各部门或更小生产单位的具体行动计划，如某车队的具体送货计划、流通加工部门的加工计划等。

（3）按物流活动的职能分，可分为运输计划、库存计划、包装计划、流通加工计划、装卸搬运计划、配送计划等。这些计划都是以物流的基本活动为内容，如运输计划是运输部门制定的如何实现运输活动目标的行动指南。

以上各种类型的计划不是彼此割裂的，它们之间往往存在着内在的联系，是分别适用于不同条件下的计划所组成的一个计划体系。

2．物流企业计划的内容

一般来说，物流企业计划应由计划目标、任务、方针措施、实施者、实施步骤和预算等要素构成。计划目标是物流企业通过该计划的实施所期望获得的总体效果或解决的问题。它通常由一系列具体指标构成，如运输时间、库存周转率、库存天数等。计划任务表明物流企业在计划期内要开展的具体物流活动。方针措施规定了物流企业开展物流活动应遵循的方针政策、行动方案及各种应急措施等。物流企业计划要明确规定计划的具体执行者，它可以是一个部门如运输部，也可以是一个人如运输经理。计划步骤说明了各项物流活动之间的关系，并确定了每项物流活动的开始时间和结束时间。预算用来明确物流企业计划实施所需要的各种耗费。

从物流企业经营的角度而言，物流企业计划的内容主要包括商品流转计划、财务计划、劳动工资计划、基本建设计划和职工培训计划五个方面。

（1）商品流转计划。商品流转计划是物流企业的基本计划，是企业对计划期内商品流通规模的具体规定。它主要包括商品销售计划、商品购进计划和商品库存计划等。

商品销售计划是以市场需求为依据编制的。销售计划指标包括销售量、销售额、销售结构、市场定位、市场占有率等。

商品购进计划是以商品销售计划为依据编制的，是商品销售计划的资源保证。商品购进计划指标包括购进数量和金额、购进品种、购进时间、供货厂商等。

商品库存计划是为衔接商品销售和购进而制定的计划，是由商品销售规律、库存政策与运输条件等所决定的。库存计划指标主要有库存量、库存金额、库存结构和库存控制策略等。

（2）财务计划。财务计划包括流动资金计划、商品流通费用计划和利润计划三部分，它是物流企业资金运动和经济效益的综合性计划的反映。财务计划的编制要以商品流转计划为依据，它要明确规定商品流转顺利进行所需的资金来源，商品流转所必须支出的费用，企业完成商品流转计划形成的盈利及分配政策。财务计划的指标主要通过物流企业的现金计划、预期损益表和预期资产负债表等表示出来。因此，财务计划的编制主要是计算现金流量，确定借款数额和借款时间，编制预期损益表和资产负债表。

（3）劳动工资计划。劳动工资计划是对完成物流企业计划所需劳动力和劳动报酬数额的规定。同时，它还要确定在保证服务质量的前提下不断提高劳动生产率的策略。劳动工资计划的主要指标有职工人数、人员结构、工资总额和劳动效率等。

（4）基本建设计划。基本建设计划是物流企业为了扩大经营规模或提高经营效率，在物流固定资产投资项目方面的建设计划。如扩大物流中心的覆盖范围、提高物流自动化程度、改善物流信息交流手段等。基本建设计划的编制要以物流企业发展目标和商品流转计划为依据，同时要充分考虑物流企业自身的投资能力和投资效果。基本建设计划的指标主要有：建设项目、建设规模、投资额和投资效果等。

（5）职工培训计划。它是物流企业为提高职工素质而进行智力投资的计划。其计划指标的内容主要包括培训方式、培训内容、培训人数和培训时间等。

知识链接 4－2

物流企业计划书

物流企业计划书一般由计划导入、计划概要、计划背景、计划意图、计划方针、计划构想、计划设计和附录八个部分组成。物流企业在制订计划书时，要根据物流企业的实际情况、所制订计划的类型和目标来设计计划书的具体内容。一般地，物流企业计划书的构成及其内容见表 4-12。

表 4-12　物流企业计划书的构成及其内容

构　成	内　容	说　明
计划导入	封面	物流企业计划书的脸面，应充满魅力
	前言	阐述物流企业计划实施的必要性和作用
	目录	反映物流企业计划书的总体结构
计划概要	计划概要	简述物流计划书的总体思路和内容
计划背景	物流现状分析	重点分析物流企业的实际状况，充分说明物流企业计划的实施对当前状况的改善
计划意图	物流目标设定	确定物流企业计划的目的、目标和意义
计划方针	物流总体计划	从总体上明确物流计划的方向、原则，规定计划的内容
计划构想	物流实施策略	明确物流计划实施的具体策略，提高计划的效果
	物流实施计划	细化物流实施策略，将实现物流目标的方法具体化
计划设计	物流计划资源	确定实施物流计划所需的运输、仓储、包装、费用等资源，预测物流实施的总体效果
附录	参考资料	与物流计划相关的补充资料

4.3.2　物流企业经营计划的编制与控制

1．计划编制的工作程序

物流活动的任务始于计划，其实质是对物流活动要达到的目标及途径进行事先规定。虽然计划的类型和表现形式各种各样，但科学地制订计划所遵循的步骤却具有普遍性。完整的计划工作程序如图 4-9 所示。

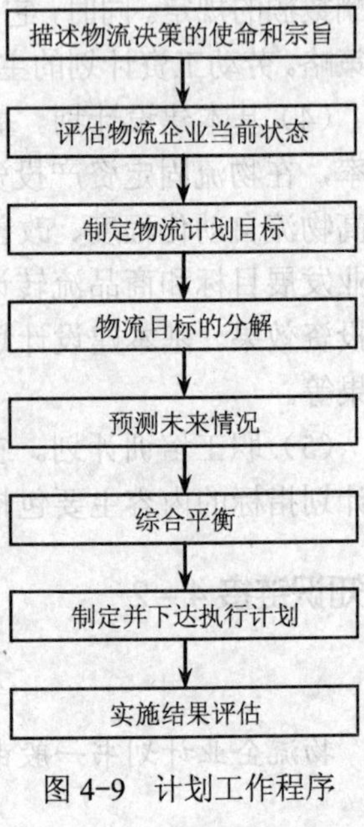

图 4-9　计划工作程序

2．计划编制的方法

随着现代物流的发展，物流网络越来越复杂，物流活动非常多，如何确保各项物流活动有条不紊地进行是非常困难的。网络计划方法非常适合物流服务的这种特点，它能够有效地对物流活动之间的关系进行有效控制。因此这里主要介绍网络计划方法。

网络计划技术于 20 世纪 50 年代后期在美国产生和发展，目前在组织活动的进度管理，特别是企业管理中得到了广泛应用。它用网络图来表示活动之间的关系和进度，最著名的两种网络模型是关键路线法和计划评审法。这两种方法的目标和分析方法十分相近。主要的不同是关键路线法假定项目中各项活动的时间预测准确并且固定不变，而计划评审法对各项活动的不确定时间进行三点估计，计算每项活动的期望值和标准差。

网络计划方法能够反映整个物流网络中各项活动的逻辑性，清晰地显示关键物流活动，有利于对整个物流网络活动进行优化。网络计划方法的基本步骤如下：

（1）物流任务分解，即把整个物流任务分解成具体的物流活动。

（2）确定各项物流活动之间的先后关系，绘制网络图。

网络图有节点型和箭线型两种绘制方法。在节点型网络图中，节点表示作业；在箭线型网络图中，节点表示作业开始时间和结束时间。相对箭线型网络图而言，节点型网络图更容易构建和修改，因而得到了更广泛的应用。下面以表 4-13 中的资料来说明节点型网络图的绘制方法。

表 4-13　某物流企业物流系统布置设计的活动清单

活动代号	活动描述	紧前活动	活动所需时间
A	物流系统总体分析	—	1
B	当量物流量的计算与物料分类	A	3
C	物流各部门之间的相互关系分析	A	2
D	绘制物流-作业相互关系图	B，C	1
E	必要面积的计算	D	1
F	可用面积的计算	D	0.5
G	绘制面积相互关系图	E，F	1
H	确定物流系统修正条件	G	0.5
I	确定物流系统实际制约因素	G	0.5
J	确定物流系统布置设计方案	H，I	3
K	评价物流系统布置设计方案	J	3

根据活动清单中规定的物流活动之间的关系，将活动代号栏中所有的活动逐项画在网络图上，绘制网络图时应该从左至右进行。首先，从活动代号栏中找出没有紧前活动的活动，它（们）是要进行的第一项物流活动。用起始节点表示第一项活动，画在最左边。然后找出并用节点起始活动的紧后活动，用箭头将起始活动和其紧后活动连起来。接着，再找出当前活动的紧后活动，并用箭头将它与紧前作业连起来。依此类推，直到所有作业都在网络图上表示出来，如图 4-10 所示。

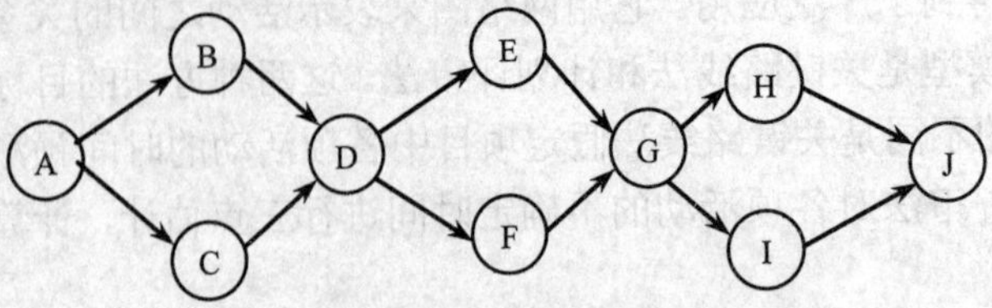

图 4-10　物流系统布置设计网络图

值得注意的是，在节点型网络图中，只有唯一的起始节点和唯一的终止节点。如果有多个起始节点，必须增加一个“虚”的起始活动，所有的起始活动是该活动的紧后活动。同样的，如果有多个终止活动，则必然增加一个“虚”的结束活动，所有结束活动都是该活动的紧前活动。

（3）估计各项物流活动所需的时间。关键路线法采用单点时间估计法，而计划评审技术采用三点时间估计法。

单点时间估计法是用一个时间来表示活动的时间。活动时间可采用类比法、定额法和统计法确定。三点时间估计法用最乐观时间 a、最可能时间 m 和最悲观时间 b 三个时间参数来表示活动的时间。用三个时间参数表示作业时间时，需要按以下公式计算活动的期望值和方差：

$$期望值：t=\frac{a+4m+b}{6}$$

$$方差：\sigma^2=\left(\frac{b-a}{6}\right)^2$$

（4）计算网络参数，确定关键物流活动的路线。对于节点型网络图而言，需要计算每个活动的两种开始和结束时间：最早开始时间、最早结束时间、最迟开始时间和最迟结束时间。同时，要确定关键的物流活动路线，以便于对物流活动网络进行优化。

（5）网络计划的优化。为了加快物流系统运作的进度、减少成本和平衡资源的利用率，需要对网络图进行优化，主要包括时间优化、时间—成本优化和时间—资源优化。

（6）网络计划的控制。网络计划制定后，就需要下达网络计划，并对计划执行进行控制，包括严格监控资源、成本、质量和预算。

3．计划控制

控制是监视物流企业各项活动以保证它们按计划进行并纠正各种重要偏差的过程。控制过程可以划分为三个步骤：衡量实际绩效；比较实际绩效与标准；采取管理行动来纠正偏差或不适当的标准，如图 4-11 所示。

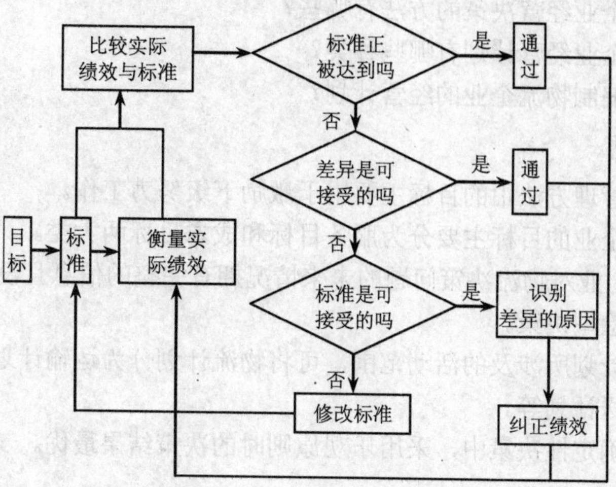

图 4-11 计划控制过程图

本章知识结构图

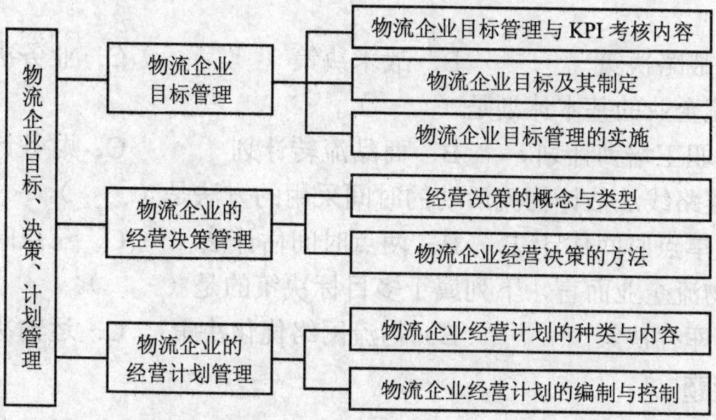

复习与训练

一、基本训练

1．讨论题

（1）物流企业 KPI 考核内容有哪些？

（2）物流企业的目标有哪些？

（3）如何制定物流企业目标？

（4）物流企业经营决策的方法有哪些？

（5）物流企业经营计划有哪些种类？

（6）如何编制物流企业的经营计划？

2．判断题

（1）目标管理方法中的目标主要用于激励下级努力工作。（　　）

（2）物流企业的目标主要分为服务目标和成本目标两大类。（　　）

（3）物流企业对物流决策问题的未来情况拥有完整的信息且没有不确定因素时的决策是风险型决策。（　　）

（4）根据计划所涉及的活动范围，可将物流计划分为运输计划、仓储计划、装卸计划和配送计划等。（　　）

（5）在不确定性决策中，采用乐观原则时的决策结果最优。（　　）

3．选择题

（1）下面属于定量决策方法的是（　　）。

A．头脑风暴法　　B．德尔菲法　　C．盈亏平衡法

（2）物流企业的运输车队为了完成一项运输任务而进行的运输路线优化决策是（　　）。

A．战略决策　　B．战术决策　　C．业务决策

（3）物流企业的基本计划是（　　）。

A．职工培训计划　　B．商品流转计划　　C．财务计划

（4）关键路线法估计物流活动的时间采用的方法是（　　）。

A．单点时间估计法　　B．两点时间估计法　　C．三点时间估计法

（5）对物流企业而言，下列属于多目标决策的是（　　）。

A．库存决策　　B．物流网络优化决策　　C．运输决策

4．技能题

（1）参观 1～2 家物流企业，要求学生写一份参观报告，报告内容由物流企业目标管理的方法、物流企业绩效评价的指标体系构成。

实训目的：要求学生了解物流企业目标管理的过程，重点分析物流企业绩效评价指标包含哪些内容，应该如何改进。

实训要求：结合运用所学知识，认真分析物流管理过程。

（2）查阅国内外知名物流企业的网站和相关资料，分析国内外物流企业的决策方法和计划制定的方法。

实训目的：了解物流企业常用的决策方法，分析不同物流计划制定的方法。比较物流企业在决策和计划方面有什么异同点？

实训要求：根据本章所讲的决策方法和计划制定的方法，认真思考物流企业

如何更好地做决策、定计划。

二、案例分析

英国零售大佬仓库运作准确率达 99.7%仍不满意

桑斯博里（Sainsbury's）公司成立于 1869 年，是英国最大的零售连锁商，主要经营食品及药品业务，曾连续多年现身《财富》杂志全球 500 强企业榜单，2009 年居榜单 261 位。桑斯博里的供应链团队在过去的几年中一直将重点聚焦在提高商品现货率问题上，当时较差的现货率迫使零售商花费巨额费用安装自动上货系统。当 King 于 2004 年接替 Davis 成为执行官后，将提高商品现货率从供应链诸多问题中单独筛选出来，将其列为重点改进环节。

桑斯博里已经完全革新了货物处理的整个进程。供应链的工作很大一部分精力都花在人力上，包括货仓收货和运输车的司机，桑斯博里改善了他们的合同福利，革新物流进程，改变了很多员工的工作岗位。除了圣诞节，都实行一周七天，每天 24 小时的工作制。为了迎合消费者的需求，在很多层面上都进行了灵活的调整，这意味着公司将工作的步伐与顾客的节奏保持一致。桑斯博里试图更好地培训员工，帮助他们降低日常工作中的出错率。尤其在粘贴产品标签、包装环节上。通常员工会定期审核，其成绩常常是 100%无差错。桑斯博里引进了集成运输管理系统（ITMS），其优势是能准确地传输即时商品信息，有效地降低货架空置率。其技术整合了车载电脑和卫星跟踪，将整个运输流程变得更加透明。

目前桑斯博里已经基本解决了仓库取货准确性的问题，与前几年不同的是，目前取货准确率已经达到 99.6%。而位于 Rye 公园的仓库运作准确率更是高达 99.7%。听起来似乎很不错，但物流主管 King 认为 0.3%～0.4%的出错率对于公司超大的业务量而言依旧不是一个小数字。杂货店能否真正实现 100%的商品现货率？整合所有使用中的工具、器械，能否做到 100%的准确率？这个世上没有不可能，永远不要轻易地降低要求。

资料来源：http://www.chinawuliu.com.cn/cflp/newss/content1/201007/772_33229 .html

问题：桑斯博里采取了哪些措施来提高仓库运作准确率？

三、综合实训

实训项目：物流企业经营决策与计划

1．实训目的

（1）通过本项目实训，使学生了解物流企业经营决策的内容。

（2）运用本章所讲的方法对物流企业的实际问题进行决策。

（3）熟悉物流企业计划制定的方法。

2．实训要求

（1）在企业期间遵守各项规章制度，注意劳动安全。

（2）物流企业工作繁忙，实习时不得妨碍工作人员工作。

（3）要虚心好学，多向工作人员请教。

3．实训内容

（1）在大型、中型和小型物流企业实习。

（2）学习不同类型物流企业的决策方式。

（3）学习物流企业如何制订计划，如何保证计划的顺利实施。

4．具体安排

（1）深入物流企业的各个部门实习，了解各物流部门的日常决策问题。

（2）认真分析物流企业针对不同问题所采用的决策方法。

（3）从整体上分析物流企业计划制定的过程与方法。

（4）结合物流企业计划执行情况，分析如何能够更好地保证计划顺利实施。

（5）撰写实践报告和实训报告幻灯片。5～6人为一组，进行讨论。

（6）最后开设课堂讨论课，各个小组展示自己的实际成果，相互交流实训经验。

第5章　物流企业的作业管理

学习目标

知识目标

- 了解采购的含义及分类，运输的功能及原理，配送的类型，包装的作用和分类；
- 明确企业采购的流程，仓储的基本概念，配送的流程，流通加工的概念及作用；
- 熟知采购管理的内容，物流企业运输系统的基本要素，仓储的基本作业过程，配送合理化的判断标志，典型的装卸工艺流程；
- 掌握运输作业管理的内容，库存控制的方法，配送合理化的实现方法。

技能目标

- 能够参与物流企业的作业管理；
- 能够参与设计仓储的作业流程。

引例

海尔集团的物流改革

海尔集团从 1999 年年初开始物流改革，首先海尔物流整合了采购系统，将集团的采购活动全部集中，在全球范围内采购质优价廉的零部件。海尔一年的采购费用约 150 多亿元，品种达 1.5 万种，供应商 2 000 多家。2001 年，海尔通过物流整合采购，加强采购管理，全球集合竞价，使供应商的数目减少到 900 多家，集团采购人员优化后，减少 1/3，成本每年降低 4.5%以上。因为零部件库的管理不太先进，库存资金占用比较大，甚至有些呆滞，所以海尔物流首先选择零部件作为首要的突破点。海尔建立了现代化的立体库，开发了库存管理软件，使其达到最先进水平。之后，发现车间、分货方和经销商的管理水平跟不上，于是又向他们推荐先进的作业方法。立体库带动了机械化搬运和标准化包装，采用标准的托盘和塑料周转箱，均符合国际标准。因海尔生产的零部件种类繁多，所以就用标准的容器将其规范化，便于机械化搬运，便于管理。把检验集中起来，尽量分散到分供方和第三方仓库去检验。这样减少了大量的库存，目前只有 3 天的库存量，库存资金也大大减少。同时，海尔也利用第三方物流进行内部配送。海尔成立了物流推进本部，下设采购、配送、运输三个事业部，专业从事海尔全集团的物流活动，使得采购、生产支持、物资配送实现战略一体化。

这一案例表明：采购、运输、仓储、配送、流通加工等活动是物流企业管理的重要内容。加强上述各个物流环节的管理，并且使之协调一致地运作，是物流企业作业管理的目标。提升物流企业的作业管理水平，可以降低成本，提高效率，从而向顾客提供高质量、个性化和快捷、周到的服务。

5.1 采购管理

5.1.1 企业采购的流程

1．采购的含义及分类

采购是指企业在一定的条件下从供应市场获取产品或服务作为企业资源，以保证企业生产及经营活动正常开展的一项企业经营活动。

根据不同的分类依据，采购有不同的类型。

（1）按采购方式分，可分为招标采购、询价采购、比价采购、议价采购和定价采购。

招标采购。即将某种需要采购的商品的所有条件详细列明，公开招徕商品供应商投标竞争售卖，从而购进商品的采购方法。商品采购的条件一般包括：商品品名、规格、数量、交货期、运输方式、付款方式、罚则、投标押金、投标商资格、公证、开标日期等内容。

询价采购。询价采购也称货比三家，是指采购单位向有关供应商（通常不少于 3 家）发出询价单，然后对供应商提供的报价进行比较，并确定中标供应商的采购方式。

比价采购。比价采购又称为限定厂商公开招标，即已知少数厂商有供应能力，事先拟定有关政策和条款并通知其参加投标和竞标。

议价采购。议价采购通常基于货物专利或特定条件，与个别供应商进行接触洽谈。不当众公开竞标，买卖双方面对面就货物价格讨价还价，最终确定货物供应商。

定价采购。定价采购是指拥有定价权的大采购商采用定价的方式，不定期通过媒体渠道向社会发布包括商品价格、商品质量等要求的采购信息，有意愿合作的供应商根据本企业的情况与采购商进一步洽谈。

（2）按采购组织分，可分为集中采购和分散采购。

集中采购。集中采购是指将采购工作集中于一个部门办理，一般情况下，企业其他各部门不拥有采购权。

分散采购。分散采购是指将采购工作分散给各需求部门自行办理。此种采购制度通常适用于规模比较大、分布比较广的企业。

（3）按采购环节分，可分为直接采购、调拨采购和委托采购。

直接采购。即企业直接从制造商或原料企业进行采购。

调拨采购。即在制造商与客户之间，对货物进行调拨以满足需要。

委托采购。即通过委托采购代理商向制造商进行商品采购。

（4）按采购时间分，可分为固定采购、非固定采购和紧集采购。

固定采购。即采购时间固定，基本保持不变。

非固定采购。即采购不定时，按需进行。

紧急采购。即由于某种缘故而做出的超出计划之外的采购行为。

知识链接 5-1

传统采购与科学采购

传统采购的一般模式是，每个采购周期的期末，企业各个单位报下期的采购申请单，列出需要采购的物资的品种数量，制定出统一的采购计划并实施采购。这种采购以采购申请单为依据，以填充库存为目的，管理比较简单、粗糙，市场响应不灵敏，库存量大，资金积压多，库存风险大。

科学采购包括以下几种方法：

（1）订货点采购。订货点采购是由采购人员根据各个品种需求量和订货提前期的大小，确定每个品种的订货点、订货批量或订货周期、最高库存水准等，然后建立起一种库存检查机制，当发现库存量到达订货点时，就检查库存、发出订货单，订货批量的大小由规定的标准确定。

（2）MRP 采购。MRP 采购，即物料需求计划，主要应用于生产企业。它是由企业采购人员使用 MRP 应用软件，制定采购计划而进行的采购。

（3）JIT 采购。JIT 采购，也叫准时化采购，是一种完全以满足需求为依据的采购方法。需求方根据自己的需要，对供应商下达订货指令，供应商在指定的时间，将指定的品种、指定的数量送到指定的地点。

（4）供应链采购。供应链采购是一种供应链机制下的采购模式。在供应链机制下，采购不再由采购者操作，而是由供应商操作，叫做供应商管理库存（VMI）。

（5）电子商务采购。电子商务采购也就是网上采购，是在电子商务环境下的采购模式。

2．企业采购的流程

任何企业都需要规定采购的一般流程，规范采购作业的行为模式，以保证工作质量，防止资金不必要的流失，这样才能做到采购管理的科学化。

（1）提出采购需求计划。采购需求计划必须严格地按照销售和生产部门的需要及现有的库存量，对品种、数量、保险库存量等因素做出科学的计算后才能提出，并且要有审核制度，采购的数量、种类、价格等必须是经过主管部门的批准才有效。通过对采购需求计划的控制，可以防止随意和盲目采购。

（2）认证供应商。在买方市场中，由于供大于求，市场上往往有众多的供应商可以选择，此时买方处于有利地位，可以货比多家。选择供应商是企业采购过程中的重要环节，应该尽可能地列出所有的供应商清单，采用科学的方法挑选合适的供应商。

（3）发出采购订单。采购订单相当于合同文本，具有法律效力。签发采购订单必须十分仔细，每项条款都要认真填写，关键处用词须反复推敲，表达要简洁，含义要明确。对于采购的每项物品的规格、数量、价格、质量标准、交货时间与地点、包装标准、运输方式、检验形式、索赔条件与标准等都应该认真进行审核。

（4）跟踪订单。采购订单签发后，并不意味着采购工作就此结束，必须对订单的执行情况进行跟踪，防止对方违约；为保证订单顺利执行，货物按时进库，对订单实施跟踪还可以使企业随时掌握货物的动向，万一发生意外事件，可及时采取措施，避免不必要的损失或将损失降到最低。

（5）接受货物。货物运到自己的仓库后必须马上组织人员对货物进行验收。验收是按订单上的条款进行的，应该逐条进行，仔细查对。除此之外，还要查对货损情况，检查货损是否超标。对发现的问题，要查明原因，分析责任，为提出索赔提供证据。货物验收完毕才能签字认可。

（6）评估采购工作。对于采购工作的总结评价才是一次采购工作的完整结束。评估的目的是为管理供应商提供实际操作的表现数据，使得订单操作更加畅通。评估的主要内容可以包括：供应的及时状况，紧急订单的完成情况，组织效率，采购人员的能力及责任心，供应商的质量、成本、供应能力、服务能力等内容。

5.1.2 采购管理概述

1．采购管理的含义

采购管理是对整个企业采购活动的计划、组织、指挥、协调和控制活动。采购管理是管理活动，是面向整个企业的。而采购只是指具体的采购业务活动，是作业活动，一般是由采购人员承担工作，只涉及采购人员个人。

2．采购管理的目标

（1）提供企业所需的物资和服务。这是采购管理最基本的目标。最初，采购部门就是为此目标而设的，提供不间断的物料和服务，以便使整个组织正常运转，这是采购部门的第一要务。

（2）努力降低成本。当确保质量、发送和服务方面的要求得到满足时，采购部门还是应该全力以赴地以最低的价格获得所需物料和服务。

（3）使存货和损失降到最低。保证物料供应不间断的一个方法是保持大量的库存，但保持库存必然占用资金，这些资金再不能用于其他方面。

（4）保持并提高自己的产品或服务质量。为了生产产品或提供服务，每一种物料的投入都要达到一定的质量要求，否则最终产品或服务将达不到期望的要求，或是其生产成本远远超过可以接受的程度。

3．采购管理的内容

采购管理包括以下内容：

（1）采购管理组织。采购管理组织，是采购管理最基本的组成部分，为了搞好企业复杂繁多的采购管理工作，需要有一个合理的管理机制和一个精干的管理组织机构，还要有一些能干的管理人员和操作人员。

（2）需求分析。需求分析，就是要弄清楚企业需要采购一些什么原料，需要采购多少，什么时候需要什么原料，需要多少等问题。

（3）资源市场分析。资源市场分析，就是根据企业所需求的物资品种，分析资源市场的情况，包括资源分配情况、供应商情况、品种质量、价格情况、交通运输情况等。

（4）制订采购订货计划。制订采购订货计划，是根据需求品种情况和供应商的情况，制订出切实可行的采购订货计划，包括选定供应商、供应品种、具体的订货策略、运输进货策略及具体的实施进度计划等，具体地解决什么时候订货、订购什么、订多少、向谁订、怎样进货、怎样支付等一些具体的计划问题，为整个采购订货进货规划一个蓝图。

（5）采购计划实施。采购计划实施，就是把上面制订的采购订货计划分配落实到人，根据既定的进度实施。

（6）采购评价与分析。采购评价与分析，就是在一次采购完成以后对这次采购的评估，或月末、季末、年末对一定时期内的采购活动的总结评估。

（7）采购监控。采购监控，是指对采购活动进行的监控活动，包括对有关采购人员、采购资金、采购活动的监控。

（8）采购基础工作。采购基础工作，是指为建立科学、有效的采购系统，需要建立的一些基础建设工作，包括管理基础工作、软件基础工作和硬件基础工作。

5.1.3 供应商关系管理

1．供应商关系管理的含义

企业生产经营所需的产品与服务大部分要通过对外采购获得，所以企业对供应商具有很强的依赖性。因此，如何全面地管理与供应商之间的关系，以此减少成本、增加利润，便成为企业相当重要的一个环节。

正如当今流行的客户关系管理（CRM）是用来改善与客户的关系一样，供应商关系管理（Suppliers Relationship Management，简称 SRM）是用来改善与供应链上游供应商的关系的，它是一种致力于实现与供应商建立和维持长久、紧密伙伴关系的管理思想，旨在改善企业与供应商之间关系的新型管理机制。它通过对双方资源和竞争优势的整合来共同开拓市场，扩大市场需求和份额，降低产品前期的高额成本，实现双赢。

企业采用供应商关系管理能带来如下好处：

（1）优化供应商关系，企业可以依据供应商的性质及其对企业的战略价值，对不同供应商采取不同的对待方式。

（2）建立竞争优势，并通过合作，快速的引入更新、更好、以顾客为中心的解决方案，来增加营业额。

（3）扩展、加强与重要供应商的关系——把供应商集成到企业流程中。

（4）在维持产品质量的前提下，通过降低供应链与运营成本来促进利润提升。

2．供应商关系管理思想的演变

从传统的供应商关系管理发展到现代的供应商关系管理，企业在供应商管理方面有很大的创新。通过表 5-1 的比较可以看出，两种管理模式有着根本的区别。在对物流管理在企业中的地位与作用有了更加清醒的认识之后，许多企业已将供应商关系管理提高到公司战略的高度来对待，并且在实践中继续不断探求供应商关系管理的合适方法与途径。

表 5-1　传统的供应商管理与现代的供应商管理的比较

比 较 项 目	传统的供应商管理	现代的供应商管理
供应商数目	多数	少数
与供应商关系	短期、买卖关系	长期合作、伙伴关系
企业与供应商的沟通	仅限于采购部与供应商的销售部之间	多方多个部门之间
信息交流	仅限订货收货信息	多项信息共享
价格谈判	尽可能低的价格	互惠的价格、双赢
供应商选择	凭采购员经验	完善的程序
供应商对企业的支持	无	提出建议
企业对供应商的支持	无	技术支持

案例

波音公司的供应商关系管理

通过考察波音公司商用飞机的业务情况，可以发现供应商关系在其全盘业务中的重要性。该公司多年来一直把重点放在性能卓越的喷气机系列 747、757、767、777 机型上，尽管每一架飞机都是由波音公司设计和制造的，但实际上全球的供应商们都为之做出了重要的贡献。长期以来，波音公司与日本的 4 家飞机制造公司建立了良好的供应关系。为了解波音公司与上述日本供应商的关系，需要退回到几十年前。当时，波音公司在日本第一次试销飞机，为了成功地向日本航空公司推销自己的产品，附加条件是波音公司必须把某些有关的零件制造业务承包给日本的公司。为了打开和占领日本市场，波音公司的管理者接受了这种条件。

这就使双方开始了一个动态的策略变化过程，最终导致了二者目前重大的相互依赖关系。到 20 世纪 90 年代末，部件外购的成分占了一架飞机总价值的 50%。事实上，日本这 4 家公司在宽体喷气式飞机的机体中贡献了近 40%的价值，使用的专业技术和工具在许多方面都是全球最领先的。

分析：波音公司与供应商建立和维持长久、紧密伙伴关系，通过对双方资源和竞争优势的整合来共同开拓市场，扩大市场需求和份额，最终实现双赢。

5.2　运输管理

5.2.1　运输概述

1．运输的概念

运输是指用交通工具把人或物资从一个地方运到另一地方。物流的运输则专指“物”的载运及输送。运输是物流企业的重要职能。不论是运输型物流企业、综合服务型物流企业，还是仓储型物流企业，运输活动都居于特殊地位。因此，如何抓好物流企业的运输管理，是物流企业作业管理的关键环节。

2．运输的功能

运输是物流作业中最直观的要素之一。运输提供两大功能：产品转移和产品短期储存。

（1）产品转移。运输实现了产品在空间上的转移。通常情况下，产品在生产与需求之间存在空间和时间上的差异，运输的作用即是克服这种差异。

（2）产品短期存储。将运输工具作为暂时储存的场所。当交付的货物处在转移之中而原始的装运目的地被改变时，产品也需要临时的储存。另外，在仓库空间有限的情况下，利用运输工具储存也不失为一种可行的选择。

3．运输的原理

运输管理的两条基本原理是规模经济和距离经济。

（1）规模经济。规模经济的特点是随着装运规模的增长，每单位重量的运输成本下降。例如，整车装运（即车辆满载装运）的单位成本低于零担装运（即利用部分车辆能力进行装运）。铁路或水路之类运输能力较大的运输工具其每单位重量的费用要低于诸如汽车或飞机之类运输能力较小的运输工具。运输规模经济之所以存在，是因为有关的固定费用可以按整批货物的重量分摊。规模经济使得货物的批量运输显得合理。

（2）距离经济。距离经济的特点是每单位距离的运输成本随运输距离的增加而减少。距离经济的合理性类似于规模经济，尤其体现在运输装卸的费用上的分摊。距离越长，可使固定费用分摊后的值越小，导致每单位距离支付的总费用很小。

5.2.2 物流企业运输系统

1．运输系统的基本要素

运输系统的基本要素包括运输对象、运输手段和运输参与者。

（1）运输对象。运输对象统称为货物。货物可以分为成件物品、液态物品、散碎物品、集装箱、危险物品、易腐物品、超长超重物品等几大类。

（2）运输手段。运输手段是指物质手段，主要包括运输工具、运输线路（通道）、运输站点及配套设施等。运输工具是运输的主要手段，包括铁路机车和车辆、公路机动车辆、船舶、飞机等。运输线路和通道是运输的基础设施，如铁路线路、公路、水运航道和空运航线等。运输站点及配套设施。运输站点就是运输网络的节点，如铁路车站、汽车站、货场、转运站、港口、机场等。

（3）运输参与者。这里所说的运输参与者是指货主和承担运输任务的人员。他们是运输活动的主体，如图 5-1 所示。

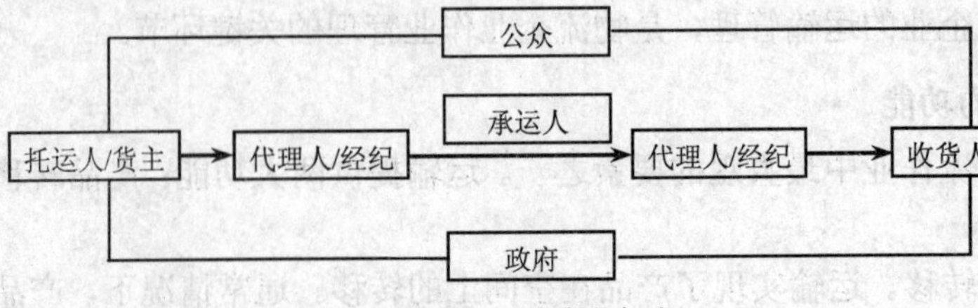

图 5-1　运输参与者

货主是货物的所有者，包括委托人（或托运人）和收货人。

承运人是运输活动的承担者，他们可能是运输企业或个体运输业者。承运人受托运人或收货人的委托，按委托人的意愿以最低的成本完成委托人委托的运输任务，同时获得运输收入。

货运代理人是根据客户的指示，并为客户的利益而揽取货物运输的人，其本人不是承运人。货运代理人把来自各种客户手中的小批量货物整合成大批量货物，然后利用承运人进行运输。送达目的地后，货运代理人再把该大批量装载拆分为原先的较小的装载量，送往收货人。

(4) 其他资源要素。运输的资源要素除上述的人力、运输工具、运输线路（通道）、运输站点及配套设施外，还有信息、资金和时间等，运输管理就是有效利用这些资源，提高运输效率，降低运输成本，满足用户要求。

2．运输作业管理

运输作业是指通过各种运输方式实现物品实体在空间位置上的转移过程。在商品流通的过程中，伴随着每一次的交易活动，几乎都有相应的物品运输过程。

(1) 运输方式的选择。基本的运输方式有五种：铁路运输、公路运输、水路运输、航空运输和管道运输。五种运输方式各有特色，适合于运输不同距离、不同形式、不同运费负担能力和不同时间需求的物品。

选择运输方式主要考虑如下因素：运输的安全性和准确性、物品的性质、运输时间、交付时间、运输成本、批量的适应性、运输的机动性和便利性等。

1）铁路运输。主要承担长距离、大批量的货运；适合运输散装、罐装货物。

优点：运行速度快；运输能力较大；由于运输过程受自然条件限制较小，所以可提供全天候的运行，运输连续性强；安全性高，运行较平稳；通用性好，可以运送各类货物；运输成本较低；能耗低。

缺点：设备和站台等限制使得铁路运输的固定成本高，建设周期较长，占地也多；近距离的运费较高；长距离运输情况下需要进行货车配车，其中途停留时间较长；装卸次数较多，货物破损通常也比其他运输方式多。

2）公路运输。一般指汽车运输，主要承担近距离、小批量的货运，以及水运、铁路运输难以到达地区的长途、大批量货运。由于高速公路的迅猛发展，较远距离的大批量运输也开始使用公路运输。

优点：灵活性强，可实现“门到门”运输；装卸方便，运输速度快，物品损耗少；不仅承担着为铁路、水路和航空运输进行集疏运的任务，而且还在一些缺乏铁路和水路航线的地区承担着干线运输的任务。

缺点：与铁路、水路运输相比，公路运输能力较低；运输成本和能耗高，劳动生产率低；不适宜大宗物资运输和长距离运输。

3）水路运输。适合于承担运量大、运距长，对时间要求不紧，运费负担能力相对较弱的货运任务。

优点：几种运输方式中，水路运输的运输能力最大；运输成本低，能以最低的单位运输成本提供最大的货运量，尤其在运输大宗货物或散装货物时，采用专用的船舶运输，可以取得更好的技术经济效果；劳动生产率高；平均运距长。

缺点：运送速度慢，准时性差；受自然气象条件因素影响大；航行风险大，安全性略差；搬运成本与装卸费用高。

4）航空运输。这是目前运输速度最快的运输方式，适合于运输价值高、运费承担能力很强的货物，如贵重设备的零部件、高档产品等的运输，以及紧急需要的物资，如抢险救灾物资等的运输。

优点：高速直达，较少受自然地理条件限制；安全性能高，事故率低；经济性良好，使用年限较长，包装要求低。

缺点：运输能力小，能耗高；设施成本高，维护费用高；受气候条件的影响大；需要航空设施，所以可达性差；运输技术要求高，人员（飞行员、空勤人员）培训费用高。所以航空运输的单位成本在几种运输方式中是最高的。

5）管道运输。利用管道输送货物和其他运输方式的重要区别在于管道设备是静止不动的。承担着很大比例的能源物资运输，包括原油、成品油、天然气、煤浆等。

优点：运输效率高，适合于自动化管理；运输费用低；能耗少、成本低；运量大、连续性强；安全可靠、运行稳定、不会受恶劣多变的气候条件影响。

缺点：运输对象受到限制，承运的货物比较单一；灵活性差，不易随便扩展管道，管线往往完全固定，服务区域有限；仅提供单向服务；运速较慢。

(2) 承运人的选择。物流企业有时需要向其他运输企业购买运输服务。此时，物流企业必须根据确定的运输方式选择合适的承运人。虽然某一运输方式的大多数承运人的运价和服务是相似的，但其服务水平存在很大的差异，比如运输时间与可靠性、运输能力与可接近性及安全性等方面。

运输时间包括接货与送货、中转搬运和起讫点之间运输所需要的时间。可靠性指承运人运送时间的稳定性及诚信度。运输时间与可靠性影响着企业的库存和缺货损失。运输时间越短，可靠性越高，所需的库存水平越低。

运输能力是指承运人提供运输货物所拥有的运输工具与设备的能力。可接近性则是指承运人为企业运输网络提供服务的能力，即承运人接近企业物流节点的能力。运输能力与可接近性直接决定着一个特定的承运人能否提供理想的运输服务。

安全性是指物品在到达目的地时的状态与开始托运时的状态应无变化。安全性是选择承运人的必备条件。

(3) 单证的管理。物流企业涉及的运输单证主要包括：提单、运费清单和货运清单。

提单是购买运输服务所使用的基本单证，由承运人开出。它对所装运的物品和数量起着收据和证明文件的作用。在货物发生丢失、损坏或延误的情况下，提单又是索赔的最基本证据。另外，提单上所指定的人是物品唯一真实的受领人。

运费清单是承运人收取其所提供运输服务费用的一种明细方式。运费可以是预付的，也可以是到达后再付的，一切取决于承、托双方事先的协商。

货运清单是当一辆运输工具装运多票货物时，能列明每票货的停靠站点、收货人、提单、重量，以及每票货物的清点数的运输单证。其作用是通过提供一份单独的文件，用于明确总货载中的具体内容，而无须检查个别的提单。对于一站到底的托运货物来说，货运清单的作用与提单基本相同。

（4）运输成本与定价。运输成本包括固定成本、变动成本、联合成本、公共成本等。了解运输成本的构成对物流企业是很有必要的。影响运输成本的因素有运距、运量、产品密度、空间利用率、搬运难易度、责任及市场竞争等。

在确定运费时，往往利用两种方法：一是服务成本定价，二是服务价值定价。前者是从承运人角度出发的，包括承运人的固定成本和可变成本，再加上一定的利润。后者是从托运人的角度出发的，基于市场承受能力收取费用，并以运输服务方面的需求和竞争环境为基础。在多数情况下，竞争决定价格的制定。

费率是特定的产品在两点之间运输时，单位重量产品的运输价格。费率一般都会列在价格单上。承运人为了定价的方便，通常将产品进行分类定价。制定分类费率，第一步是按照一定的规则将运输的产品进行分类，第二步是基于产品的分类和起点站及终点站的位置来确定精确的费率。

5.3　仓储管理与库存控制

5.3.1　仓储管理概述

仓储是物流活动的重要环节之一。从物流管理的角度看，仓储是指根据客户的要求，为调节生产、销售和消费活动及确保社会生产、生活的连续性，避免物品损耗、变质和灭失，而对物品进行储存、保管、管理、供给的作业活动。仓储管理的核心目标是提高仓库的运作效率。

1．仓储的基本概念

（1）仓库。仓库是保管、存储物品的建筑物和场所的总称。仓库作为物流服务的据点，在物流作业中发挥着重要的作用，它不仅具有储存、保管等传统功能，还包括拣选、配货、检验、分类等作业功能，并具有多品种小批量、多批次小批量等配送功能及附加标签、重新包装等流通加工功能。

（2）仓库的种类。仓库可按不同的标准进行分类。

按社会性质分为自有仓库、营业仓库、公共仓库、保税仓库。

按仓库功能分为储备仓库、周转仓库。

按保管形态分为普通仓库、冷藏仓库、恒温仓库、危险品仓库。

按结构和构造分为平房仓库、多层仓库、高层货架仓库（立体仓库）、散装仓库、罐式仓库。

按仓库地址分为港口仓库、车站仓库、工厂仓库等。

（3）仓库的设施和设备。仓库的设施和设备是指除主体建筑（库房、货棚、货场）之外，仓储业务所需的所有技术装置与机具。仓库的设施和设备是提高劳动效率、缩短商品进出库时间、提高仓储服务质量、充分利用仓容和降低仓库费用的必要条件。

小思考

仓库的设施和设备按照用途可以分为几类？

答：仓库设施及设备按主要用途和特征，可划分为装卸搬运设备和保管设备。具体包括：

（1）装卸搬运设备：

装卸堆码设备。包括各种起重机、吊车、叉车、堆码机等。

搬运传送设备。包括手推车、搬运车、拉车、运货卡车、各式平面和垂直传送装置等。

（2）保管设备：

苫垫用品。主要包括苫布、垫垛用品等。

存货用具。包括各种货架、货橱等。

计量设备。从计量方法角度可以分为：重量计量设备，包括各种磅秤、地下及轨道衡器、电子秤等；流体容积计量设备，包括流量计、液面液位计等；长度计量设备，包括检尺器、自动长度计量仪等；个数计量装置，包括自动计数器及自动计数显示装置等；还有综合的多功能计量设备等。

养护检验设备。主要有测湿仪、红外线装置、空气调节器及测试、化验使用的部分仪器和工具。

通风、照明、保暖设备。这是商品养护工作和库内作业使用的设备。

安全设备。包括保障消防安全和劳动安全的必要设备，如各种报警器、灭火器材、劳动保护用品等。

其他用品及工具。如小型打包机、标号打印机等。

2．仓储运作

仓储的基本作业过程可以分为三个阶段，即货物入库阶段、货物保管阶段和货物出库阶段，如图 5-2 所示。

（1）货物入库阶段：

1）核对入库凭证。根据货物运输部门开出的入库单核对收货仓库的名称、印章是否有误；商品的名称、代号、规格和数量等是否一致；有无更改的痕迹等。只有经过仔细的核对无误后才能确定是否收货。

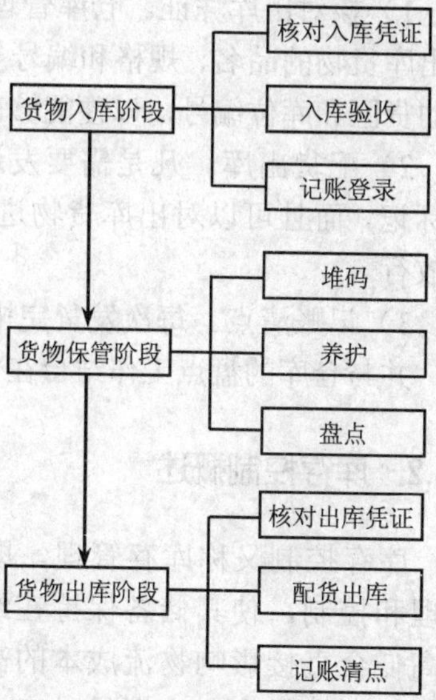

图 5-2　仓储运作流程

2）入库验收。货物的验收包括对货物规格、数量、质量和包装方面的验收。对货物规格的验收主要是对货物品名、代号、规格等方面的验收；对货物数量的验收主要有对散装货物进行称量，对整件货物进行数目清点，对贵重物品进行仔细的查收等；对货物质量的验收主要有货物是否符合仓库质量管理的要求，产品的质量是否达到规定的标准等；对货物包装方面的验收主要有核对货物的包装是否完好无损，包装标志是否达到规定的要求等。

3）记账登录。如果货物的验收准确无误，则应该在入库单上签字，确定收货，安排货物存放的库位和编号，并登记仓库保管账务。如果发现货物有问题，则应另行做好记录，交付有关部门处理。

（2）货物保管阶段。货物进入仓库进行保管，需要安全地、经济地保持好货物原有的质量水平和使用价值，防止由于不合理的保管措施所引起的货物磨损、变质或者流失等现象，具体步骤如下：

1）堆码。由于仓库一般实行按区分类的库位管理制度，因而仓库管理员应当按照货物的存储特性和入库单上指定的货区及库位进行综合的考虑和堆码，做到既能够充分利用仓库的库位空间，又能够满足货物保管的要求。

2）养护。仓库管理员应当经常或定期对仓储货物进行检查和养护。检查工作的主要目的是尽早发现潜在的问题，养护工作主要是以预防为主。在仓库管理过程中，采取适当的温度、湿度和防护措施，预防破损、腐烂或失窃等，达到存储货物的安全。

3）盘点。对仓库中贵重和易变质的货物，应经常盘点，其余的货物应当定期进行盘点（如每年盘点一次或两次）。盘点时应当做好记录，与仓库账务核对。如果出现问题，应当尽快查出原因，及时处理。

（3）货物出库阶段。仓库管理员根据提货清单，在保证货物原先的质量和价值的情况下，进行货物的搬运和简易包装，然后发货。

1）核对出库凭证。仓库管理员根据提货单，核对无误后才能发货，除了保证出库货物的品名、规格和编号与提货单一致外，还必须在提货单上注明货物所处的货区和库位编号，以便能够比较轻松地找出所需的货物。

2）配货出库。凡是需要发运的货物，仓库管理员应当在货物的包装上做好标记，而且可以对出库货物进行简易的包装，在填写有关的出库手续后，可以放行。

3）记账清点。每次发货完毕之后，仓库管理员应该做好仓库发货的详细记录，并与仓库的盘点工作结合在一起，以便于以后的仓库管理工作。

5.3.2 库存控制概述

库存控制又称库存管理，即对生产、经营过程的各种物品，产成品进行管理和控制，使其储备保持在经济合理的水平上。库存水平和库存周转速度的高低会直接影响物流成本的高低。库存量过少，会影响到生产经营，还可能失去市场机会；库存量过多，不仅会占压大量资金，增加商品保管费用支出，而且还会加大市场风险。因此，在物流管理中，必须采用科学的方法管理和控制库存。

1．库存的概念和类型

凡是处在储存状态的物资，都可以称作库存物资，简称库存。按照不同的分类标准，库存可分为以下几种：

按生产过程分类，分为原材料库存、在制品库存、产成品库存。

按库存所处状态分类，分为在库库存、在途库存。

按存货目的分类，分为周转库存、安全库存、促销库存、投机性库存、季节性库存。

2．库存管理的评价指标

考核库存管理的主要指标是库存周转率。库存周转率是指一定时期（一般为一年或半年）库存周转的速度。库存周转率是衡量库存管理水平的重要指标。在一定意义上，企业的效益由库存周转率所左右。这是因为企业的生产过程实际上是由资金变为存货，经过销售又由存货变为资金，并从中获得利益的过程。在这一循环过程中，库存周转率越高，资金占用越少，资金利用率也就越高，这就意味着在资金相同的情况下，可以获得更高的利润。库存周转率可以用以下公式进行计算：

年库存周转率=该期间的出库总金额÷该期间的平均库存金额

=（该期间出库总金额×2）÷（期初库存额+期末库存额）

提高库存周转率对于加快资金周转，提高资金利用率和变现能力有积极作用。提高资金库存周转率可以通过合理确定进货批量、削减滞销存货、控制耗用金额高的物品和及时清理过剩物品等措施来实现。但是，库存周转率并不是越高越好。由于库存成本与订货成本、采购成本、缺货成本和相关的风险成本之间有一定的效益背反现象，因此，库存周转率过高，会造成发生缺货的机会增加及由于采购次数增加导致采购费用上升等问题。

3．库存控制方法

（1）ABC 分类管理法。库存商品品种繁多、数量巨大，有的商品品种数量不多但市值很大，有的商品品种数量多但市值却不大；由于企业的资源有限，不能对所有库存商品都同样的重视，因此，要将企业有限的资源用在需要重点管理的库存上，按库存商品重要程度的不同，进行不同的分类管理和控制。

将库存物品按品种和占用资金的多少分为特别重要的库存（A 类）、一般重要的库存（B 类）、不重要的库存（C 类）三个等级，然后针对不同等级分别进行管理和控制。

ABC 分类的依据是库存中各物品每年消耗的金额（该品种的年消耗量乘以其平均单价）占年消耗的总金额的比例。对于怎样划分各物品在每年消耗的总金额的比例，ABC 分类没有一个统一的标准，一般是遵循下面的规律（见表 5-2）。

表 5-2　ABC 库存分类比重表

类　别	品种比例（%）	年消耗的金额比例（%）
A 类	10	70
B 类	20	20
C 类	70	10

A 类物品，品种比例在 5%～15%之间，平均为 10%，品种比重非常小；年消耗的金额比例在 60%～80%之间，平均为 70%，占用了大部分的年消耗金额，是关键的少数，是需要重点管理的库存。

B 类物品，品种比例在 15%～25%之间，平均为 20%；年消耗的金额比例在 15%～25%之间，平均为 20%，可以发现其品种比例和金额比例大体上相近，是需要常规管理的库存。

C 类物品，品种比例在 60%～80%之间，平均为 70%，品种比重非常大；年消耗的金额比例在 5%～15%之间，平均为 10%，虽然表面上只占用了非常小的年消耗的金额，但是由于数量巨大，实际上占用了大量的管理成本，属于只需要一般管理的库存。

ABC 三类货物在管理上的区别见表 5-3。

表 5-3　ABC 三类货物在管理上的区别

项　目	A 类 货 物	B 类 货 物	C 类 货 物
控制程度	严格	一般	简单
库存量计算	按模型计算	一般计算	简单计算或不计算
进出记录	详细	一般	简单
检查次数	多	一般	少
安全库存量	低	较大	大

（2）定量控制法。定量控制法也称为连续检查控制法或订货点法。该方法要求连续不断地检查库存余量的变化，当库存余量下降到订货点 R 时，便提出订购，且订购量是固定的。经过一段订货时间 L，货物到达后补充库存。定量控制法的库存变化如图 5-3 所示。

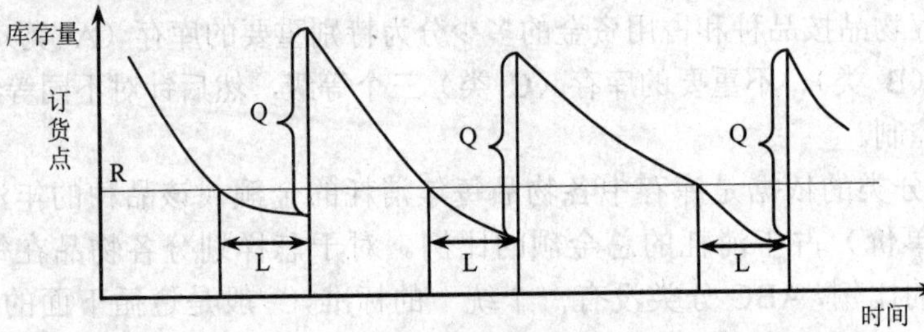

图 5-3　定量控制法的库存变化

上图中 R 点为补充库存的重新订货点，每次订货量为 Q，订货提前期为 L。

这种库存控制的特点是：

1）每次的订货批量通常是固定的，批量大小的确定主要考虑库存总成本最低的原则；

2）每两次订货的时间间隔通常是变化的，其大小主要取决于需求的变化情况，需求大则时间间隔短，需求小则时间间隔长；

3）订货提前期基本不变，订货提前期是由供应商的生产与运输能力等外界因素决定的，与物资的需求没有直接的联系，故通常被认为是一个常数。

这种方法主要通过建立一些存储模型，以求解决库存降到什么水平订购，订购量应该多大，才能使总费用最低这两大问题。

（3）定期控制法。定期控制法也称周期检查控制法或订货间隔期法，是一种定期盘点库存的控制方法。它的特点是：

1）每两次订货的时间间隔是固定的，以固定的间隔周期 T 提出订货。

2）每次订货批量是不确定的。管理人员按规定时间检查库存量，并对未来一段时间内的需求情况做出预测，若当前库存量较少，预计的需求量将增加时，则可以增加订货批量，反之则可以减少订货批量。并据此确定的订货量，发出订单。

3）订货提前期基本不变。

定期控制法的库存变化如图 5-4 所示。

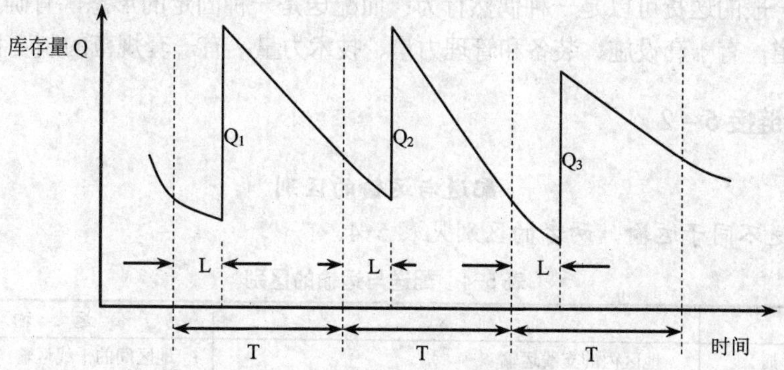

图 5-4　定期控制法的库存变化

上图中 T 为订货间隔周期，每次订货量分别为 Q_1、Q_2、Q_3，订货提前期为 L。

这种控制方式当物资出库后不需要对库存品种数量进行实地清点，可以省去许多库存检查工作，在规定订货的时候检查库存，简化了工作，缺点是在两次订货之间没有库存记账，有可能在此期间出现缺货的现象。如果某时期需求量突然增大，也有可能发生缺货，所以一般适用于重要性较低的物资。

这种控制方式主要面对的关键问题是：确定订货间隔期和每次的订购量。

一般来说，其订货间隔周期 T 由存储物资性质而定。对存储费用高、缺货损失大的物资，周期 T 可以定得短一点；反之，则可定得长一点。每次订购量可由下式确定：

订购量=平均日需用量×订货间隔周期+保险储备量−现有库存量−已订货未交量

保险储备量=保险储备天数×平均日需用量

保险储备天数可由以往统计资料中平均误期天数来定。

5.4　配送管理

5.4.1　物流企业配送概述

1．配送的概念

配送是物流活动中一种特殊的、综合的具有商流特征的形式。配送是在经济合理区域范围内，根据用户的要求，对物品进行拣选、加工、包装、分割、组配等作业，并按时送达指定地点的物流活动。

配送是以用户为出发点，用户处于主导地位，配送处于服务地位。因此，配送在观念上必须明确“用户第一”、“质量第一”。配送实质是送货，但与一般的送货有区别。一般的送货可以是一种偶然行为；而配送是一种固定的形态，有确定组织、确定渠道，有一套设施、装备和管理力量、技术力量，有一套规范的制度和体制。

知识链接 5－2

配送与运输的区别

配送不同于运输，两者的区别见表 5-4。

表 5-4　配送与运输的区别

	配　送	运　输
运输性质	地区内的支线运输	地区间的干线运输
运输工具	汽车为主	各种交通工具
供应链位置	前端或末端运输	中间运输
距离	短距离	中长距离
物流特点	多品种、小批量、多批次	少品种、大批量、少批次
运输周期	短周期	长周期
功能类型	综合功能，几乎包括物流的所有功能要素	单一功能，货物位置转移

2. 配送的分类

配送可以进行不同的分类：

（1）按实施配送的结点不同，可分为配送中心配送、仓库配送、商店配送和生产企业配送。

配送中心配送。这种配送的组织者是配送中心，配送专业性较强，配送品种多、数量大，一般和用户有固定的配送关系，配送设施及工艺是专门设计的。但由于服务对象固定，其灵活机动性较差；而且由于规模大，要有一套配套设施、设备，使其投资较高。

仓库配送。它一般是以仓库为据点进行的配送，也可以是以原仓库在保持储存保管功能的前提下，增加一部分配送职能，或经对原仓库的改造，使其成为专业的配送中心。

商店配送。这种配送的组织者是商业或物资的门市网点。商店配送是指除自身日常的零售业务外，按用户的要求将商店经营的品种配齐后送达用户。

生产企业配送。配送业务的组织者是生产企业。一般认为，这类生产企业具有生产地方性较强的产品的特点，如食品、饮料、百货等。

（2）按配送商品的种类和数量，可分为单（少）品种大批量配送、多品种少批量配送和配套配送。

单（少）品种大批量配送。适用于那些需要量大、品种单一的生产企业，可以实行整车运输，有利于车辆满载和采用大吨位车辆运送。

多品种少批量配送。用户所需的物品数量不大、品种多，因此在配送时，要按用户的要求，将所需的各种物品配备齐全，凑整装车后送达用户。

配套配送。用户所需的物品是成套性的。例如，装配性的生产企业，需要将所需的全部零部件配齐，按生产节奏定时送达生产企业，生产企业随即将此成套零部件送入生产线装配产品。

（3）按配送时间和数量，可分为定时配送、定量配送、定时定量配送、定时定路线配送和即时配送。

定时配送。按规定的时间间隔进行配送，每次配送的品种、数量可按计划执行，也可以在配送之前以商定的联络方式通知配送时间和数量。

定量配送。按规定的批量在一个指定的时间范围内进行配送。由于配送数量固定，备货较为简单，可以通过与用户的协商，按托盘、集装箱及车辆的装载能力确定配送数量，这样可以提高配送效率。

定时定量配送。按照规定的配送时间和配送数量进行配送，兼有定时配送和定量配送的特点，要求配送管理水平较高。

定时定路线配送。在规定的运行路线上制定到达时间表，按运行时间表进行配送，用户可按规定路线和规定时间接货，或提出其他配送要求。

即时配送。完全按用户提出的配送时间和数量进行配送，是一种灵活性很高的应急配送方式。采用这种方式配送的物品，用户可以实现保险储备为零的零库存，即以即时配送代替了保险储备。

（4）按经营形式不同，可分为销售配送、供应配送、销售—传应一体化配送和代存代供配送。

销售配送。配送的主体是销售企业，配送的对象一般是不固定的，因此配送的随机性较强，大部分商店配送就属于这一类。

供应配送。用户为了自己的供应需要而采取的配送方式，它往往是由用户或用户集团组建的配送据点，集中组织大批量进货，然后向本企业或企业集团内若干企业配送。商业中的连锁商店广泛采用这种方式。这种方式可以提高供应水平和供应能力，可以通过大批量进货取得价格折扣的优惠，达到降低供应成本的目的。

销售—供应一体化配送。销售企业对于那些基本固定的用户及其所需的物品，在进行销售的同时还承担着用户有计划的供应职能，既是销售者，同时又是用户的供应代理人。这种配送有利于形成稳定的供需关系，有利于采取先进的计划手段和技术，有利于保持流通渠道的稳定等。

代存代供配送。用户把属于自己的货物委托配送企业代存、代供，或委托代订，然后组织对本身的配送。特点是货物所有权不发生变化，只是货物的位置发生转移，配送企业仅从代存、代供中获取收益，而不能获得商业利润。

（5）按加工程度的不同，可分为加工配送和集疏配送。

加工配送。与流通加工相结合，在配送据点设置流通加工，或是流通加工与配送据点组建共同体实施配送业务。流通加工与配送的结合，可以使流通加工更具有针对性，并且配送企业不但可以依靠送货服务、销售经营取得收益，还可以通过流通加工增值取得收益，如木料的流通加工，使之成为门或窗。

集疏配送。这种配送只改变产品数量的组成形式，而不改变产品本身的物理、化学性质，并与干线运输相配合，如大批量进货后小批量多批次发货，或零星集货后形成一定批量再送货等。

（6）按配送企业专业化程度，可分为综合配送和专业配送。

综合配送。这种配送的特点是配送的商品种类较多，且来源渠道不同，是在一个配送据点中组织对用户的配送，因此综合性强。它可以减少用户为组织所需全部商品进货的负担，只需和少数配送企业联系，便可以解决多种需求。

专业配送。它是按产品性质和状态划分专业领域的配送方式。这种配送方式可以优化配送设施，合理配备配送机械、车辆，并能制定适用合理的工艺流程，以提高配送效率。诸如中、小件杂货配送，金属材料配送，燃料煤、水泥、木材、平板玻璃、化工产品、生鲜食品等的配送，都属于专业配送。

知识链接 5－3

共 同 配 送

共同配送是为了提高物流效益，对许多用户实施一起配送，以追求配送合理化为目的的一种配送形式。共同配送可分为以下几种形式：

（1）由一个配送企业综合各用户的要求，在配送时间、数量、次数、路线等方面的安排上，在用户可以接受的前提下，做出全面规划和合理计划，以便实现配送的优化。

（2）由一辆配送车辆混载多货主货物的配送，这是一种较为简单易行的共同配送方式。

（3）在用户集中的地区，由于交通拥挤，各用户按货场或处置场单独进行配置有困难，而设置的多用户联合配送的接收点或处置点。

（4）在同一城市或同一地区中有数个不同的配送企业，各配送企业可以共同利用配送中心、配送机械装备或设施，对不同配送企业的用户实行共同配送。

3．配送流程

从总体上讲，配送是由备货、理货和送货三个基本环节组成的。

（1）备货。备货是准备货物的一系列活动，是配送的基础环节。物流企业在组织货源和筹集货物时往往采用两种方法：一是直接向生产企业订货或购货完成此项工作。二是选择商流和物流分开的模式，由货主自己去完成订货、购货等工作，物流企业只负责进货和集货等工作，货物所有权属于货主。

备货环节不仅要筹集货物，而且还承担着存储货物的职能。存储货物是购货、进货活动的延续。在配送作业中，货物存储有两种表现形态：一种是暂存形态，即为了适应按日配送或即时配送的需要，在理货场地储存少量货物；一种是储备形态，储备状态的存储是按照一定时期的配送活动要求和根据货源的到货情况（到货周期）依计划确定的，是使配送持续运作的资源保证。

（2）理货。理货是配送的一项重要内容，也是配送区别于一般送货的重要标志。理货包括货物拣选、配货和包装等具体活动。货物拣选就是采用适当的方式和手段，从储存的货物中选出用户所需的货物。为了确保经过拣选、配备好的货物的运送质量，有时需要对货物重新包装，并且要在包装物上贴上标签，记载货物的品种、数量、收货人的姓名和地址及运抵时间等。

（3）送货。送货是备货和理货工序的延伸，是配送活动的末端。在物流活动中，送货实际上就是货物的运输。但是，组成配送活动的运输与通常所讲的干线运输是有很大差别的。前者多表现为用户的末端运输和短距离运输，并且运输的次数比较多；后者多为长距离运输。

5.4.2　配送合理化

1．影响物流配送的因素

物流配送像其他经济活动一样，受到众多因素的影响，概括起来主要有：

（1）人。人是影响物流配送的核心因素，所以，物流配送一定要坚持“以人为本”的创新理念。事实上，不论是物流配送方案的设计，还是物流配送作业的实施，都是靠人来实现的。

（2）时间。时间是影响物流配送的重要因素。物流配送中的准时制原则十分重要，物资必须按照计划准时送达目的地。物流配送效率的提高在很大程度上取决于物流配送方案中对时间的合理安排。严格控制物流配送时间是实现准确配送的前提条件。

（3）车辆。车辆是物流配送的主要工具。配送通过车辆将物资在空间上进行移动，使物资能够送达消费者手中，实现其空间价值。车辆的状况，在很大程度上影响到物流配送的效率和物流配送的成本。

（4）配送路线。配送路线是影响物流配送的又一重要因素。配送路线的设计取决于配送网点的布局和可供选择的线路交通状况。配送路线是否恰当，将影响到物流配送的时间和成本。

（5）物流节点。物流节点在物流配送中发挥着衔接作用和信息处理作用。物流节点的衔接作用表现在它将各个物流线路连接成一个系统，使各个线路通过节点变得更加通畅。如轮船的大量运输和短途汽车的小量运输之间的转接有时会出现停滞，物流节点则利用各种技术（如托盘、集装箱等）使之通畅。另外，物流节点也是整个物流配送系统的信息传递、收集、处理、发送的集中地。

2．配送合理化的判断标志

配送合理化是配送决策系统的重要内容。配送合理化的判断标志，可概括为以下几个方面：

（1）库存标志。库存是判断物流配送合理与否的重要标志。其具体指标有两个：库存总量和库存周转。

在一个配送系统中，库存量从各个分散的用户转移给配送中心后，配送中心库存量加上各用户在实行配送后的库存量之和应低于实行配送前各用户库存量之和。此外各个用户在实行配送前后的库存量比较，也是判断合理与否的标准，某个用户库存量上升而总量下降，也属于一种不合理现象。

在库存周转方面，合理的物流配送可以加快库存周转速度，使得用户能够以较低库存来保持较高供应能力。此外，从各个用户角度进行判断，各用户在实行配送前后的库存周转比较，也是判断合理与否的标志。

（2）资金标志。一是资金总量，即用于资源筹措所占用的流动资金总量，随储备总量的下降及供应方式的改变必然有一个较大的降低；二是资金周转，同样数量的资金，过去需要较长时期才能满足一定供应要求，配送之后，在较短时期内就能达到此目的；三是资金投向的改变，实行配送后，资金必然从分散投入改为集中投入，能增强资金调控能力。

（3）成本与效益标志。总效益、宏观效益、微观效益、资源筹措成本都是判断配送合理化的重要标志。成本及效益对合理化的衡量，还可以具体到储存、运输等配送环节，使合理化判断更为精细。

（4）供应保证标志。实行配送，用户最大的担心是害怕供应保证程度降低，所以必须提高而不是降低对用户的供应保证能力。即时配送的能力及速度是用户出现应急情况下的特殊供应保障方式，这一能力必须高于未实行配送前用户的紧急进货能力及速度才算合理。

（5）物流合理化标志。物流配送必须有利于物流合理化。要看物流配送是否合理化就必须判断物流配送过程中是否降低了物流费用；是否减少了物流损失；是否加快了物流速度；是否发挥了各种物流方式的最优效果；是否有效衔接了干线运输与末端运输；是否不增加实际的物流中转次数；是否采用了先进的技术手段。物流合理化问题是物流配送要解决的大问题，也是衡量物流配送本身的重要标志。

3．实现配送合理化的主要方法

要实现配送合理化，可采取以下做法：

（1）推行专业性独立配送或综合配送。专业性独立配送是指根据产品的性质将其分类，由各专业经销组织分别、独立地进行配送。其优点是可以充分发挥各专业组织的优势，便于用户根据自身的利益选择配送企业，从而有利于形成竞争机制。这类配送主要适宜于小杂货配送、生产资料配送、食品配送、服装配送等。

专业综合配送是指将若干种相关的产品汇集在一起，由某一个专业组织进行配送。这是一种向用户提供比较全面服务的配送方式，可以很快备齐用户所需的各种物资，从而减轻用户的进货负担。

（2）推行加工配送。通过加工和配送结合，在充分利用本来应有的中转，而不增加新的中转的情况下求得配送合理化。同时，加工借助于配送，加工目的更明确，和用户联系更紧密，避免了盲目性。

（3）推行共同配送。共同配送是指对某一地区的用户进行的配送不是由一个企业独自完成，而是由若干个配送企业联合在一起共同去完成。通过共同配送，可以以最近的路程、最低的配送成本去完成配送，从而达到配送合理化效果。

（4）推行送取结合。配送企业与用户建立稳定、密切的协作关系，它不仅是用户的供应代理人，而且又是用户的储存据点，甚至变成用户的产品代销人。在配送时，将用户所需的物资送到，再将该用户生产的产品用同一车辆运回，这种产品也成了配送中心的配送产品之一，或者代存代储，免去了生产企业的库存包袱。这种送取结合的方式，使运力充分利用，也使配送企业功能有更大的发挥，从而趋向合理化。

（5）推行准时配送。准时配送是配送合理化的重要内容。只有将配送做到了准时，用户才可以放心地实施低库存或零库存，才可以有效地安排接货的人力、物力，以追求最高效率的工作。另外，保证供应能力，也取决于准时供应。从国外的物流企业的管理经验看，准时供应配送系统是现在许多配送企业追求配送合理化的重要手段。

5.5　包装、装卸与流通加工

5.5.1　包装的作用、分类

包装是在物流过程中为保护物品、方便储运、促进销售、按一定技术方法采用材料或容器，对物品进行包封并加以适当的装潢和标识工作的总称。

1．包装的作用

（1）保护物品。保护物品不受损伤，这是包装的主要目的。要防止物品在运输、装卸过程中受到各种冲击、振动、压缩、摩擦等外力的损害，并要防止物品在运输，特别是保管过程中发生受潮、发霉、生锈、变质等化学变化，还要防止有害生物对物品的破坏。

（2）方便流通，方便消费。商品经过包装，特别是推行包装标准化，能够为商品的流转提供许多方便。例如，将液态产品（硫酸、盐酸等）盛桶封装，小件异形产品装入规则箱体，零售小件商品集装成箱，为产品的装卸、搬运、储存提供方便；同时，推行包装标准化，能够提高仓库的利用率，提高运输工具的装载能力。此外，产品包装容器上标有鲜明的标记，以指导产品的装卸和运输，便于商品的识别、清点和验收入库，有利于减少货损和货差，减少各流通环节的作业时间，加快商品流转，降低流通费用。

（3）刺激消费，促进销售。在商品质量相同的条件下，精致、美观、大方的包装可以增强商品的美感，引起消费者注意，诱导消费者的购买欲望和购买动机，从而产生购买行为。包装的销售功能在出口商品中更加重要，而且要求也更高。

2．包装的分类

按照包装在流通中的作用，包装可分为运输包装和销售包装两大类。

（1）运输包装。运输包装又称工业包装或外包装，它是以保护商品安全输送、提高运输效率为目的的包装。物资的销售量较大时，采用适合于大批量高效率的运输包装是非常必要的。

知识链接 5－4

商品流通中对运输包装的基本要求

商品流通中，对运输包装的基本要求如下：

确保商品运输安全。运输包装的外径尺寸和外部结构必须具有抵抗外界因素损害的能力，一般采用瓦楞纸箱、木箱、托盘、集装箱等容器，其构成材料强度要高，容器的结构要坚固结实，外部进行捆扎包裹。在包装外形设计及包装材料的选择上，要考虑商品的物理化学性质、物态、外形、体积、重量、结构，流通过程中的冲击、震动负荷，装卸中的强度和次数，贮存中的耐压、防雨、防潮等因素，确保商品在运输过程中不损坏、不变质、不变形、不变色、不污染，安全地到达消费者手中。

要有明确的包装标志。运输包装的外形上一般都标有“小心轻放”、“切勿倒置”等储运标志及易燃易爆等危险品标志，同时还标有如发运地、到达地及商品品名、规格、件数、号码、重量、体积、生产厂家等标志，便于商品的识别，加速流转，使商品正确无误地运往目的地。

运输包装要采用先进的包装技术和包装材料。随着新技术、新材料的不断出现，运输包装必须进行革新，逐步实现包装的标准化、规格化。特别是要大力开展集装箱运输，提高运输效率，节约流通费用。

（2）销售包装。销售包装又称为商品包装，它是以促进商品销售为主要目的的包装。在商品流通中，越接近用户，就越要求包装具有促进销售的功能及鲜明的特性。为了发挥包装对商品销售的促进作用，对销售包装的基本要求如下：

包装的外形要美观大方、醒目新颖。要突出商品的形象和特点，并选择符合市场习惯和用户心理因素的造型、图案和色彩，以增强商品的感染力和吸引力。

突出商标。商标是消费者选购商品的主要依据之一，商标应设计在包装容器最显眼的位置，并且要简单明了，便于用户识别商品。

要有简单和必要的文字说明，如实地介绍商品的性能和使用方法，方便用户携带和使用。

在包装材料的选用及包装设计上要尽量降低包装成本，减轻用户负担。

5.5.2 装卸的工艺设计

1．装卸工艺设计的步骤

（1）分析整理资料。初步设计时应根据设计任务书及搜集的有关资料，进行分析整理，包括分析整理已落实的设计货运任务资料，做出设计货运量及设计操作过程的汇总表；分析整理设计船型、车型、货物特性及运输生产组织要求，作为装卸工艺设计的重要依据等。

（2）确定装卸工艺流程。这是指根据货运任务、特点及船型、车型等确定装卸工艺流程，选择装卸机械设备的类型，确定装卸作业线中主机的生产效率和数量。

（3）计算确定装卸搬运规模。即计算所需车辆数、库场面积、装卸机械数、装卸人员和机械驾驶人数、铁路装卸线的最小有效长度等。

（4）计算有关技术经济指标。这主要指计算机械设备投资费、劳动生产率、车船停留时间、装卸机械化程度、装机总容量、单位装卸成本等。

（5）进行方案比选。装卸工艺设计时，应事先做出两个以上的方案进行比较，择优推荐。比较内容既有定性比较也有定量比较，定性比较主要是使用条件比较，其项目见表 5-5，定量比较即主要技术经济指标比较。

表 5-5 使用条件比较表

序号	使用条件	方案		
		I	II	III
1	技术的先进性与可能性			
2	工艺流程的合理性			
3	人员的劳动条件和劳动强度			
4	对作业的适应性			
5	设备安装、保修、使用的难易程度			
6	工程上马的快慢			
7	预留发展的余地			

（6）编制设计文件。其内容一般应包括概述、货运量的分配、装卸搬运工艺、主要建设规模、方案比选及推荐意见。

2．几种典型的装卸工艺流程

完整的装卸搬运工艺除装卸搬运工艺过程、流程外还应包括具体的装卸搬运操作方法、作业技术标准和生产组织三部分内容。物流过程中的装卸搬运工艺过程通常是指将货物从某种运输工具转移到库、场等的作业过程和范围。它由一个或一个以上的操作过程组成，常见的货物装卸搬运工艺过程有车（火车或汽车）→库（场）→车（汽车或火车）→库（场）→船等。

装卸搬运工艺流程是指各作业工序的连续。如在“火车→库”这一工艺过程中的工艺流程，如图 5-5 所示。

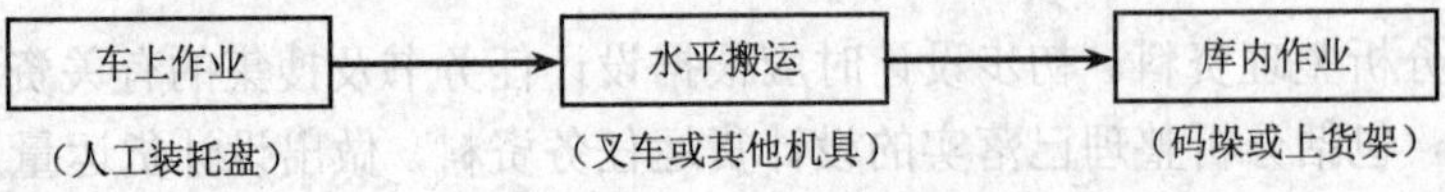

图 5-5“火车→库”工艺流程

以下介绍几种典型的工艺流程。

（1）平库或楼库底层。

1）平板车、堆垛机系统。载货汽车将货物运至货场，入库后由人工卸到平板车上，再推进库房，使用升降堆垛机提升到一定高度后用人工堆码，如图 5-6 所示。

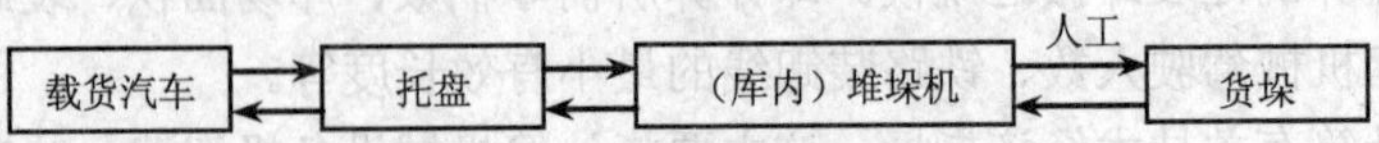

图 5-6 平板车、堆垛机系统

它的特点是：人工、无动力、半动力机具结合作业，主要靠人工搬、推、堆，是目前一般仓库常见的作业流程；通道一般为 1.2m，仓库间的面积利用率高；堆垛机提升后人工堆垛，有一定的劳动强度。

2）库内叉车托盘系统。货物由载货汽车入库，小件货物用人工码放在托盘上，较重货物用小型吊车码放在托盘上，然后叉车入库作业，如图 5-7 所示。

图 5-7　库内叉车托盘系统

它的特点是：机械化作业，大大减轻劳动强度；使用叉车、托盘，加快装卸搬运速度；减少了货物的装卸搬运环节，降低了货损，提高了货物的保管质量。

3）厂、库"一条龙"系统。工厂生产的成品，置于托盘上，进成品库。出厂时由叉车将货物连托盘装上载货汽车，运到仓库，再用叉车将货物连托盘一起卸入仓库堆垛。发货时由叉车从货垛把货物取出装车，如图 5-8 所示。

图 5-8　厂、库"一条龙"系统

它的特点是：效率高；减少环节，原来产品出厂要由人工搬上载货汽车，到库后还需人工卸到托盘上，现在由叉车作业减少两道环节，做到货物不下地；减少货损；只有在厂、库协作条件较好时才能使用这一方式。

4）巷道机、货架系统。送货时，载货汽车将货物运到仓库，由人工将其码放到托盘上，叉车再将托盘送到载货台，由巷道机送入货架。发货时由巷道机将货物取出，送到载货台，再由叉车将货物装上载货汽车，如图 5-9 所示。

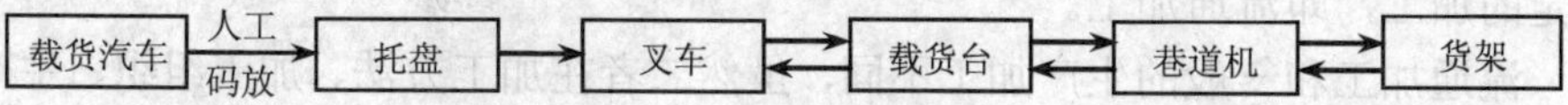

图 5-9　巷道机、货架系统

它的特点是：提高了空间利用率，增加了货物储存量，普通仓库高度一般为 5m 左右，实际堆放低于 5m（如人工堆垛高度 2m 左右，叉车堆垛 3～4m），而巷道机货架仓库高度可提高至 6～8m 以上；货物可实现先进先出；工效高；便于管理、计数。

5）桥式起重机系统。卡车直接进入仓库通道，由桥式起重机将货物吊起直接卸至货位。一般适用于质重、体大的货物，如五金商品、钢材、夹板纸等，如图 5-10 所示。

图 5-10　桥式起重机系统

它的特点是：工序简单，一次完成；提高了仓库面积利用率；提高了工作效率。

（2）楼库。

平板车、堆垛机系统。载货汽车上的货物由人工卸到平板车上，由平板车将货物送入电梯，垂直运输到楼层，再由平板车推入仓库间，用堆垛机将货物提升到所需高度，最后由人工堆垛码放整齐，如图 5-11 所示。

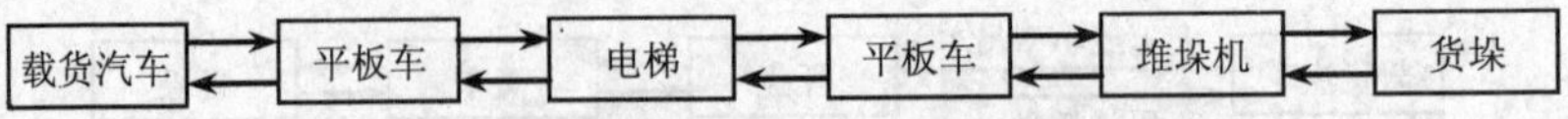

图 5-11　平板车、堆垛机系统

这种方式适于楼板承载力较小的楼层库，货物质量较小的轻泡货、零星存放。

叉车、托盘系统。货物入库，人工卸至托盘，叉车将托盘货物铲入电梯内，垂直运输到楼层，再由楼层上的叉车将货物运至仓库间堆垛，如图 5-12 所示。

这种方式适用于楼板承载能力较大的楼层库，存放轻而批量大的货物。

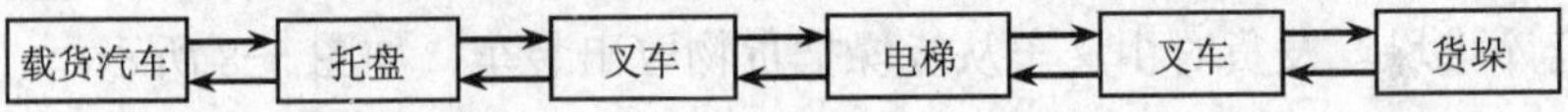

图 5-12　叉车、托盘系统

5.5.3　流通加工的作用

1．流通加工的概念

流通加工是物品在生产地到使用地的过程中，根据需要施加包装、分割、计量、分拣、刷标志、拴标签、组装等简单作业的总称。一般来说，生产是创造产品的价值和使用价值，而流通则是保持物资的原有形式和性质。但是，有时为了提高物流速度和物资利用率，物资进入流通领域后，还需要根据用户的要求进行一定的加工，即流通加工。

流通加工和一般的生产加工不同，虽然二者在加工方法、加工组织、生产管理方面并无显著区别，但在加工对象、加工程度方面差别较大，其差别见表 5-6。

表 5-6　流通加工和生产加工的区别

项　目	生 产 加 工	流 通 加 工
加工对象	零部件、原材料、半成品等	进入流通过程的产品
加工程度	复杂的生产加工过程	简单加工，是生产加工的一种辅助及补充
加工目的	创造产品的价值及使用价值	完善产品的使用价值，并不在于提高价值
加工的组织者	生产制造企业	商业或物资流通企业

2．流通加工的主要作用

流通加工的主要作用有以下几方面：

（1）提高原材料的利用率。利用流通加工环节进行集中下料，可将生产厂直接运来的较大规格的产品，按使用部门的要求下料。如钢板、玻璃、木材等均可进行集中下料，这样可以优材优用、小材大用、合理套裁，减少边角余料，节约材料，降低使用部门的成本，取得很好的技术经济效果。

（2）进行初级加工，方便用户。对某种物料需求量小或临时需要的用户，可省去进行初级加工的投资，减少了工序，缩短了生产周期，降低了生产成本。

（3）提高加工效率及设备利用率。建立集中加工点，采用效率高、技术先进、加工量大的专门机具和设备，可提高加工效率，从而降低加工费用及原材料成本。同时，流通加工面向全社会，加工的数量、加工对象的范围都得到大幅度的提高，所以设备的利用率将大大提高。

（4）充分发挥各种输送方式的优势。流通加工环节将实物的流通分成两个阶段。一般来说，从生产地到流通加工点的输送距离长，从流通加工点到消费地的距离短。第一阶段是在数量有限的生产地与流通加工点之间进行定点、直达、大批量的远距离输送，可以采用船舶、火车等工具运输；第二阶段则是利用汽车和其他小型车辆来输送经过流通加工后的多规格、小批量、多用户的产品。这样可以充分发挥各种运输方式的优势，加快运输速度，节省运力运费。

（5）提高产品的附加值，创造收益。在流通过程中可以进行一些简单加工，增加产品的附加值。例如，对内地生产用于出口的玩具、时装等制成品进行简单的装潢加工，改变其产品外观，可使产品售价提高。所以，在物流领域中，这种高附加值的形成，主要着眼于满足用户的需要，提高服务功能，是一种低投入、高产出的加工形式。

本章知识结构图

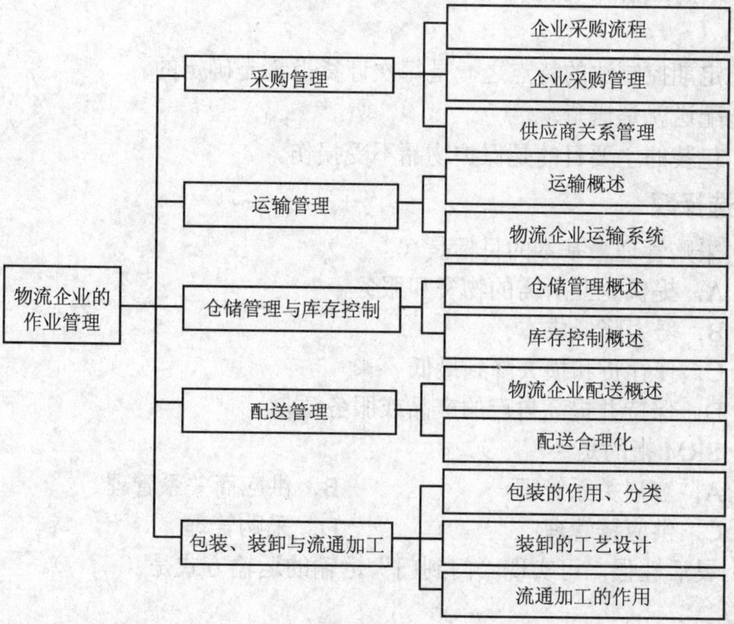

复习与训练

一、基本训练

1. 讨论题

（1）简述企业采购的流程。
（2）采购管理的内容包括哪些？
（3）物流企业运输系统包括哪些基本要素？
（4）简述仓储作业的流程。
（5）配送与运输有什么区别？
（6）影响物流配送的因素有哪些？
（7）如何实现配送合理化？
（8）包装有何作用？
（9）简述装卸工艺设计的步骤。

二、知识应用

2. 判断题

（1）接收货物标志着一次采购工作的完整结束。（　）
（2）距离经济的特点是每单位距离的运输成本随运输距离的增加而增加。（　）
（3）定期控制法的特点之一是每次订货批量是确定的。（　）
（4）配送就是送货。（　）
（5）包装的主要目的是保护物品不受损伤。（　）

3. 选择题

（1）采购管理最基本的目标是（　　）。
A．提供企业所需的物资和服务
B．努力降低成本
C．使存货和损失降到最低
D．保持并提高自己的产品或服务质量

（2）SRM 指的是（　　）。
A．客户关系管理　　B．供应商关系管理
C．供应链管理　　D．采购管理

（3）灵活性强，可实现“门到门”运输的运输方式是（　　）。

A．铁路运输　　　　　　　　B．公路运输

C．水路运输　　　　　　　　D．航空运输

（4）下列哪种配送方式可以帮助用户实现保险储备为零的零库存。（　　）

A．定时配送　　　　　　　　B．定量配送

C．定时定量配送　　　　　　D．即时配送

（5）JIT 采购又叫做（　　）。

A．电子商务采购　　　　　　B．供应链采购

C．准时化采购　　　　　　　D．订货点采购

4．技能题

（1）参观一家综合物流企业，请企业专家介绍本企业各项物流作业活动的管理情况。

实训目的：结合实际，了解企业在采购管理、运输管理、仓储管理等各方面的具体情况。

实训要求：熟悉物流企业在实际操作过程中的业务流程、管理方法。

（2）学生就参观情况结合本章所学知识写一篇体会。

实训目的：通过写体会来加强对物流企业作业管理的理解。

实训要求：首先必须熟悉物流企业的各项作业活动，然后就企业的现状能够提出自己的看法，如提出在管理方法和手段上的改进措施。

三、案例分析

奥康，物流运作三个“零”

奥康集团（以下简称奥康）是国内一家大型皮鞋制造商，目前正朝着企业经营三个“零”的方向发展：物流管理零库存、物流运营零成本、物流配送零距离。

1．物流管理零库存

2004 年以前，奥康在外地加工生产的鞋子必须通过托运部统一托运到温州总部，经质检合格后方可分销到各个省级公司，再由省级公司向各个专卖店和销售网点进行销售。没有通过质检的鞋子需要重新打回生产厂家，修改合格以后再托运到温州总部。这样一来，既浪费人力、物力，又浪费了大量的时间，加上鞋子是季节性较强的产品，错过上市最佳时机，很可能导致这一季的鞋子积压。

经过不断探索与实践，奥康运用将别人的工厂变成自己仓库的方法来解决这一问题。在外地生产加工的鞋子，只需总部派出质检人员前往生产厂家进行质量检验，质量合格后生产厂家就可直接从当地向各营销点发货。这样，既节省大量人力、物力、财力，又可以大量减少库存甚至保持零库存。

2．物流运营零成本

奥康提出的物流运营零成本并非是物流运营不花一分钱，只是通过一种有效的运营方式，极大限度地降低成本，提高产品利润。

对皮鞋行业而言，如果能抢先对手一星期上货、一个月出货，就意味着抢先占领了市场。如果你的产品慢对手一步，就会形成积压。积压下来的鞋子将会进行降价处理，如此一来，利润减少，物流成本加大。实在处理不掉的鞋子，将统一打回总部，二次运输成本随之产生，物流成本也就在无形之中增加了。奥康将一年分为 8 个季，鞋子基本上做到越季上市。一般情况下，在秋季尚未到来的半个月前，秋鞋必须摆上柜台。为此，奥康在广州、米兰等地设立信息中心，将国内外最前沿的流行信息在第一时间反馈到温州总部。这样就可以做到产品开发满足市场需求、减少库存、增加利润。

3．物流配送零距离

以最短的时间、路程对产品进行配送。传统的库存管理主要通过手工做账与每月盘点的方法来实现，但面对当今市场高速运行、皮鞋季节分化日益明显的态势，不能及时地对库存结构及数量做出准确的反映，就会在企业的运营中出现非常被动的局面。有时你的库存处于警戒线后，你必须在一个月后，经过全国大盘点后才可以得知，而这时，当你想进行调整的时候已经有些晚了。

为此，奥康开始采用 ERP 系统，着手建立了全国营销的分销系统，每个分公司、办事处均与总部联网，信息沟通、反馈及处理全部在电脑上操作完成。现在，无论到奥康全国任何一个分公司、办事处的任何一台电脑上，都可以了解到公司产品的库存总数、当天销售、累计销售、某一类型产品的数量及尺码，总部对一些畅销品种就能马上做出反应，调货工作能够迅速完成。促进了总部的决策活动与全国物流整体把握，把全国物流风险降低，提高整体的经济效益。

资料来源：精品学习网（http: //www.51edu.com/wls/fudao/wlal/1685720.html）

问题：为了减少库存，奥康集团都采用了哪些方法和手段？

四、综合实训

实训项目：物流作业流程优化

1．实训目的

（1）通过本实训项目，使学生了解物流作业流程。

（2）能结合企业实践分析当前流程的合理性

（3）能站在新的管理理念、技术的基础上，看到其局限性，并在此基础上进行优化。

2．实训内容

（1）在综合性物流企业实习。

（2）熟悉物流企业各项物流活动的作业流程。

（3）对作业流程进行分析，找出问题，并提出优化与改进方案。

3．实训要求

（1）对实习企业物流流程进行调查，按现状要求，绘制作业流程图。

（2）认真考察物流企业，对照所学知识进行分析，并绘制改进后的作业流程图。

（3）撰写实践报告和制作实训报告幻灯片。

（4）5～6 人为一组，进行讨论。

（5）实习结束后一周内完成。

（6）实践报告完成后设课堂讨论课，相互交流实训经验。

4．注意事项

（1）物流作业管理的活动环节多，要注意组内的分工协作。

（2）虚心向企业工作人员学习求教。

（3）在企业期间遵守各项规章制度，注意劳动安全。

第 6 章 物流企业的设施设备管理

学习目标

知识目标

- 了解现代物流企业设施与设备的类型、特点；
- 熟知物流企业设施选址的影响因素、常用的选址方法；
- 熟知仓库平面布置原则、配送中心平面布置流程；
- 掌握物流设备寿命周期及全寿命周期管理的含义；
- 掌握物流设备磨损的规律和对应的补偿方法；
- 掌握物流设备的保养、点检、修理、更新和技术改造的基本知识。

技能目标

- 能用因素评分法进行单一设施选址；
- 能用作业相关图法对一般配送中心进行平面布置；
- 掌握常用物流设备的保养、点检、修理、更新和技术改造的方法。

引例

武汉中百物流配送中心

武汉中百物流配送有限公司（简称：中百物流），是中百集团下属全资子公司，总部位于武汉市东西湖区吴家山台商投资开发区，毗邻 107 国道，西临汉江黄金水道，距汉西铁路编组站和武汉天河国际机场 10～20 分钟车程，交通十分便利。

该公司总部拥有常温干货配送中心、低温冷链食品配送中心、通过型蔬菜配送中心及配销中心，负责中百集团遍布全省 600 余家连锁超市门店的日常配送，并面向社会与众多国内外知名企业合作，承接第三方物流业务。

其中常温干货配送中心占地面积 130 亩，总建筑面积 3.5 万平方米。该中心拥有现代化物流库房两座，共 8 个仓库，呈“H”型分布，拥有近 100 个装卸货口。外环为供应商送货作业带，内环为物流中心发货作业带，内外作业可同时进行。中心内部根据作业功能划分为收货区、储存区、箱装分拣区、拆零分拣区和待发区。

其设备配置有：

（1）存储方面，采用 7 米高、5 层的立体货架，共 1 500 余组，配备标准托盘位 15 000 个，商品存储量可达 450 000 件。

（2）装卸方面，使用大量的机械设备。库房的装卸货口，配备了 84 部自动卷帘门和 11 个液压升降平台，库内配备了 8 台进口高架叉车、13 台动力托盘叉车、100 台手动液压叉车和静音推车，采用托盘整体堆码，大大降低了作业人员的劳动强度，提高了作业效率。

（3）商品分拣方面，配备 DPS 数字分拣线 5 条，同一时间可满足 2 200 余个品种的分拣。

（4）作业管理方面，应用了信息化的设备。配备了 22 把无线手持终端、48 套台式电脑、5 台服务器。配送中心的信息管理系统，有效强化了供应链管理，优化业务流程，使商品流、资金流、信息流有机结合，高效率、低成本地一体化运行。

（5）配送运输方面，公司在自购厢式货车 60 余台的基础上，通过整合社会资源，还可调配社会车辆 200 余台。

2010 年，中百集团又计划投资 4.68 亿元，在现有物流配送的基础上，在武汉市江夏经济开发区大桥新区征地 240 余亩，建设现代化生鲜食品加工及采配中心，总面积约 9 万平方米，为公司连锁网点提供蔬果、肉类、水产及冷冻、冷藏生鲜食品的加工和配送服务。

这一案例表明：现代物流配送中心的高效率作业，需要大量的物流设备，尤其是现代化的设备，如高层货架、高架叉车、自动分拣机、信息技术设备等。设施设备是物流企业的重要资产，也是物流活动的物质基础，如何对设施进行合理地选址和布置，如何对各类设备进行正确地管理，都是物流企业管理中非常重要的问题，这些也是本章学习的主要知识。

6.1　物流企业设施

物流企业设施是进行物流活动的基础，也是物流水平和现代化程度的重要标志，对于现代物流的发展，促进现代化大生产、大流通具有十分重要的作用。

随着现代物流的蓬勃发展，物流基础设施也在不断地发展和创新，其内容也越来越丰富。物流基础设施包括以下三大类型：

（1）物流节点。如仓库、物流中心、铁路货运站、港口堆场、机场货运站等。

（2）物流线路。连接上述物流节点的公路、铁路、航线、管道等运输线路都是物流线路。

（3）物流基础信息平台及通信设施。它包括公共物流信息平台和专用物流信息平台等，能提供各种物流信息服务。

我国物流企业设施主要有以下三种类型：

（1）储存型的仓库。如储备仓库等。

（2）流通型的仓库。如货物中转站、配送中心、流通加工中心等。

（3）企业的物流信息平台。

物流企业设施作为企业投入较大的固定资产，其建设是否合理，将在较长时期内影响企业的运营成本和效益。因此，对物流企业设施的选址、设施内部布置等做出合理的规划就显得尤为重要。本节将重点讨论物流企业设施管理中，设施的选址与设施布置的问题。

6.1.1 物流企业设施选址

设施选址，顾名思义，就是要给设施确定合适的地理位置。

物流设施是整个物流网络的关键节点，是连接上游和下游的重要环节，起着承上启下的作用，并且物流设施的建设与运营需要耗费大量的资源。因此，物流设施的选址十分重要。

科学、合理的设施选址不仅可以有效地节约资源、降低物流成本，优化物流网络结构和空间布局，还可以提高物流经济效益和社会效益，确保提供优质服务，是实现集约化经营、建立资源节约型物流至关重要的一步。

1．选址的类型

（1）单一设施选址。单一设施选址是指独立地选择一个新的设施地点，其运营不受企业现有设施网络的影响。

（2）设施网络选址。设施网络中的新址选择比单一设施选择问题更复杂，因为在这种情况下决定新设施的地点位置时，还必须同时考虑到新设施与其他现有设施之间的相互影响和作用。如果规划得好，各个设施之间会相互促进，否则就会起到负面作用。

设施选址时，是单一设施选址还是网络设施选址，需要依据具体情况而定。

2．选址的步骤

设施选址时，需要确定设施的数量、地理位置、规模，并规划各设施服务的市场范围等。

选择设施的地理位置时，一般步骤为

第一步：确定一个地区。即选择哪一个地区设置设施，沿海还是内地，南方还是北方，在哪座城市等，具体位置是选择在城市中心、农村还是城市郊区。

城市中心、农村或城市郊区各有其优缺点，而城郊同时具有城市和农村的优点，如现代交通和通信较发达，地价相对便宜，周边人口密度相对较小等，所以越来越多的物流设施考虑设在城郊。

第二步：选择若干个适当的地点。地区选定以后，具体选择哪一片土地作为设施的位置，这就要针对企业的特点，深入地分析各种影响因素，如物流市场需求、交通设施、周边环境等多方面因素（具体的影响因素分析见本节“选址的影响因素”）。然后针对各种因素进行主次排列、权衡取舍，拟定 3～5 个初步的候选地址方案。必要时，还需征询一些专家的意见。

第三步：方案评价，做出取舍。对初步拟定的候选方案进行详细评价。评价方法可用因素评分法、重心法、线性规划—运输法等（这些方法将在本节“设施选址的方法”中介绍），将会得出各个方案的优劣程度的结论，或找到一个方案优于其他方案，这样就可选定最终方案。

3．选址的影响因素

物流企业设施选址的影响因素很多，概括起来主要有以下五类。

（1）经营环境因素：

1）优惠的物流政策。物流设施所在地区有没有优惠的物流产业政策对物流产业进行扶持，这对物流企业的经济效益将产生重要影响。

2）劳动力条件。数量充足和素质较高的劳动力条件也是考虑因素之一。

3）商品特性。运营不同特性商品的物流设施最好能分别布局在某地区的不同区域。

（2）基础设施状况：

1）交通条件。物流设施必须具备方便的交通运输条件，靠近交通枢纽，如紧临港口、交通主干道、铁路编组站或机场，最好有两种以上运输方式相连接。

公路运输是物流设施供配货的主要货运方式，靠近交通便捷的干道进出口是主要考虑因素之一。由于我国地域大，铁路的运力强、费用低，同时水运也有运输成本低的优势，因此，大规模的物流设施最好靠近铁路、港口。

2）公共设施状况。物流设施的所在地，要求道路、通讯等公共设施齐备，有充足的供电、水、热、燃气的能力，且场区周围要有污水、固体废物处理能力。

（3）经济因素：

1）建筑和物流费用。建筑费用包括地价、设施建筑费用等。物流费用包括该设施到上下游客户之间的运输费、配送费等。大多数物流设施选在接近物流服务需求地，如接近大型工业区、商业区，以便缩短运输距离，降低运输费用等。

2）顾客服务水平。现代物流能否实现准时运送是服务水平高低的重要指标，因此，在物流设施选址时，应考虑到企业期望达到的顾客服务水平，为客户提供快速满意的物流服务。

（4）自然环境因素：

1）气象条件。物流设施选址过程中，主要考虑的气象条件有温度、风力、降水量、无霜期、冻土深度、年平均蒸发量等指标。例如，露天堆场在选址时，就需要避开风口，因为在风口处会加速露天堆放商品的老化。

2）地质条件。物流设施是大量商品的集结地，如某些重量很大的建筑材料堆码起来，就会对地面造成很大压力。如果物流设施地面以下存在着淤泥层、流沙层、松土层等不良地质条件，会在受压地段造成沉陷、翻浆等严重后果。所以，土壤承载力要达到要求。

3）水文条件。物流设施选址需远离容易泛滥的河川流域、上溢地下水的区域等，要认真考察近年的水文资料，地下水位不能过高，洪泛区、内涝区、故河道、干河滩等区域绝对禁止使用。

4）地形条件。物流设施应地势高亢、地形平坦，且应具有适当的面积与外形。若选在完全平坦的地形上是最理想的；其次选择稍有坡度或起伏的地方；对于山区陡坡地区则应该完全避开。在外形上可选长方形，不宜选择狭长或不规则形状。

（5）其他因素：

1）土地资源利用。物流设施的规划应贯彻节约用地、充分利用国土资源的原则。物流设施通常占地面积较大，周围还需留有足够的发展空间，为此地价的高低对布局规划有重要影响。此外，物流设施的布局还要兼顾区域与城市规划用地等其他要素。

2）环境保护要求。物流设施的选址需要考虑保护自然环境与人文环境等因素，尽可能降低对城市生活的干扰。对于大型转运枢纽，应适当设置在远离市中心的地方。

3）周边状况。物流设施是火灾重点防护单位，不宜设在易产生火星的工业设施（如木材加工、冶金企业）附近，也不宜选择居民住宅区附近。

物流设施的选址应综合运用定性与定量相结合的方法，在全面考虑以上影响因素的基础上做出决策。功能完善、位置适宜的物流设施必将对物流企业的发展起到重要作用。

知识链接 6－1

物流中心选址时的注意事项

一、不同类型物流中心选址时的注意事项

（1）转运型物流中心。转运型物流中心大多经营倒装、转移或短期储存的周转类商品，大都使用多式联运方式，因此一般应设置在城市边缘地区的交通便利的地段，以方便转运和减少短途运输。

（2）储备型物流中心。储备型物流中心主要经营国家或所在地区的中、长期储备物品，一般应设置在城镇边缘或城市郊区的独立地段，且具备方便的水陆运输条件。

（3）综合型物流中心。这类物流中心经营的商品种类繁多，根据商品类别和物流量选择在不同的地段。例如，与居民生活关系密切的生活型物流中心，若物流量不大又没有环境污染问题，可选择接近服务对象的地段，但应具备方便的交通运输条件。

二、经营不同商品的物流中心选址时的注意事项

（1）果蔬食品物流中心。果蔬食品物流中心应选择入城干道处，以免运输距离拉得过长，商品损耗过大。

（2）冷藏品物流中心。冷藏品物流中心往往选择屠宰场、加工厂、毛皮处理厂等附近，此外有些冷藏品物流中心会产生特殊气味、污水、污物，而且设备及运输噪声较大，对所在地环境造成一定影响，故多选择城郊。

（3）建筑材料物流中心。通常建筑材料物流中心的物流量大、占地多、有严格的防火等安全要求，应选择城市边缘对外交通运输干线附近。

（4）燃料及易燃材料物流中心。石油、煤炭及其他易燃物品物流中心应满足防火要求，选择城郊的独立地段。在气候干燥、风速较大的城镇，还必须选择大风季节的下风位或侧风位，特别是油品物流中心选址应远离居住区和其他重要设施，最好选在城镇外围的地形低洼处。

4．设施选址的方法

（1）单一设施的选址方法。单一设施选址常用方法有：因素评分法、重心法等。

1）因素评分法。因素评分法适用于有多个候选方案时，对方案的比较和评价。因素评分法的具体步骤如下：

- 列出一组影响选址决策的因素；
- 对每一因素赋予一个权重，以反映这个因素在所有因素中的重要程度；
- 对所有因素的打分设定一个共同的取值范围，一般是 1～10 或 1～100；
- 将每一个备选地址，对所有因素按设定范围打分；
- 将各个因素的得分与相应的权重相乘得到权值，并把所有因素的权值相加，即得到每一个备选地址的最终得分；

● 选择具有最高总得分的地址作为最佳的选址。

案例 6－1

某物流中心用因素评分法选址

某物流中心选址时，有备选地址 A、B、C 三个，现在需要用因素评分法确定最佳位置。假定对选址决策的影响因素进行分析后，得到五项主要影响因素见表 6-1 中第二列所示。

分析：首先，需要对每一项主要影响因素赋予权重。对影响因素赋予权重的一般经验是：

（1）经营环境的权重系数一般是 0.3～0.5，这是进行物流中心选址时考虑的主要因素；

（2）基础设施状况因素的权重系数一般是 0.2～0.4，该因素仅次于经营环境，应在物流中心选址评价时占较大的权重；

（3）经济因素的权重系数一般是 0.2～0.4；

（4）自然环境因素的权重系数一般是 0.1～0.3。在备选地址自然环境条件相差不大的情况下，可将该权重设置得小一些，否则应大一些。

其他因素的权重系数要视具体情况而定，一般在 0.1～0.2 之间。

对该物流中心选址的影响因素赋予权重，见表 6-1。然后针对每项影响因素，对三个备选地址一一评分（必要时请专家评分），这里采用取值范围 1～100，即每项最高为 100 分。评分结果见表 6-1。

表 6-1 某物流中心选址影响因素的权重和评分

选址影响因素	权重	备选地址		
		A	B	C
经营环境因素	0.3	90	60	80
基础设施状况	0.3	100	80	100
经济因素	0.2	80	90	60
自然环境因素	0.1	80	80	80
其他因素	0.1	70	80	80

各备选地址的最终得分计算如下：

地址 A 得分计算：0.3×90+0.3×100+0.2×80+0.1×80+0.1×70=88。同理计算地址 B 得分为 76，地址 C 得分为 82。

取得分最高的地址，故最佳选址为 A 处。

运用因素评分法时应注意：在计算过程中可以感觉到，由于权重的设置和方案得分依靠人的主观判断，如果判断有误差就会影响评分数值，以至于影响最后的决策。因此应用此方法时，应尽量减少主观性的误差。

2）重心法。重心法也可称为地理重心法，在为待建设施选址时，它通常只考虑待建设施到现有设施之间的运输费用最少，并且将运输费用简单看成是运输量、运输距离及运输费率的乘积。

它常用于中间仓库位置的选择，如由一个仓库向多个销售点送货等情况。通过重心法找到的位置，可以使总运费最少。

（2）设施网络选址的方法。设施网络中的新址选择往往不仅要决定新设施的地点位置，还必须同时考虑添加新设施后，整个网络的工作任务重新分配的问题，以达到整体运营效果最优的目的。

例如，某市场区域内原有若干个仓库，现在由于需求的增加，需要再新建一个仓库，那么就要考虑新建仓库之后，整个区域内的运输任务如何进行重新分配。如果只单独考虑新设施，不考虑它与现有设施之间的联系，那么得到的方案，对整个公司而言可能不是最佳的。

设施网络选址的方法主要有线性规划—运输法、模拟方法等。

6.1.2　物流企业设施布置

1．仓库的平面布置

仓库是物流企业最主要的设施。仓库的平面布置是对仓库的各个组成部分，如库房、辅助建筑物、办公设施、库内道路等，进行全面合理的安排和布置。仓库平面布置是否合理，将对仓储作业的效率、储存质量、储存成本和仓库盈利目标的实现会产生很大影响。

（1）影响仓库平面布置的因素：

1）仓库的专业化程度。仓库储存商品的种类越少，则仓库的专业化程度就越高；相反，仓库储存商品的种类越多、越杂，则仓库的专业化程度就越低。各种商品性质不同，装卸搬运方式和存储方法也会有所区别，对仓库平面布置的要求也不同，因此，仓库的专业化程度越高，布置越简单，反之越难。图 6-1 和图 6-2 显示了两种不同专业化程度的仓库。

2）仓库规模。仓储的规模越大、功能越多，则需要的设施设备就越多，设施设备之间的配套衔接就成为十分重要的问题，布置就越难，反之则越简单。

3）环境设施、地质地形条件等。环境设施、地质地形条件越好，仓库平面布置越简单，反之越难。

图 6-1　专业化程度较低的仓库

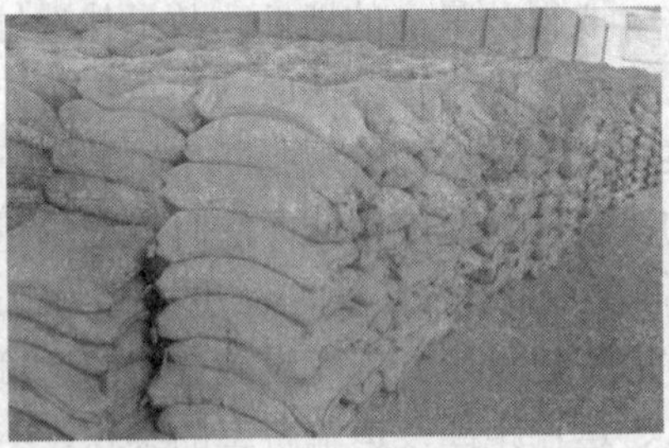

图 6-2　专业化程度高的仓库

（2）仓库平面布置的要求：

1）仓库平面布置要适应仓储作业过程的要求，有利于仓储作业的顺利进行。

第一，仓库平面布置的物品流向，应该是单一的流向（如图 6-3 所示）。仓库内物品在入库、验收、储存直到出库作业，应该是按一个方向流动的，以减少仓库内的拥塞和混乱。

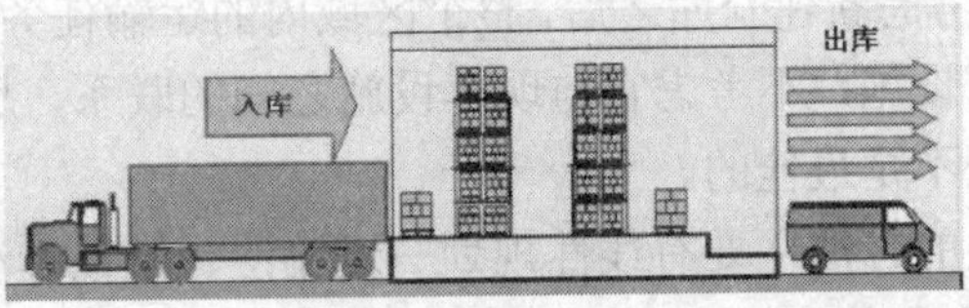

图 6-3　物品流向图

第二，最短的搬运距离，并尽量减少迂回、重复搬运等。

第三，最少的装卸环节。尽量减少在库物品的装卸搬运次数，如物品的卸车、验收、入库最好一次完成。

第四，最大限度地利用空间。物品储存时应合理储存并充分利用仓库容积，如高层货架可充分利用仓库的立体空间，高层货架如图 6-4 所示。

2）仓库平面布置要有利于提高仓储经济效益。要因地制宜，充分考虑地形、地质条件，利用现有资源和外部协作条件，根据设计规划和库存物品的性质，选择和配置合适的设施设备，以便最大限度发挥其效能。

图 6-4　高层货架

3）仓库平面布置要有利于保证安全和职工的健康。仓库建设时严格执行《建筑设计防火规范》的规定，留有一定的防火间距，并有防火防盗安全设施，作业环境的安全卫生标准要符合国家的有关规定，有利于职工的身体健康。同时还要考虑防洪、排水标准和措施。

（3）仓库平面布置原则：

- 根据物品特性分区、分类储存，将特性相近的物品集中存放。
- 重、大件物品，周转量大和出入库频繁的物品，宜靠近出入口，以缩短搬运距离，提高出入库效率。
- 易燃的物品，应尽量靠外面布置，以便管理。
- 有吊车的仓库，汽车入库的运输通道最好布置在仓库的横向方向，以减少辅助面积，提高面积利用率。
- 仓库内部主要运输通道的宽度，一般采用双行道。
- 仓库出入口附近，一般应留有收发作业用的面积。
- 仓库内设置管理室及生活间时，应该用墙与库房隔开，其位置应靠近道路一侧的入口处。

2．配送中心平面布置的流程和方法

配送中心平面布置的一般流程如图 6-5 所示。

（1）规划资料分析：

1）物品特性分析。物品特性是货物分类的重要参考因素，如按储存保管特性可分为干货区、冷冻区及冷藏区；按货物重量可分为重物区、轻物区；按货物价值可分出贵重物品区及一般物品区等。因此，配送中心布置规划时首先要对货物进行物品特性分析，以区分不同的储存和作业区域。

2）储运单位分析。储运单位分析就是考察仓库各个主要作业（进货、拣货、出货等）环节的基本储运单位。一般仓库的储运单位包括托盘（P）、箱子（C）和单品（B），而不同的储运单位，其配备的储存和搬运设备也不同。因此掌握物流过程中的单位转换相当重要。需要将这些包装单位进行分析。

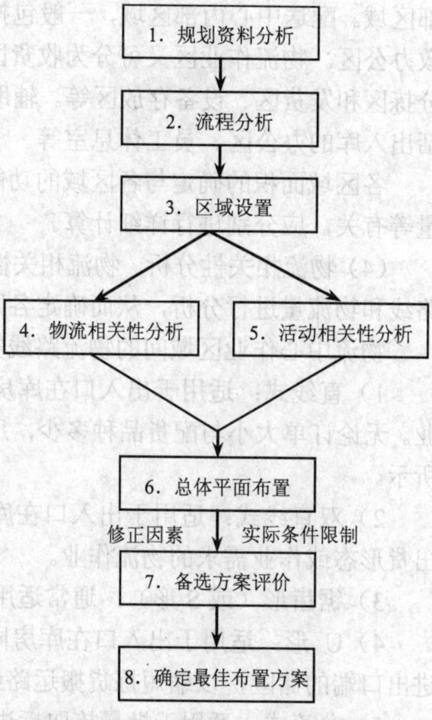

图 6-5　配送中心平面布置流程图

在企业的订单资料中常常有各类出货形态，如订单中有整箱或零散出货，也有两种类型同时出货。为了仓储区与拣货区得到合理的布置，必须将订单资料按出货单位类型加以分析，以正确计算各区域实际的需求。常见的储运单位组合形式见表 6-2。

表 6-2　常见的储运单位组合形式

入库单位	存储单位	拣货单位
P	P	P
P	P，C	P，C
P	P，C，B	P，C，B
P，C	P，C	C
P，C	P，C，B	C，B
C，B	C，B	B

注：P——托盘、C——箱子、B——单品

（2）流程分析。这一步需要确定主要物流活动及其流程。配送中心主要作业包括入库、保管、拣选、配送等，有的还包括流通加工，如贴标签、包装及退货等。

（3）区域设置及面积确定。这一步需要根据配送中心的主要作业，来设置内部区域。配送中心内部区域，一般包括三大类，即物流作业区、辅助作业区及行政办公区。物流作业区又可分为收货区、托盘储存区、立体库区、流通加工区、分拣区和发货区、设备存放区等。辅助作业区包括设备维修区等。行政办公区包括出入库的办公区、员工休息室等。

各区域面积的确定与各区域的功能、作业方式、所配备的设施和设备及物流量等有关，应分别进行详细计算。

（4）物流相关性分析。物流相关性分析就是对配送中心各作业区域间的物流路线和物流量进行分析，从而确定各区域的物流相关程度。

物流中心作业区域间的物流路线类型主要有：

1）直线式：适用于出入口在库房两侧、作业流程简单、规模较小的物流作业。无论订单大小与配货品种多少，几乎所有货物均须通过库房全程。如图 6-6a 所示。

2）双直线式：适用于出入口在库房两侧、作业流程相似但是有两种不同进出货形态或作业需求的物流作业。

3）锯齿形（或 S 形）：通常适用于多排并列的库房货架区。

4）U 形：适用于出入口在库房同侧的作业，可依进出货频率大小安排接近进出口端的储区，以缩短拣货搬运路线，如图 6-6b 所示。

5）分流式：适用于批量拣取后进行分流配送的作业。

6）集中式：适用于将订单分割在不同区域拣取后进行集货的作业。

在分析物流流量时，需要汇总各项物流作业活动从某区域至另一区域的货物流量，作为分析各区域间货物流量大小的依据。若不同物流作业在各区域之间的货物搬运单位不同，则必须先转换为相同单位后，再合并计算其物流量的总和。

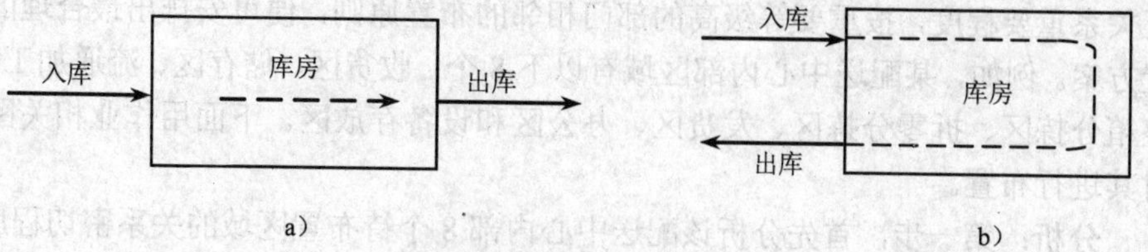

图 6-6　物流路线类型图
a）直线式　b）U 形

（5）活动相关性分析。除了物流作业区域外，物流中心内还有一些辅助作业区及行政办公区等功能区域。这些区域尽管本身没有物流活动，但与作业区域有密切的业务关系，故还需要对这些区域和作业区，进行业务活动相关性分析，确定各区域之间的密切程度。

一般相关程度高的区域在布置时应尽量紧邻或接近，如出货区与称重区，而相关程度低的区域则不宜接近，如库区与员工休息室等。在规划过程中应由规划设计者根据使用单位或企业经营者的意见，进行综合的分析和判断。

配送中心内部各区域间的物流相关性分析、活动相关性分析常用作业相关图法。

知识链接 6－2

作业相关图法

作业相关图法是根据各区域之间的活动关系密切程度布置其相关位置的方法。首先，将关系密切程度划分为 A、E、I、O、U、X 六个等级，其意义见表 6-3。

表 6-3　关系密切程度表

代　号	密 切 程 度	代　号	密 切 程 度
A	绝对重要	O	一般
E	特别重要	U	不重要
I	重要	X	不予考虑（或不能放在一起）

然后，列出导致不同关系密切程度的原因，填入表 6-4 中。

表 6-4　不同关系密切程度的原因

代　号	关系密切原因	代　号	关系密切原因
1	工作流程连续	4	人员接触频繁
2	共用场地	5	文件交换频繁
3	共用设备	6	其他

使用以上两种资料，将待布置的部门的关系密切程度一一确定出来，根据相互关系重要程度，按重要等级高的部门相邻的布置原则，便可安排出最合理的布置方案。例如，某配送中心内部区域有以下 8 个：收货区、储存区、流通加工区、整箱分拣区、拆零分拣区、发货区、办公区和设备存放区。下面用作业相关图法对其进行布置。

分析：第一步，首先分析该配送中心内部 8 个待布置区域的关系密切程度，并画出各区域之间的作业相关图，如图 6-7 所示。

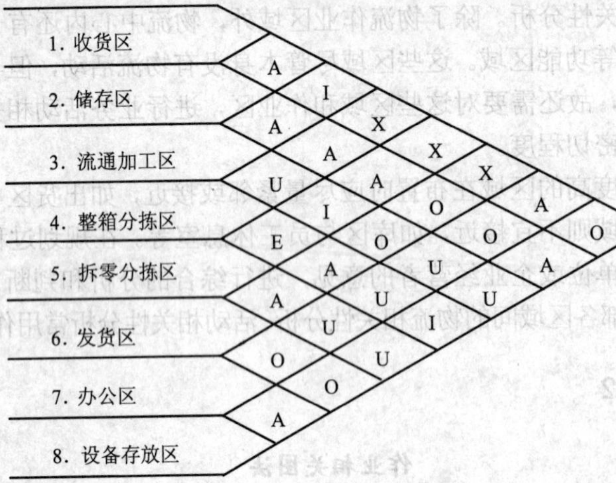

图 6-7 作业相关图

列出关系密切程度分类表，见表 6-5（只考虑 A 和 X）。

表 6-5 关系密切程度分类表

A	X
1-2，1-7	1-4，1-5，1-6
2-3，2-4，2-5，2-8	
4-6	
5-6	
7-8	

第二步，根据表 6-5 编制主联系族，其原则是，从关系“A”出现最多的部门开始，如本例中的储存区，出现 5 次“A”，首先确定储存区，然后将与储存区关系密切程度为“A”的区域一一联系起来。

第三步，考虑其他关系为“A”的区域，如能加在主联系族上就尽量加上，否则就画出分离的子联系族。本例中，所有关系为“A”的区域都能加到主联系族上去，如图 6-8 所示。

第四步，分析关系为“X”的区域，使他们不要联系在一起。

最后，根据主联系族，对该配送中心内部相互关系最为密切的区域，应进行相邻布置。这是进行总体平面布置的主要依据。

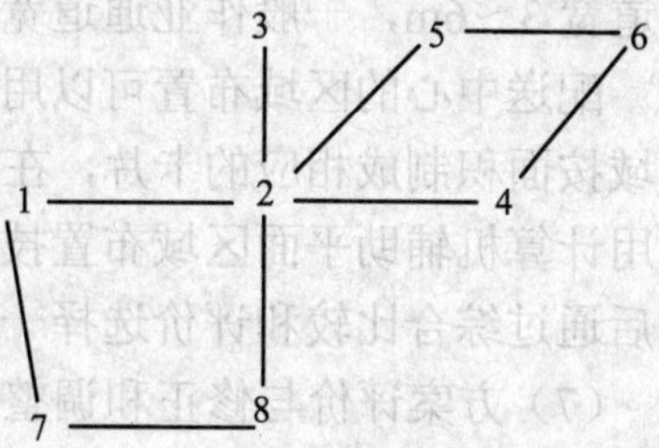

图 6-8 主联系族

（6）总体平面布置。在分析了各区域之间的活动关系密切程度之后，就要对配送中心的区域进行布置，布置方法有流程性布置法、活动相关性布置法等。

1）流程性布置法。该方法根据物流移动路线作为布置的主要依据，适用于物流作业区域的布置。首先在配送中心内，确定进货到出货的主要物流路线形式，并完成物流相关性分析。在此基础上，按作业流程顺序和关联程度配置各作业区域位置。其中，可将面积较大且长宽比例不易变动的区域先置入建筑平面内。

2）活动相关性布置法。该方法根据各区域的活动相关表进行区域布置。首先选择与各部门活动相关性最高的部门区域先行置入规划范围内，再按主联系族上的关联关系和各区域间的关联程度，依次置入布置范围内。

在【知识链接 6-2】中，根据得到的各区域之间的主联系族，用活动相关性布置法布置所有区域，可得到总体平面布置方案，如图 6-9 所示。

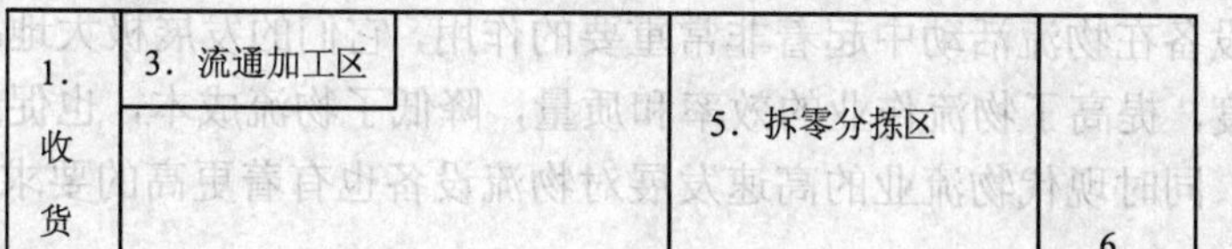

图 6-9 总体平面布置方案

进行总体平面布置时，还应对配送中心内通道进行布置，确定通道的位置和宽度。仓库内通道一般有主干通道、一般作业通道、辅助通道等。其宽度的大小受搬运设备类型、货物尺寸、作业方式、货物进出库批量等因素影响。一般主干通道宽 3～6m，一般作业通道宽 3m，人行通道宽 0.75～1m。

配送中心的区域布置可以用绘图方法直接绘成平面布置图；也可以将各功能区域按面积制成相应的卡片，在总面积图上进行摆放，以找出合理方案；还可以采用计算机辅助平面区域布置技术进行平面布置。平面布置可以做出几种方案，最后通过综合比较和评价选择一个最佳方案。

（7）方案评价与修正和调整。经由上述的规划分析，得到了配送中心总体平面布置图，最后还应根据一些实际限制条件进行必要的修正与调整。这些影响因素包括：

1）库房与土地面积比例：库房建筑比率、容积率、绿地与环境保护空间的比例限制等。

2）库房建筑的特性：建筑造型、长宽比例、柱位跨度、两高限制或需求等。

3）法规限制：土地、建筑法规、环保、卫生、安全相关法规、劳动法等。

4）交通进入限制：交通出入口及所在区域的特殊限制等。

5）其他：如经费预算限制、政策因素等。

6.2 物流企业设备管理

6.2.1 物流企业设备及其管理概述

物流设备在物流活动中起着非常重要的作用，它们的发展极大地减轻了人们的劳动强度，提高了物流作业的效率和质量，降低了物流成本，也促进了物流的快速发展。同时现代物流业的高速发展对物流设备也有着更高的要求。

1. 现代物流设备的类型

现代物流设备，按照其功能分类，主要有以下几种类型：

（1）物流仓储设备。仓储，即对物品进行储存、保管。仓储在物流系统中起着缓冲、调节、集散和平衡的作用，是物流系统的一个中心环节。

物流仓储设备包括各种类型的货架（托盘货架如图 6-10 所示）、叉车、室内搬运车、堆垛机、出入库输送设备（如图 6-11 所示）、分拣设备、商品质量检验设备、商品保管养护工具及计算机仓储管理系统和监控系统等。

这些设备可以组成自动化、半自动化或者机械化的仓储系统，完成对物料的储存、搬运、分拣等作业。

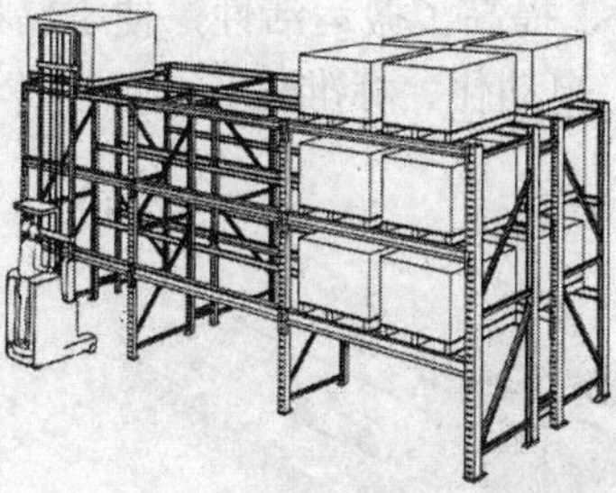

图 6-10　托盘货架

图 6-11　出入库输送设备

（2）运输设备。在物流活动中，运输始终处于核心地位，运输设备必须作业效率高、灵活快捷并安全可靠，同时尽可能运输成本低，环境污染小。

根据运输方式的不同，运输设备可分为公路运输载货汽车、铁路货车、货运船舶、空运设备、管道运输设备等。对于一般的物流企业而言，拥有一定数量的载货汽车是可能的，而其他运输设备必须有相应的社会公共设施的支持才能运行。图 6-12 即是适合城市配送用的厢式货车。

（3）起重机械。起重机械是不可缺少的物料搬运设备，起重机械包括千斤顶、起重葫芦、桥式起重机、臂架类起重机、装卸桥等。图 6-13 即是一种常用的桥式起重机。

图 6-12　厢式货车

图 6-13　桥式起重机

（4）输送机械。输送机械是按照规定路线，输送散状物料或成件物品的设备，是现代物料搬运系统的重要组成部分。主要有带式输送机（如图 6-14 所示）、斗式提升机、埋刮板式输送机等。

图 6-14　带式输送机

（5）流通加工机械。它是完成流通加工作业的专用机械设备，主要有切割机械与包装机械两大类。切割机械有金属、木材、玻璃、塑料等原材料切割机械；包装机械有充填机、罐装机、捆扎机、裹包机、贴标机、封口机、真空包装机、多功能包装机等。

（6）集装单元器具。主要有集装箱（如图 6-15 所示）、托盘（如图 6-16 所示)、周转箱等。货物经过集装和组合包装后，提高了搬运活性，便于储存、装卸搬运、运输，便于实现物流作业的机械化、自动化、标准化。

图 6-15　集装箱

图 6-16　托盘

(7) 物流信息技术设备。现代物流系统中，广泛应用了现代信息技术设备，如条码技术设备、射频技术设备、GPS 系统设备等。

条码技术设备包括条码生成、扫描、识读等设备。商品或货物上的条形码信息，通过条形码阅读器阅读后，可以迅速、准确地把条码信息录入计算机，实现信息的自动登录、自动控制、自动处理等功能。可用于条码扫描的无线手持终端设备如图 6-17 所示。

图 6-17　无线手持终端设备

2．现代物流设备的特点

物流设备是物流技术水平高低的主要标志，现代物流设备体现了现代物流技术的发展。现代物流设备的特点主要有以下几点：

(1) 物流设备的发展呈现“四化”趋势，即连续化、大型化、高速化、电子化。大大提高了物流效率。如物流输送设备实现了输送过程的连续化，运输设备越来越大型化，运输速度越来越快。自动化立体仓库、自动分拣机、智能式搬运车等设备的发展体现了物流设备电子化、信息化的广阔前景。

(2) 物流设备的社会化程度越来越高，设备结构越来越复杂，并且从研究、设计、生产直至报废的各环节之间相互依赖、相互制约。

(3) 物流设备中以能源密集型居多，能源消耗大。同时现代物流设备投资和使用费用十分昂贵，属于资金密集型行业。因此提高设备管理的效益对物流企业来说非常重要。

3．现代物流设备管理

现代物流设备管理是以物流设备为管理对象，追求设备综合效率，应用一系列理论、方法，通过一系列技术、经济、组织措施，对物流设备寿命周期全过程的科学型管理，包括从规划、设计、正确选择设备、正确使用设备、维护修理到更新改造全过程的管理。

设备运动过程可分为两种状态，即设备的物资运动形态和资金运动形态。设备的物资运动形态，是指设备从研究、设计、制造或从选购进厂验收投入生产领域开始，经使用、维护、修理、更新、改造直至报废退出生产领域的全过程，对这个过程的管理称为设备的技术管理；设备的资金运动形态，包括设备的最初投资、运行费用、折旧、收益及更新改造的措施和运用等，对这个过程的管理称为设备的经济管理。

现代物流设备管理，既包括技术管理，又包括经济管理，设备的技术管理与经济管理是有机联系、相互统一的。

4．物流设备选用原则

物流设备的选用，应根据物流作业的需要，因地制宜。结合作业场地、货物的种类、特性、货运量大小、运输车辆或船舶的类型、运输组织方法、货物储存方式、各设备在物流系统中的作用等，考虑是自行设计、制造还是购置，并进行技术经济论证，以选择最优方案。物流设备的选用原则如下：

（1）符合货物的特性。货物的物理、化学性质及外部形状和包装千差万别，在选择装卸机械时，必须与货物特性相符，以确保作业的安全和货物的完整无损。

（2）适应物流量的需要。物流设备的作业能力应与物流量的大小相适应，应选择投资较少、作业能力恰当的设备。

（3）各类物流设备之间的衔接和配合是否协调。

（4）物流设备的经济性和使用性。选择物流设备时，各设备应操纵灵活，维修保养方便，有较长的使用寿命，使用费用低，消耗能源少，生产率高，辅助人员少等。

（5）应具有超前性和富余量。随着物流需求及物流技术的飞速发展，在选择设备时，应有长远考虑，使它们能满足将来的变化，适应经济的发展，这也是减少投资提高适应性的一个有效途径。

6.2.2　物流设备的全寿命周期管理

1．设备寿命周期的含义

设备的寿命周期是指设备从最初的调查研究开始直到报废为止的整个过程，它包括调查研究、计划、设计、制造、购买选型、购置、安装调试、运转、维修、更新报废等环节。其中调查研究、计划、设计、制造的环节称为设备寿命的前半生；选型、购置、安装调试、运转、维修、更新报废等环节称为设备寿命的后半生。

2．设备寿命周期费用

设备寿命周期费用是指设备一生的总费用，它包括从设备的研究、设计、制造、安装调试、使用、维修、改造直到报废的全过程产生的费用之和，可以看成主要由以下几部分组成，即购置费、维持费、报废处理费和残值。

其中购置费，对于外购设备包括调研、招标、购置、运输、安装、调试等全部费用；对于自制设备则包括设备规划、设计、制造、安装、调试等费用。

维持费包括设备使用时的维护保养费、维修费、能源消耗费、操作工人工资等。

设备寿命周期费用的公式为

寿命周期费用=购置费+维持费+报废处理费−残值

3．寿命周期利润

与寿命周期费用相对应，设备使用过程中会给企业创造效益或收益。这种收益减去寿命周期费用，即为寿命周期利润，公式为

寿命周期利润=收益−寿命周期费用

4．设备的全寿命周期管理

（1）全寿命周期管理的含义。设备的全寿命周期管理是现代设备管理中的一个非常重要的观点，设备寿命的前、后半生，即制造（或购买、选型）与使用之间是紧密联系的，是相互依存、相互制约的。

设备全寿命周期的管理目标就是要追求全寿命周期利润的最大化，也就是说，既要考虑寿命周期费用最小化，又要追求收益最大化，最终实现寿命周期利润最大化。这一理念不仅可以用在前期管理，而且渗透到整个设备寿命周期。

（2）设备全寿命周期管理的三个阶段：

1）前期管理阶段。设备的前期管理包括规划决策、计划、调研、设计、制造、购置，直至安装调试、试运转的全部过程。

在购置新设备时，不能贪图价格便宜，而要同时考虑到设备购置后的一系列其他费用。不能只考虑设备寿命中某一阶段（制造、采购、使用、维修）的经济性，更要十分注重设备购置费和使用费总和的最经济。

设备购置价格最便宜，不一定整个寿命周期费用最低，而寿命周期费用最低并不等于该设备最好，还应考虑设备全寿命周期所发挥的效益的大小。

2）运行维修管理阶段。此阶段主要是防止设备性能劣化而进行的日常维护，包括保养、检查、监测、诊断及修理、更新等管理，其目的是保证设备在运行过程中经常处于良好技术状态，并有效地降低维修费用。

3）报废及更新改造管理阶段。此阶段主要是对因使用或技术原因而陈旧的设备进行报废处理或更新改造。

设备的全寿命周期管理不仅体现在设备一生管理的三个阶段，还体现在它是企业现代管理中一个不可分割的重要组成部分，因为在很大程度上，企业装备（设备）决定着企业的生存和发展。因此企业现代化管理中不可忽视设备管理工作，应使全寿命周期管理与专业管理相结合。

6.2.3　物流设备的使用管理

1．物流设备的合理使用

物流设备使用寿命的长短、生产效率的高低，在很大程度上受制于设备的使用是否合理、正确。正确使用，可以在节省费用的条件下减轻设备的磨损，保持其良好的性能和应有的精度，延长设备的使用寿命，充分发挥设备的效率和效益。

设备的正确使用，是设备管理中的一个重要环节。具体应做好以下几项工作：

（1）做好设备的安装、调试工作。设备在正式投入使用前，应严格按质量标准和技术说明安装、调试，安装调试后要经试验运转、验收合格才能投入使用。

（2）合理安排生产任务。使用设备时，必须根据工作对象的特点和设备的结构、性能特点来合理安排生产任务，防止和消除设备无效运转。使用时，要严禁设备超负荷工作，要避免“大马拉小车”现象。

（3）切实做好设备操作人员的技术培训工作。操作人员在上机操作之前，需做好上岗前培训，认真学习有关设备的性能、结构和维护保养等知识，掌握操作技能和安全技术规程等，经过考核合格后，方可上岗。必须严禁无证操作（或驾驶）现象的发生。

（4）建立健全一套科学的管理制度。现代物流企业要针对设备的不同特点和要求，建立各项管理制度、规章制度和责任制度等。如持证上岗制、安全操作规程、操作人员岗位责任制、定人定机制、定期检查维护制、交接班制度及设备档案制度等。

知识链接 6－3

某公司叉车管理制度

为规范企业管理，做好生产安全工作，特制定本制度。

一、安全管理

1．定期对叉车司机进行安全教育（每周一次）。

2．操作者必须持证上岗，严格执行《安全操作规程》，并对驾驶员进行年审，对叉车进行年检，在得到合格确认后方可继续驾驶和使用叉车。

3．严格按公司机动车驾驶要求执行。

4．每天做好叉车的点检工作（按点检表进行）/保持叉车良好的工作状态。

二、维修、保养管理

1．每周对车辆进行 2 次清洗，并检查油、电、刹车系统是否正常，定期更换齿轮油、更换液压油，电池充电，水箱加水。

2. 发现故障时由专人进行检修，如若不能排除故障，应通知制造商或专业维修厂来进行维修，并做好记录。

三、叉车维修、平时停放的定置管理

1. 叉车维修必须在比较安全的位置进行（如车槽）。

2. 叉车的备用轮胎必须定置存放，应放置在方便取用和安全的地方。

3. 班后叉车的停放必须离开作业区域和仓库，尽可能不要露天放置并切断电源，拉上手刹，如场地不平则必须在车轮底下垫上三角垫木，以确保车辆不发生滑行，以免发生安全事故。

四、叉车交接

1. 不同班次，上下班时必须进行交接，填写交接表，让下一班人员知道叉车的状态，以确保安全。

2. 同班次不同叉车司机交接使用叉车时，必须进行口头交接，以确保安全。

3. 故障车维修完毕，维修人员与叉车司机必须进行交接，叉车司机进行试车，确认故障已排除后方可接车。

五、创造良好的设备作业条件和环境

保持设备作业条件和环境的整齐、清洁，并根据设备本身的结构、性能等特点，安装必要的防护、防潮、防尘、防腐、防冻、防锈等装置。有条件的还应该配备必要的测量、检验、控制、分析及保险用的仪器、仪表、安全保护装置。这对精密、复杂、贵重设备尤为重要。

2．设备的保养

设备在使用过程中，会产生技术状态的不断变化，不可避免地出现摩擦、零件松动、声响异常等不正常现象。这些都是设备故障隐患，如果不及时处理和解决，就会造成设备的过早磨损，甚至酿成严重事故。因此，只有做好设备的保养与维护工作，及时处理好技术状态变化引起的事故隐患，随时改善设备的使用情况，才能保证设备的正常运转，延长其使用寿命。

设备的保养维护应遵循设备自身运动的客观要求。其主要内容包括：清洁、润滑、紧固、调整、防腐等。目前，实行的比较普遍的是“三级保养制”，即日常保养、一级保养和二级保养。

（1）日常保养。日常保养是由操作人员每天对设备进行的物理性保养。主要内容有：班前班后检查、擦拭、润滑设备的各个部位，使设备经常保持清洁润滑；操作过程中认真检查设备运转情况，及时排除细小故障，并认真做好交接班记录。

（2）一级保养。一级保养是以操作人员为主，维修人员为辅，对设备有关部位进行局部和重点拆卸、检查、清洗，疏通油路，调整各部位配合间隙，紧固各部位等。

（3）二级保养。二级保养是以维修人员为主，操作人员参加，对设备进行部分解体检查和修理，更换或修复磨损件，对润滑系统清洗、换油，对电气系统检查、修理，局部恢复精度，满足物流作业要求。

此外，物流企业在实施设备保养制度过程中，应该对那些已运转到规定期限的重点和关键设备，不管其技术状态好坏，作业任务缓急，都必须按保养作业范围和要求进行检查和保养，以确保这类设备运转的正常完好和具有足够的精确度、稳定性。

知识链接 6－4

货运车辆维修保养注意事项

货运车辆的保养非常重要，它会直接影响车辆的使用寿命，并间接影响车辆的安全保障。在此，特别整理了保养卡车的几大注意事项，与卡车司机一起分享：

将车开到一个相对平坦的地方，停稳后检查机油是否在油尺刻度的上限，同时一定要注意发动机底部不要漏油。

启动前要检查水箱中的水是否加满。为避免发动机水温过高，最好使用防冻液，这样也可以清除水垢。别忘记加满玻璃清洁剂，万一路上遇到下雨，清洁玻璃是必不可少的。

看一看刹车油的油面是否在油罐的中高位置，油色应十分清澈，要是发黑就应趁早更换。启动发动机，听喇叭声音是否正常。打开雨刷器，同时检查几个档位速度是否正常。调整轮胎和备用胎的气压。检查灯光，从车外的大灯、示宽灯、雾灯、刹车灯、牌照灯到倒车灯等都应仔细检查。

资料来源：中国联合物流网 http://www.lianhe56.com

3．物流设备的检查

现代物流企业的设备检查是指对设备的运行情况、技术状态和工作稳定性等进行检查和校验，它是设备维修中的一个重要环节。

通过对设备的检查，可以全面掌握设备技术状态的变化和磨损情况，及时发现并消除设备的缺陷和隐患，找出设备管理中存在的问题，并对设备是否需要进行技术改造或更新提供可靠的技术资料和数据。

物流设备的点检制度，是一种现代先进的设备检查制度。“点”，即设备的关键部位或薄弱环节，“点检”，即是对设备的这些“点”进行经常性检查和重点控制。

实行点检制度，能使设备隐患和异常及时得到发现和解决，保证设备经常处于良好的状态。同时，减少设备维修的盲目性和被动性，掌握主动权，提高设备完好率和利用率，提高设备维修质量及总体效益。

设备点检可分为日常点检、定期点检、专项点检三类。

（1）日常点检。日常点检是由操作工人按规定标准，以五官感觉为主，每日对设备的关键部位进行技术状态检查和监视，了解设备在运行中的声音、动作、振动、温度、压力等是否正常，并对设备进行必要的维护和调整，检查结果记入日常点检卡中。

日常点检的作业内容比较简单，作业时间也较短，一般可在设备运行中进行。

（2）定期点检。定期点检的作业周期通常有半月、一个月、数月不等。定期点检由设备维修人员和专业检查人员根据点检卡的要求，凭感官和（或）仪器，定期对设备的技术状态进行全面检查和测定。

定期点检的检查作业，除了包括日常点检的工作外，主要是测定设备的劣化程度、精度和功能参数，查明设备异常的原因，记录下次检修时应消除的缺陷。定期点检的主要目的是确认设备的缺陷和隐患，定期掌握设备的劣化状态，为进行精度调整和安排计划修理提供依据。

（3）专项点检。专项点检是有针对性地对设备某些特定项目的检测，要使用专用仪器工具，在设备运行中进行。

（4）设备点检的实施。实施设备点检包括以下各项工作：

1）确定点检点及点检路线。进行点检时首先需要确定检查哪些部位，每一个部位所要检查的项目及检查各部位的顺序和路线。

为了防止漏检，通常规定出具体检查的顺序路线，还可以绘制出点检流程图，逐点检查。

检查项目就是各检查部位所要检查的内容，如将传动带定为检查点，其检查项目就应包括皮带老化情况、声响、张紧度等。确定检查项目时，还应考虑点检人员技术水平和检测工具配套情况等。

值得注意的是，随着设备使用时间的推移，有些寿命期较长的零件也开始劣化。因此，不同时间的点检，检查点也不尽相同。但每次点检的检查点一经确定，就不应随意更改。

2）确定点检的方法和条件。根据点检的要求，确定各检查项目所采用的方法和作用条件，是用感官还是用检测仪器，是停机检查还是运行中检查等。检查方法和条件形成规范化的程序，一般不轻易改动。

3）制定点检的判断标准。确定各检查部位及项目是否正常的判断标准，如磨损量、偏角、压力、水温、油温等数量界限等，判定标准要明确地附在检查项目表内。

4）确定点检周期。根据设备实际情况制定点检周期。

5）确定点检人员并做好培训工作。所有检查任务都要确定点检的执行者和负责人。日常点检通常由操作人员负责，定期和专项点检通常由专业点检人员、专业技术人员、维修技术人员等参加。

设备点检对专业点检人员要求很高，应具有相当的专业知识和实际工作经验，为了点检取得良好的效果，有必要对点检人员进行培训，使其明确自己的职责，并熟练掌握点检技能等。

6）编制点检表。为了保证各项检查工作按期执行，需将该检查期的各检查点、项目、周期、方法、检查记录等制成固定的表格，即点检表，供检查人员使用。

详细记录的点检表，是设备技术状态和安全状况分析的原始记录，是设备维修和安全管理中最重要的原始资料。

知识链接 6－5

某公司货运汽车维修保养、定期安全检查制度

一、实行定人、定车、定保养制度，驾驶员应经常对车辆进行清洗、保养，保持车辆的干净、整洁，始终保持良好的运行状态。

二、驾驶员应在每天出车前或出车后，尤其是长途运输前必须对车辆安全技术状况进行检查，带病车辆坚决禁止营运，经检查安全性能良好方能出行。

三、营运车辆每月 1～5 日必须到公司所规定修理厂进行安全检查，缺席一次罚款 50～100 元。

四、安检前必须保持车辆内干净、整洁，漆皮完整，车牌、门徽、警语、资质证及行车证件齐全，车证相符。

五、必须依法购置车辆保险，保证合法有效，不能脱期，弄虚作假。

六、必须配备灭火器、枕木、防滑链、铁锹、随车工具等安全用具。

4．物流设备的修理

设备在运转、使用过程中，往往由于磨损、断裂、老化或腐蚀，使设备的某一部位或某些零件损坏。设备的修理就是修复和更换损坏的部位或零件，使设备的效能得到恢复。设备的修理工作十分重要，尤其到了设备寿命周期的后期阶段尤为重要。设备修理可以分为小修、中修、大修三类。

（1）小修。小修是指工作量最小的局部修理。它通常只需在设备所在地点更换和修复少量的磨损零件或调整设备、排除障碍，以保证设备能够正常运转。

（2）中修。中修是指更换与修理设备的主要零件和数量较多的各种磨损零件，中修需对设备进行部分解体，通常由专职维修人员在设备作业现场或机修车间内完成。

（3）大修。大修是维修工作中规模最大、花钱最多的一种设备维修方式，它是通过对设备的全部解体，修理耐用的部分，更换全部损坏的零件，修复所有不符合要求的零部件，全面消除缺陷，以使设备在大修理之后，达到或基本达到原设备的出厂标准。

设备大修后，设备管理部门应检查验收，合格后办理交接手续。大修一般是由专职检修人员进行。因为大修的工作量大、修理时间长、修理费用较高，所以进行大修之前要精心计划好。

在设备寿命周期内，对设备进行适度的大修理，一般在经济上是合理的。但是，长期无休止的大修理，却是不经济的。一方面，大修间隔期会随着修理次数的增加而缩小，另一方面，大修理的费用越来越高，从而使大修理的经济性逐渐降低，优越性不复存在，这时设备的整体更新将取而代之。

5．物流设备的日常管理工作

设备的日常管理工作包括对设备进行分类、编号、登记及调拨、事故处理、报废和日常养护等工作。

设备购进后，要根据设备的类别进行归类。然后进行编号，编号后进行逐项登记，即详细登记设备的名称、来源、生产单位、用途、技术参数及随主机附带的工具数量、安装地点等，并在使用过程中建立设备的技术档案制度。如果设备因故调出，则要在设备登记卡上详细记载设备的去向、所处状态、调出日期、交接地点及责任人等情况。

如果设备发生事故（或故障），操作人员和维修人员要分析事故（或故障）发生的原因，制定避免措施，并安排及时修复，使设备尽快恢复正常运转状态。

6.2.4 物流企业机械设备的更新和技术改造

1．物流设备磨损的规律和补偿

（1）设备的磨损与补偿。设备磨损分为有形磨损和无形磨损两种。

1）设备的有形磨损。设备在使用（或闲置）过程中发生的实体磨损称为有形磨损。有形磨损又分为机械磨损和自然磨损。

机械磨损是指设备在使用过程中，由于设备零部件的摩擦、振动、疲劳和腐蚀，致使设备发生磨损或损坏。

自然磨损是指设备在闲置过程中，由于自然环境的作用及管理维护不善而造成的磨损。通常表现为设备锈蚀、材料老化、功能下降等。

有形磨损会使设备功能的下降，及燃料、动力等费用的增高，维修费用上升，物流损失（货损与货差）及设备停工损失增加等。设备的有形磨损会降低其使用价值。

2）设备的无形磨损。无形磨损是由于技术进步引起的原有设备技术上的陈旧与贬值。它不是一般物理意义上的磨损，表现为设备原始价值的降低。

无形磨损根据形成的原因也可分为两类：由于技术进步而使生产同种设备成

本降低、价格下降，导致原有设备价值降低，是第Ⅰ类无形磨损。这种无形磨损的后果，只是现有设备的原始价值贬值，设备本身的技术特性和功能并未发生变化，故不会影响现有设备的使用。

由于技术进步，市场上出现了性能更完善、效率更高、消耗原材料和能源更少的新型设备，而使原有设备在技术上相对陈旧落后，导致原有设备相对贬值，这是第Ⅱ类无形磨损。它不仅可以使原有设备相对贬值，而且由于生产出来的产品成本过高，会使原有设备局部或全部丧失其使用价值。第Ⅱ类无形磨损虽然使设备贬值，但这种磨损越大，表明社会技术进步越快。

3）设备的综合磨损。设备在使用期内，既要遭受有形磨损，又要遭受无形磨损，所以设备所受的磨损是双重的、综合的。两种磨损都会引起设备原始价值的贬值。

4）设备磨损的补偿。要维持企业生产的正常进行，必须对设备的磨损及时进行补偿。由于设备遭受的磨损形式不同，补偿磨损的方式也不一样。补偿分为局部补偿和完全补偿。

修理是对有形磨损和无形磨损的局部补偿；完全补偿的方式则是更新，即用新设备更换旧设备。

更新也有两种形式：一种是原型更新，即用结构、性能完全相同的新设备更换旧设备，这是对原有设备有形磨损的完全补偿。另一种是新型更新，即用结构更先进、技术更完善、效率更高、性能更好的新型设备更换旧设备，这是对第Ⅱ类无形磨损的完全补偿，也是技术进步的表现之一，是目前设备更新的主要方式。

设备的磨损与对应补偿方式见表 6-6。

表 6-6　设备的磨损与对应补偿方式

设备磨损的形式	补偿方式
机械磨损	修理
自然磨损	更新
第Ⅰ类无形磨损	不影响使用，不需要补偿
第Ⅱ类无形磨损	更新、技术改造

(2) 设备磨损规律。设备的有形磨损大致可以分为三个阶段，如图 6-18 所示。

第一个阶段：初期磨损阶段。又称磨合磨损阶段，或走合期。在这个阶段中，由于零件表面粗糙、不平，在受力情况下迅速磨损，不同形状零件之间的相对运动也会发生磨损。这个阶段的主要特点是设备磨损快、时间短。

第二个阶段：正常磨损阶段。此阶段设备磨损的速度比较平稳、磨损缓慢。这时设备处于最佳的技术状态，设备的生产率、运转的稳定性、精确性最有保证。

第三个阶段：急剧磨损阶段。当零件磨损超过一定限度（如图 6-18 中 A 点为正常磨损阶段的终点），磨损率急剧上升，以至设备的工作性能明显下降。这就要求停止设备使用，及时进行修理。

设备的磨损有一定的规律，不同设备各个磨损阶段的时间不同，即使是同一型号、同一规格的设备，由于使用和维修不同，其损坏的时间也不尽相同。因此，掌握了设备的磨损规律，在磨损的不同阶段给予不同的养护和维修，就能使企业设备经常保持良好的技术状态。

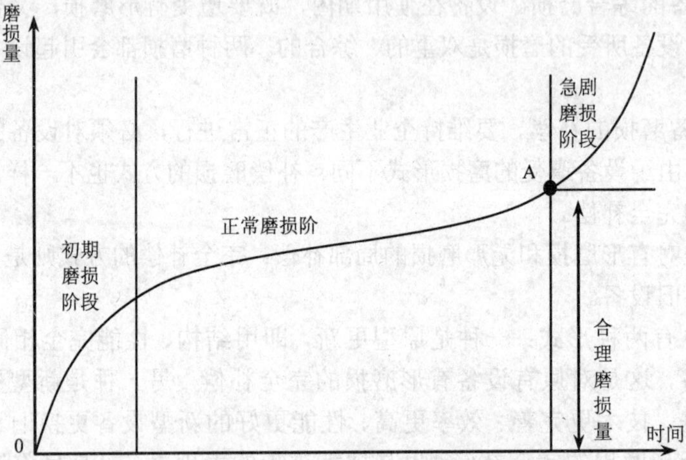

图 6-18　设备磨损规律示意图

2．设备的更新决策

对一台物流设备来说，应不应该更新，应在什么时候更新，应该用什么样的设备来更新，主要取决于更新的经济效果。适时更新设备，既能促进企业技术进步，加速经济增长，又能节约资源，提高经济效益。下面将分别介绍设备的两种不同更新类型的决策方法。

（1）设备原型更新的决策。设备原型更新问题，可以通过分析设备的经济寿命进行更新决策，即在设备年平均费用最小时更新是最经济的。也就是说，设备原型更新问题也就是计算设备经济寿命问题。

计算设备经济寿命的方法有低劣化数值法、面值法等。

（2）设备新型更新的最佳时机选择。当市场上出现同类功能的新型物流设备时，选择旧设备的合理使用年限的原则是：当旧设备再继续使用一年的年费用（即旧设备的年边际成本）超过新型设备的最小年费用时，就应该立即更新。

案例 6－2

某物流配送中心有旧叉车一台，若要现在出售，预计市场价格为 40 000 元，并估计还可以继续使用 4 年。目前市场上出现的新型叉车的价格为 100 000 元。两种叉车的年经营费用及残值见表 6-7，旧叉车的合理使用年限是多少呢？

表 6-7　旧叉车与新型叉车的年经营费用及残值　（单位：元）

使用年限/年	旧叉车			新叉车		
	年经营费	残值	年总费用	年经营费	残值	年总费用
1	30 000	30 000	44 000	20 000	75 000	55 000
2	35 000	20 000	45 905	22 500	56 200	52 050
3	40 000	10 000	47 744	26 000	43 000	49 862
4	45 000	0	49 528	29 600	33 000	48 583
5				34 000	21 000	48 697
6				38 500	10 000	46 159
7				50 000	1 000	46 458

从表 6-7 中可以看出，旧叉车使用 3 年时年费用超过了新型叉车的最小年费用，因此，旧叉车的合理使用年限为 2 年，说明旧叉车只能再使用 2 年就应该更换为新型叉车。

3．技术改造

物流设备改造是根据物流作业的需要，用现代科技和先进经验，对设备进行局部革新、改造，以改善设备性能，提高使用性能和设备的技术水平。

（1）物流设备改造的主要内容有：

1）改造或更新设备的动力装置。

2）加装节能装置或改善耗能装置，降低能耗。

3）增加安全装置或改造原机结构，提高设备安全性和环保性。

4）改造或增加必要装置，扩充设备功能。

5）对设备薄弱环节进行改造，提高可靠性和耐用性等。

6）改进原机结构，更换某些装置或总成，统一机型，以利于维修和配件供应。

（2）设备改造应注重以下四个方面：

1）提高物流效率和服务质量。设备经过改造后，要使原设备的使用性能和技术性能得到改善，提高效率或增加功能，使之达到或局部达到新设备的水平，满足物流运作的要求。

2）提高设备运行安全性。提高设备对人身、物品的安全性，应进行针对性改造，防止人身伤亡、货物毁损事故的发生，确保安全。

3）节约能源。通过设备的技术改造提高能源的利用率，大幅度的节电、节煤、节水，在短期内收回设备改造投入的资金。

4）保护环境。有些物流设备对生产环境乃至社会环境造成较大污染，如粉尘污染、噪声污染等。要积极进行设备改造，消除或减少污染，保护环境。

（3）与更换新设备相比，设备改造的优点有：

1）设备改造是在原有设备的基础上来提高设备的性能，大大节约了投资。

2）某些设备改造的周期短，比重新设计、制造或购置新设备所需时间短、见效快。

3）设备改造的针对性和适应性较强，方便解决实际问题，需要什么就改什么，需要改到什么程度就改到什么程度，由企业自己决定。

4）对进口设备的国产化改造和对闲置设备的技术改造，也有利于降低修理费用和提高资产利用率。

案例 6－3

输送机的技术改造

某煤矿是 20 世纪 80 年代初建成投产的矿井，原煤输送一直采用 DX4 型强力胶带机。随着原煤产量逐年提高，原煤运输环节的瓶颈问题逐渐凸显出来，为此，该煤矿决定对输送机进行技术改造。他们采取加大功率、提高带速（改造驱动和控制单元）等方式对胶带机进行技术改造。

分析：改造内容包括：①将原来 2×500kW 两机拖动改为 3×500kW 三机拖动，带速由 2.5m/s 提升至 3.15m/s；②更换强力胶带，带强由 2 000N/mm 提高到 2 500N/mm；③改造原电控系统。通过改造，使该矿井在短短 10 天之内，实现了运输能力的大大提升。

本章知识结构图

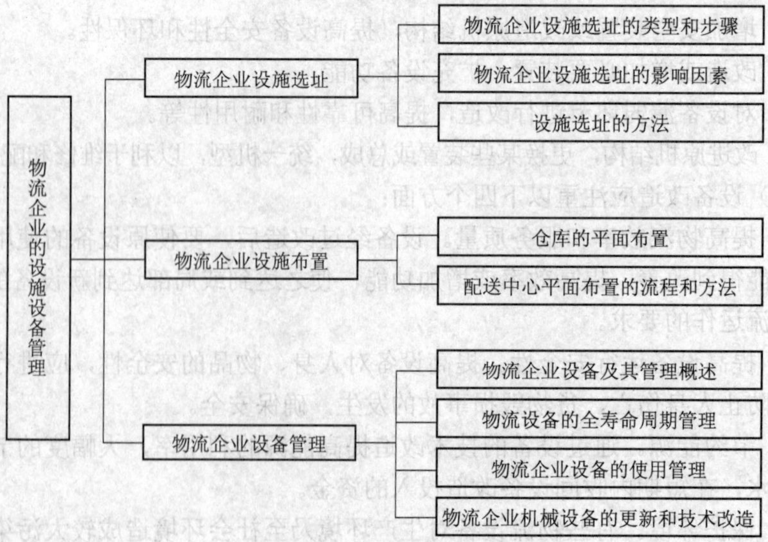

复习与训练

一、基本训练

1．讨论题

（1）简述物流企业设施选址的影响因素有哪些？

（2）单一设施选址的方法有哪些？

（3）物流企业设施布置的主要目标是什么？

（4）配送中心平面布置的流程是什么？

（5）物流设备保养的类型和作用分别是什么？

（6）简述物流设备点检的含义和步骤。

（7）物流设备的磨损形式有哪些？分别采用什么样的补偿方式？

（8）与更换新设备相比，设备技术改造有哪些优点？

2．判断题

（1）物流企业设施选址的影响因素中，经营环境因素包括优惠的物流政策、劳动力条件、商品特性、交通条件等。（　　）

（2）用因素评分法对单一物流设施选址时，它适用于有若干候选方案时，对方案的比较和评价。（　　）

（3）设施网络选址时，新址选择往往不仅要对其选址的多种影响因素进行分析，还必须同时考虑它与现有设施的联系和添加新设施后整个网络的运营。（　　）

（4）进行仓库平面布置时，仓库的专业化程度越高，储存商品的种类越少，布置越难，反之越简单。（　　）

（5）物流企业要建立一套科学的设备管理制度，如持证上岗、安全操作规程、操作人员岗位责任制等。（　　）

（6）设备在使用期内，既要遭受有形磨损，又要遭受无形磨损，所以设备所受的磨损是双重的、综合的。（　　）

（7）当零件磨损超过一定限度，正常磨损关系被破坏，磨损率急剧上升，以至设备的工作性能明显下降。（　　）

（8）设备更新有两种类型：一种是原型更新，另一种是新型设备更新。（　　）

3．选择题

（1）某企业计划建两个配送中心，各自服务对应的市场范围，独立运营，这两个配送中心的选址问题属于（　　）。

A. 单一设施的选址　B. 设施网络选址　C. 两者都不是

(2) 不属于基础设施状况的是（　　）。

A. 是否靠近交通主干道　B. 该处地形平坦

C. 水、电、通信等公共设施齐备

(3) 以维修人员为主，对设备进行部分解体检查和修理，更换或修复磨损件的保养是（　　）保养。

A. 日常　B. 一级　C. 二级

(4) 物流企业的设备在使用过程中发生的实体磨损称为（　　）。

A. 无形磨损　B. 有形磨损　C. 综合磨损

(5) 由操作工人按规定，以五官感觉为主，每日对设备的关键部位进行的检查是（　　）。

A. 人工点检　B. 日常点检　C. 定期点检

4. 技能题

查阅资料，结合所学的知识，总结物流企业常用货运车辆的类型、企业的车辆管理制度、车辆保养的方法、技巧，写一篇 1 000 字左右关于物流企业货运车辆管理的体会。

实训目的：要求学生了解典型物流企业设备——货运车辆的类型、企业的车辆管理制度、车辆保养方法等。

实训要求：多查阅资料，如专业书籍、杂志及知名网站（物流设备网、物流知识网等），认真思考和分析，结合所学知识写体会。

二、案例分析

安达物流公司设施与设备管理的改进

安达物流公司位于我国中部地区，是一家由传统的物资储运公司发展起来的物流公司，公司成立于 20 世纪 80 年代，主要以仓库库位出租为核心业务，此外还提供运输、装车、卸车、对货品进行贴标、换包装、简单加工（如分包、重新组合包装、简单装配等）等流通加工服务。

该公司目前在职员工约 40 名。包括 5 名管理人员，10 名左右的叉车工人和搬运工人，另外还有客户服务人员、仓库管理员、运输司机、勤杂人员（含门卫和设备检修人员）等约 20 多人。

公司仓库占地 3 000 多平方米，仓库内部储存区有立体货架区、托盘货架区，还有地面堆垛区。仓库内部主要布局如图 6-19 所示。

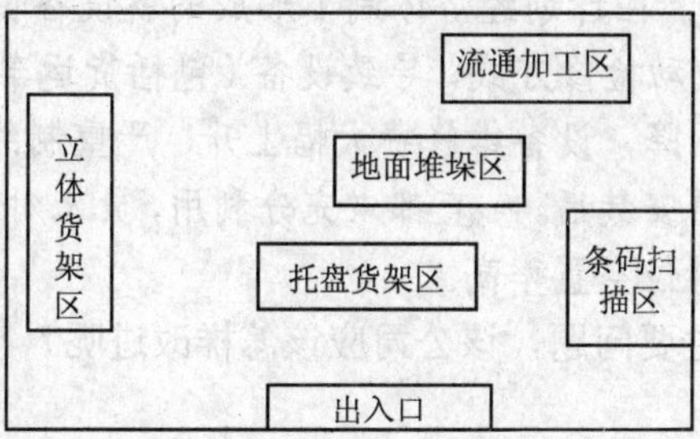

图 6-19　仓库内部布局图

该仓库作业流程如图 6-20 所示。

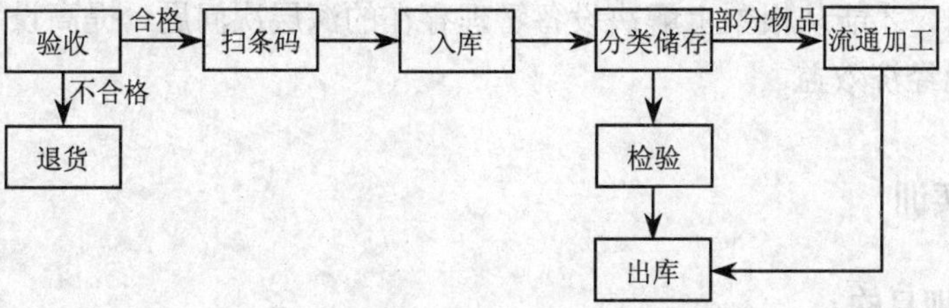

图 6-20　作业流程图

该仓库以托盘为主要储存和搬运单元，立体货架区用 1 台巷道式堆垛机存取物品。用叉车和地牛进行进出库搬运和库内搬运，少量采用手工搬运。车辆停靠的月台有十多个车位，适合于中小型厢式货车的快速装卸作业。公司自有运输车辆 5 辆。

公司的固定资产超过 8 000 万元，而每年的利润却不到 500 万元，仓库收入太低，员工工资较低，导致仓库工作人员士气不佳。服务意识、服务品质也有待提高。

随着我国现代物流的快速发展，该公司也希望向现代物流企业转变。希望大幅度扩大业务量，并提供更多增值服务，增加公司盈利，改善公司管理现状，提高士气。

在仓库设施与设备管理方面，该公司主要存在以下几个方面的问题:

1. 仓库内部布局不合理，造成长距离的搬运。并且库内作业流程混乱，形成重复搬运，大约有 70%的无效搬运，这种过高的搬运次数，损坏了商品，也浪费了时间。

2. 由于进出库的搬运设备的现代化程度低，只有几个半旧的叉车和地牛，部分作业仍处于人工作业的原始状态，工作效率低，花费时间长，且易损坏物品，成为扩大业务量的瓶颈。

3. 设备管理方面，在计划经济体制下形成的就设备管设备的陈旧观念和消防式、跟着故障跑的被动检修方式，导致设备（包括货运车辆、叉车、堆垛机等）故障率高，技术状况下降，设备维修费大幅上升，严重制约了公司生存发展。仓库的立体货架区自购置安装后，一直都未充分利用，员工对设备使用技能不熟练，设备故障率高，导致储位空置率高。

问题：面对上述主要问题，该公司应该怎样改进呢？

分析提示：

该公司有以下解决方法：①首先理清作业流程，使其简化、顺畅；②要改善进出库的装卸作业，必须根据作业量和作业内容，合理地配置设备的种类、数量；③设备管理方面，只有实现全员参与设备管理，全方位落实设备管理责任，全过程自主维修，才能从根本上解决设备管理存在的深层次问题，提高设备综合管理水平和企业经济效益。

三、综合实训

1. 实训目的

通过实训，使学生运用所学知识，思考和评价某些现有的物流设施的选址、内部布局是否合理，并熟悉物流设备的管理方法。

2. 实训要求

（1）先了解该仓库或配送中心的基本背景资料，包括主要经营的商品类型、规模、选址地点、历史情况等，为实地参观做准备。

（2）熟悉其平面布局，尽可能画出平面布局图。然后画出收货、验收、入库储存、拣选配货、送货和单据处理等作业流程。思考在该作业流程下，其平面布局是否合理。

（3）了解其设施设备的类型，并尽可能地认识各类物流设备，了解其设备管理制度，多向现场工作人员请教。分组讨论其在设备管理制度上有哪些优点和缺点，有哪些可以改进的地方。

（4）整个实训过程，要求学生认真细致地思考，能提出自己的看法。

背景资料 1：捷迅物流配送中心专门为某网上商城提供仓储、配送服务。顾客在网上订购商品后，由捷迅物流配送中心负责湖北及周边省市的配送。

该配送中心建立之初，有 3 处地址可供选择，各地址的主要费用和多种影响因素的评价及它们的权重见表 6-8，试用因素评分法选择最佳地址。（费用的单位均为万元）

表 6-8　选址因素比较表

地址	地价	运输费用	能源费用	交通条件	劳动力条件	公共设施状况	周边状况
A	5 000	150	180	一般	很好	很好	一般
B	3 000	200	210	很好	较好	很好	较好
C	1 000	180	250	较好	一般	一般	很好
权重	0.2	0.15	0.15	0.2	0.1	0.1	0.1

背景资料 2：该配送中心作业时使用设备情况如下。

（1）商品入库。进货验收后，用手持终端扫描该商品的条码，并用 WMS（仓库管理系统）进行登记，同时发出是否能入库的指示。如果可以入库时，工作人员将货物堆放在空托盘上，并扫描该托盘的条码进行登记。

在入库登记处理后，工作人员用手动叉车或电动叉车将货物搬运至货架储存。货架有托盘货架和普通的层格式货架。

（2）商品拣选。拣选人员用手动叉车、手推车及周转箱，根据订单进行拣选和配货。

（3）商品包装。拣选结束后，进行合适的包装，有两台半自动打包机负责打包。

（4）商品配送。包装完成后，分类送到等待运输的车辆上进行配送。

该公司在设备的使用中，很注重设备安全性能的检测和维修，实施了“以点检制度为核心的设备管理模式”，希望将故障消灭在萌芽阶段。但是由于实施点检的人员多是操作人员，对设备的技术不够熟悉，因此经常不能及时发现故障隐患。

该公司还实施了设备的日常管理制度，如在使用过程中建立设备的技术档案及操作人员的交接班制度。但通常在设备发生故障后，存在多个操作人员都不愿承担责任的情况，因不能及时找到责任人，导致修理拖延时间长，设备使用效率低。

为提高物流效率，2010 年该公司购买了一套自动分拣设备。但是购买后发现由于规模、技术等原因不能有效使用，出现了手工分拣成本低于自动分拣成本的情况。因此，该设备被闲置起来。

请说出该配送中心所使用到的物流设备的类型，并针对该公司物流设备管理的现状，根据所学知识进行分析，并提出改进措施。

第7章　现代物流企业的人力资源管理

学习目标

知识目标

- 了解我国物流企业人力资源管理的状况，物流人员招聘的要求，物流企业的薪酬和福利；
- 明确物流人力资源培训的内容，工作分析的含义及内容，绩效考评的方法；
- 熟知物流企业人力资源规划的内容，工作分析的实施过程，人员招聘的方式；
- 掌握物流企业人力资源需求预测方法，工作说明书的编制。

技能目标

- 能够进行物流企业人力资源需求预测；
- 能够编制物流企业工作岗位说明书。

引例

万国物流是一家在国内开展以储、运一体化为主要内容的第三方物流服务公司，于1997年成立，服务范围包括运输、仓储、货物配送、资讯、理货、包装、保税仓管理等综合服务。目前公司有员工600余人，主管级以上员工的数量为130人，占公司总人数的21%；经理级以上中高层管理人员的比例为10%。学历分布的状况是，研究生毕业员工占到2%，本科生占到24%，大专生占到38%，中专生占到36%。

万国物流的培训分析一般由培训组牵头，以一年一次的频率进行。主要进行工作分析和员工个人分析。其中，工作分析主要参照各部门总监的意见，以确定下一年的培训课程为目的；而员工个人分析则通过由培训主管向全体员工发放培训需求调查表进行，调查表涉及培训的课程名称，包括通用类、管理类、业务类等。员工可以根据个人需要选出自己选定的课程后交给培训主管。培训主管收集反馈后经由各部门讨论，确定出培训课程，同时根据财务部给定的预算编排年度培训计划。

培训的课程包括三类：管理类课程，主要与管理层的管理活动有关，包括沟通技巧、团队合作、时间管理等。专业类则包括与各职能部门的业务活动相关内容，如物流运作常识、客户服务、信息管理等。通用类课程即全体员工都需要广泛掌握的知识、技能等，包括企业概况、人事制度、安全知识、计算机应用技能、外语等。

这个案例表明：除了运输工具、仓储设施设备、资本、无形资产等企业资源以外，人力资本也是物流企业重要的资源。物流企业需要的各类专业人员多，素质要求从低到高，多数物流企业的办事机构地域分布广，这些都导致物流企业的人力资源管理不同于一般的生产企业或商业企业。在传统物流向现代物流转变的过程中，物流企业尤其是要注重人员的转变，包括思想观念、业务能力、知识和技能等方面的转变，而这些都依赖于物流企业先进的人力资源管理去实现，具体包括人力资源的规划、物流工作岗位的工作分析、员工的招聘、培训和开发、薪酬和福利等。

7.1　物流企业人力资源管理概述

7.1.1　我国物流企业人力资源管理状况

1．物流企业人力资源管理的内涵

物流企业人力资源管理，是指对物流企业人力资源进行有效开发、合理配置、充分利用和科学管理的制度、法令、程序和方法的总和。它贯穿于人力资源的整个运动过程，包括人力资源规划，工作分析，员工的招聘选拔、培训开发、绩效考核、薪酬激励等。

2．我国物流企业人力资源管理现状

我国注册的物流企业中相当一部分为中小型物流企业，人力资源管理制度极不规范，在一定程度上局限了物流企业的发展。物流企业人力资源管理现状大致可以概括为以下几个方面：

（1）人力资源规划不完善。由于物流行业的综合性强、操作性强，所涉及的领域十分广阔，对人才的知识结构、技能素质要求高。近几年物流行业的快速扩展，对物流人才尤其是高级复合人才的需求始终困扰着众多物流企业。多数物流企业忽视人力资源的规划，以至于每年都希望招到高素质人才，却每年都处于被动地位。因此，物流企业应提前做好科学的人力资源规划，合理安排人力资源结构，避免在用人时出现无人可用的境地。

（2）招聘选拔效果不理想。目前，我国物流行业人才的状况是物流劳动力市场滞后于行业的发展。高级物流人才的缺乏，人才跳槽现象越演越烈。物流企业招聘程序不完善，招聘方法简单，造成招聘来的人员不能与职位很好的契合，为日后人员流失埋下隐患。此外，一些企业对物流人才的岗位分析做得不够科学、细致，造成招聘来的人员不合适。物流基层职位的要求并不高，人员供应量大，挑选余地大，于是常常选择能力高于职位需求的人员，而中高层职位要求较高，人员供小于求，往往因找不到合适的人才而降低要求。

（3）员工培训实施不到位。很多物流企业不能有效地实施员工培训。首先观念意识上的漠视和矛盾心理，认为跑运输、装箱搬卸货物等都是体力活，根本不需要培训。其次，物流企业一般分散在各地，分公司数量众多但人数有限，使得在分公司培训的方式行不通，而若将各分公司同一级人员全部集中培训，则因地域分散造成差旅费过高。所以，物流企业培训始终面临着成本困扰。另外，培训过程形式化。只注重对员工技能培训，忽视职业道德、物流知识及思想观念的培训，这与物流企业在用人上的急功近利有很大关系。

（4）绩效考核不实际。与制造业相比，物流企业的工作内容、工作方式不同，员工的岗位相对分散，对员工的管理难度大，使得物流企业人力资源管理的绩效考核往往流于形式。

（5）薪酬结构跟不上行业的快速发展。首先，薪酬激励效果不明显。员工收入主要靠基本工资维持，薪酬只处于“保障地位”的水平或者略低，其激励作用并没有真正有效发挥。其次，薪酬等级的论资排辈。国内物流企业员工薪酬等级的确定主要依据行政级别、人员工龄和职称等要素，缺乏对岗位重要性、所需专业知识结构和经验及其市场价值的反映，没有将员工薪酬与个人绩效相结合。最后，员工福利的忽视。物流企业忽视了员工的基本福利，从业人员临时打工的心态较严重，没有职业安全感和对物流企业的归属感。

7.1.2 物流企业人力资源规划

1．物流企业人力资源规划的概念

物流企业人力资源规划是在预测未来的组织任务和环境对组织要求及完成这些任务和满足这些要求而提供人员的管理过程。物流企业处于竞争激烈的外部环境中，人力资源需求和供给的平衡难以自动实现，因此就要分析供求的差异，并采取适当的手段调整差异，只有通过人力资源规划的职能，才能确保组织在生存发展过程中对人力的需求。目前，物流人才需求主要包括三个层次，如

图 7-1 所示，其中高级人才需求占 10%，中级层次的人才需求占 20%，基础层的物流需求人员达到 70%。

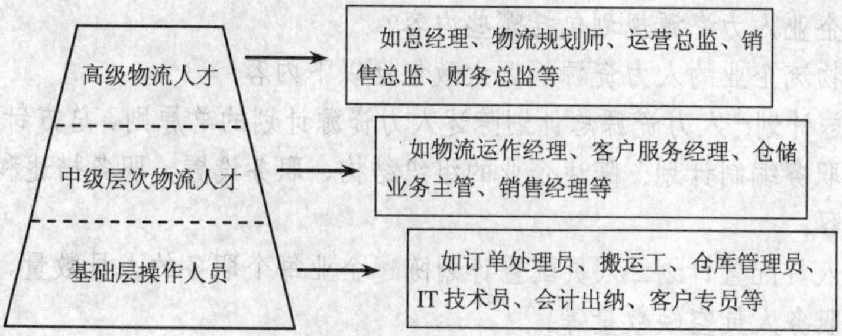

图 7-1　物流人才需求层次图

从绝对需求数量上来看，对基础层操作人员需求量最大，但是这个层次的从业人员替代性也大，因此，物流行业真正匮乏的还是具有多个方面知识背景、资深行业经验的复合型高层物流管理类和技术类人才。物流企业要确保实现人力资源的最佳配置和动态平衡，就需要重视人力资源规划，预测人力资源需求和供给，起草供需匹配计划，做好执行，并实施监控，最后评估规划。

物流企业做好人力资源规划要注意以下几点：

（1）从组织的目标与任务出发，人力资源的质量、数量和结构符合其特定的生产资料和技术条件发展的要求。例如，UPS 在上海设立转运中心，增加美国飞往中国的货运航班，由此带来市场扩大、客户不断增长的需求，在此之前，UPS 需要扩大在华的员工队伍，在中国招聘的重点领域覆盖市场营销、供应链解决方案、工程技术、系统维护诸方面的人才，具体人数视业务量而定。

（2）得到和保持一定数量具备特定技能、知识结构和能力的人员，并充分利用现有人力资源。比如侧重于项目运作模式的物流企业，需要获得和保持相当数量的可以完成规划、设计物流方案的物流项目经理和物流规划专员；又如对仓储型物流企业对仓管员、理货员和叉车工会有较大的需求。

（3）预测企业组织中潜在的人员过剩或人力不足。如果一个运输企业考虑在某个城市设立办事机构，则货运主管是急需的人员，其他如单证员、客服人员等人力也要备足。

（4）建设一支训练有素、运作灵活的人才队伍，使人力资源与未来组织发展各阶段和未知环境的动态适应。物流企业一开始可能只是个传统的运输企业或者仓储企业，随着企业的发展，涉足领域越来越多，从运输到仓储、配送、流通加工，客户对服务质量的要求越来越高，从只要把货送到，到要求精确的交货时间，从国内物流到国际物流，这些都需要物流企业有一支能够符合发展各阶段对人力资源需求的人才队伍。

小思考 7－1

物流企业人力资源规划包括哪些内容？

答：物流企业的人力资源规划大致包括以下内容：

（1）总计划：人力资源总计划陈述人力资源计划的总原则、总方针、总目标。

（2）职务编制计划：陈述企业的组织结构、职务设置、职务描述和职务资格要求等内容。

（3）人员配置计划：人员配置计划陈述企业每个职务的人员数量、人员的职务变动、职务人员空缺数量等。

（4）人员需求计划：通过总计划、职务编制计划、人员配置计划可以得出人员需求计划。需求计划中应陈述需要的职务名称、人员数量、希望到岗时间等。

（5）人员供给计划：人员供给计划是人员需求计划的对策性计划。主要陈述人员供给的方式、人员内部流动政策、人员外部流动政策、人员获取途径和获取实施计划等。

（6）教育培训计划：包括教育培训需求、培训内容、培训形式、培训考核等内容。

（7）人力资源管理政策调整计划：计划中应明确计划期内的人力资源政策的调整原因、调整步骤和调整范围等。

2．物流企业人力资源需求计划

物流企业人力资源需求计划是根据企业发展的要求，对将来某个时期内企业所需员工的数量进行预测。预测的基础是企业发展规划和年度预算，同时要考虑预测期内劳动生产率的提高、机械化、自动化水平的提高等变化因素。常用的预测方法有以下几种。

（1）经验估计法。经验估计法就是利用现有的资料，根据有关人员的经验，结合本企业的特点进行预测。可以采用“自下而上”的方式。例如，某物流企业下属分公司根据所在地域的客户数量和规模，向上级主管提出相应数量的市场开发人员和客户服务人员的数量和要求。“自上而下”的预测方式就是先由物流企业经理拟定出物流企业总体的用人目标和建议，然后由各级部门自行确定用人计划。当物流企业的业务范围和业务量比较稳定，人员需求变动不大时可以采用这种方法。

（2）比例趋势分析法。这种方法通过研究历史统计资料中的各种比例关系，如某仓储企业发现，某仓库里一个管理者（如仓储主管）管理 8 个仓库管理员最佳，因此依据将来仓库管理员增加数就可以预测管理者（如仓储主管）的需求量。这种方法简单易行，关键就在于历史资料的准确性和对未来的情况变动估计的准确率。

（3）工作研究预测法。这种方法就是通过工作研究（包括动作研究和时间研究），来计算完成某项工作或某件产品的工时定额和时间定额，并考虑到预测期内的变动因素，确定物流企业的职工需求。比如规模一定的仓库需要多少个叉车工就可以据此方法，又如客服人员数量的确定等。

知识链接 7－1

UPS 的人才需求

物流企业以向客户提供物流服务为主要经营内容，由于客户需求的多样化，决定了物流企业需要多方面的人才。以全球快递巨头 UPS 的人才需求为例，随着其在中国的网络建设和业务范围的拓展，计划未来几年的新员工数将以年均约20%的速度增长。其在中国的主要人才需求有四类：

第一类是市场营销人才，这是出于扩大市场份额的需要。

第二类是技术人员，他们可以确保为客户研发的解决方案能够具体落实。

第三类是专业的工程师，包括为客户建立解决方案的工程师及公司内部的工程师，以便和服务供应商进行沟通、交流并组织培训。

第四类是管理人才，由于公司运作系统的庞大，还需要专业人士来确保公司内部的高效运作。

3．物流企业人力资源供给计划

物流企业的人力资源保障问题是人力资源计划中应解决的核心问题，只有有效地保证了对企业的人力资源供给，才可能去进行更深层的人力资源管理与开发。

人力资源供给分析包括人员的流入预测、流出预测、人员的内部流动预测、社会人力资源供给状况分析、人员流动的损益分析等。一般包括以下几方面的内容：

（1）分析企业目前的职工状况，如职工的部门分布、技术水平、工种年龄构成等。例如，综合性物流企业有运输、仓储、客服、市场等部门，每个部门的地理分布可能不同，仓储部门比较集中，而运输部门可能分散在全国各地，另外还有各个部门员工的技术水平状况、年龄分布等。

（2）分析企业目前职工流动的情况及其原因，预测将来职工流动的态势，以便采取相应的措施避免不必要的流动，或及时给予替补。物流业的人员流动应该说还是相当频繁的，比如掌握客户资源的揽货人员跳槽频繁，对物流企业人力资源管理而言，重要的是要把握住流动的态势，及早采取措施，以免产生被动。

（3）分析企业员工的职业发展规划状况。如职工的提拔和内部调动的情况，保证工作和职务的连续性。比如基层的仓管员和单证员，有没有晋升的可能性和途径。

（4）分析企业员工的工作满意状况。例如，分析工作条件（如作息制度、轮班制等）的改变和出勤率的变动对职工供给的影响。有些物流企业为客户提供 7×24 小时服务，这样的服务对客户而言当然满意，但企业内部员工是否对此有抵触心理，这都需要进行调查和分析。

（5）分析物流企业职工的供给来源和渠道。职工可以来源于物流企业内部（如富余职工的安排、职工潜力的发挥等），也可来源于物流企业外部。

（6）了解物流行业人力资源的供求状况和发展趋势。尤其是高级复合型物流人才的供求状况。

4．人力资源规划的综合平衡

掌握了物流企业人力资源的供给和需求状况后再进行人力资源的供需平衡，这是企业人力资源规划工作的核心和目的所在。企业人力资源供给与需求的不平衡有三种类型，即人力资源不足、人力资源过剩和两者兼而有之的结构性失衡。

人力资源的供给不足主要出现于企业的经营规模扩张和新经营领域的开拓时期。现阶段我国许多物流企业普遍存在这一现象，原因是物流企业发展迅猛造成物流人才的缺口很大。如物流企业新增服务网点，或者从运输扩大到仓储，服务领域从国内延伸到国际都可能会带来人力的供给不足。补充的途径有外部招聘、内部晋升、人员接任计划、技术培训计划等。另外物流企业的人力资源管理出了重大问题也可能导致人力资源不足，比如中高级人才的流失，这是一种不正常的现象。

人力资源过剩主要发生在行业整体萧条期或者企业经营萎缩期。比如，2008 年的经济危机导致众多从事国际物流的企业业务量急剧下滑，企业难以维持以往的人力规模，由此出现人力资源过剩。一般的平衡办法有退休、辞退和以降低薪资为代价的工作分享等。

我国绝大多数由传统型的仓储、运输、货代企业转型而来的物流企业，普遍存在结构性失衡的现象：一方面物流专门管理人员严重缺乏；另一方面，一般管理人员或基层作业人员冗余。对这一矛盾进行平衡的办法一般有技术培训、人员接任、晋升和外部补充等。

7.1.3 物流企业工作分析

1．工作分析的含义及内容

工作分析是指对某特定的工作做出明确的规定，并确定完成这一工作所需要的知识技能等资格条件的过程。通俗地讲，工作分析就是要通过一系列科学的方法，弄明白该职位的工作内容（该职位是做什么事情的）和职位对员工的素质要求（什么样的人来做这些事情最合适）。

下面以物流企业中“仓储主管”一职为例，说明工作分析的内容，见表 7-1。

表 7-1　对“仓储主管”一职的工作分析内容

		实　例	说　明
工作描述	工作名称	仓储主管，隶属于物流经理，同级别的还有采购主管、货运主管；仓储主管又是仓储管理的负责人，下属包括仓储管理员、商品保管员等	主要说明这项工作的专门名称或代号，便于对各种工作进行识别、分类及确定组织内外的各种工作关系
	工作内容	组织指导材料、成品入库、仓储、出库等环节的工作，编制相应台账，并报送财务部和生产部。具体包括： 1．根据公司的生产销售能力，确定原材料及产品的标准库存量 2．及时与生产部和市场部沟通，保证生产用原材料的库存供给和市场部发送产品所需的库存供给 3．定期编制采购物品的入货台账、退货台账及库存台账，报送财务部和生产部 4．定期编制产品入库、出库及库存台账，送生产部和财务部 5．组织人员保证材料库及成品库的仓储环境，确保库存产品或材料的材质不变 6．制定并实施材料库及成品库的管理制度和管理方法 7．完成上级交办的其他工作	对所要完成的工作任务、工作责任、使用的原材料和机器设备、工作流程、与其他人的正式工作关系、接受监督及进行监督的性质和内容等方面进行的描述
	工作条件	工作场所：办公室 环境状况：基本舒适 危险性：基本无危险，无职业病危险（如属于易燃易爆有毒物品仓库，有一定的危险性）	对工作地点的温度、湿度、光线、噪声、安全条件、地理位置、屋内或室外等工作条件和物理环境的说明
	聘用条件	基本工资+奖金、有全勤奖、绩效奖、工龄工资、养老保险、优秀员工奖	对工作时数、工资结构、支付工资的方法及福利待遇等方面的描述
工作规范	一般要求	教育背景：储运专业大专以上学历 培训经历：受过仓储管理、财会知识、产品知识等方面的培训 经验：3 年以上仓储工作经验	指从事该项工作所需的一般要求，包括年龄、性别、学历、工作经验等
	技能技巧	1．熟悉物资采购程序 2．了解运输方式及其特征 3．熟悉物流管理业务流程 4．熟练操作办公软件	从事该项工作所需的技能技巧
	心理要求	1．积极进取，责任心强 2．很强的自我约束力，独立工作和承受压力的能力 3．高度的工作热情，良好的团队合作精神	从事该项工作所需的心理性要求，包括事业心、合作性、观察力、领导能力、组织能力、沟通能力等

小思考 7－2

6W1H 工作分析公式是什么？

答：外国的人事心理学家从人力资源管理的角度出发，提出了一个非常容易记忆的 6W1H 工作分析公式，从 7 个方面对工作（职务）进行分析：

- WHO：谁来完成这项工作分析；

- WHAT：这项工作具体做什么事情；
- WHEN：工作时间的安排；
- WHERE：工作地点在哪里；
- WHY：他为什么工作（工作的意义是什么）；
- for WHO：他在为谁工作；
- HOW：他是如何工作的。

2．工作分析的实施过程

物流企业在进行工作分析时，需要统筹规划，分阶段、按步骤进行。下面以一个物流中心为例介绍其实施的六个步骤：

步骤一，确定目的。物流中心进行工作分析可能用于对工作进行描述，也可能是用来确定薪酬，因此在进行工作分析之前，一定要明确工作分析的目的，也就是明确工作分析的信息将用于人力资源管理的哪一方面。

步骤二，收集信息。物流中心的组织结构图、工作流程图等资料和信息会对工作分析有很大帮助。在职位分析之前，对这些背景信息应有充分的了解。

步骤三，选择职位。物流中心的职位比较多，并且有很多类似的职位，因此应选择典型职位进行工作分析。典型职位应该是对公司比较重要、比较稳定、没有频繁的变化、能够尽可能代表更多类似的职位。物流中心的典型职位可以是采购经理、采购专员、物流经理、仓储主管、仓库管理员、货运主管、理货员等。

步骤四，进行分析。确定物流中心的典型职位以后，就可进行职位分析。为提高信息的可靠性，应该对职位功能进行全方位评价，以仓储主管为例，除仓储主管本人外，还可从其上级（如物流经理）、同事（如货运主管）、下属（如仓库管理员）等几个关联的职位了解该职位信息。

步骤五，核对信息。通过工作分析搜集到相应信息以后，由任职者和任职者的上级对所搜集的信息进行核对和确认。例如，由仓储主管和其上级物流经理进行信息核对。

步骤六，撰写说明书。所搜集的信息经核对无误后，就可以为仓储主管撰写职位说明书了。采用同样的方法完成其他典型职位的职位说明书以后，在整个物流中心内可以推动大家去撰写非典型职位的职位说明书。最后，形成物流中心的岗位责任说明书体系。

案例 7-1

某物流公司某年度工作分析的实施程序

某物流公司某年度工作分析主要分为四个阶段进行，即准备阶段、实施阶段、结果形成阶段和应用反馈阶段（见表 7-2）。

表 7-2 某物流公司某年度工作分析实施程序

阶　段	主 要 工 作
准备阶段（4 月 10 日～4 月 20 日）	1．对现有资料进行分析研究 2．选择待分析的工作职位 3．选择工作分析的方法 4．设计调查用的工具 5．制订总体的实施方案
实施阶段（4 月 21 日～5 月 21 日）	1．召开员工大会，进行宣传动员 2．向员工发放调查表、工作日志表 3．实地访谈和现场观察
结果形成阶段（5 月 22 日～6 月 1 日）	1．对收集所得信息进行归纳与整理 2．与有关人员确认信息 3．编写工作说明书
应用反馈阶段（6 月 2 日～6 月 10 日）	1．将工作分析所得结果反馈给员工和其直接主管 2．获取他们的反馈意见 3．对工作说明书的内容进行调整和修改

3．工作分析的结果

工作分析的结果就是形成工作说明书，它是以标准的格式对岗位的工作特征及任职者的资格条件进行规范化的描述性文件。利用工作说明书，员工可以了解他们工作的任务，明确其工作职责范围。比如一个新进的仓库管理员在阅读了工作说明书后，就会清楚他的工作内容和职责范围。

知识链接 7－2

工作说明书编写要求

工作说明书在组织管理中的地位极为重要，是人力资源部门与相关用人部门招聘人员和考核等重要决策的参考依据。一份实用性强的工作说明书应符合下列要求：

1．清晰明白

在编写工作说明书时，对于工作的描述必须清晰透彻，让任职人员读过以后，可以准确地明白其工作内容、工作程序与工作要求等，无需再询问他人或查看其他说明材料。应避免使用原则性的评价，同时对较专业且难懂的词汇必须解释清楚，以免在理解上产生误差。这样做的目的是为了使阅读工作说明书的人能够清楚地理解这些职责。

2．具体细致

在说明工作的种类、复杂程度、任职者需具备的技能、任职者对工作各方面应负责任的程度这些问题时，用词上应尽量选用一些具体的动词，尽量使用能够准确地表达所需表达的意思的语言。

比如，运用“安装”、“加工”、“设计”等词汇，避免使用笼统含糊的语言。例如，在一个岗位的职责描述上，使用了“处理文件”这样的文句，显然就含混不清，“处理”是什么意思呢？因此，在具体的编写时，需要仔细区分到底是对文件进行分类，还是进行分发。通过使用具体的词汇，指出工作的种类、复杂程度，任职者需具备的具体技能和技巧，以及应承担的具体责任范围等。

3．**简短扼要**

整个工作说明书必须简短扼要，以免由于过于复杂、庞大，不便于记忆。在描述一个岗位的职责时，应该选取主要的职责进行描述，一般不超过十项为宜，对于兼顾职责的可做出必要的补充或说明。

4．**工作说明书的范例（见表 7-3）**

表 7-3　某物流企业仓库管理员的工作说明书

职位名称	仓库管理员	职位代码		所属部门	物流中心
职　　系		职等职级		直属上级	仓储主管
薪金标准		填写日期		核 准 人	

职位概要

完成与货物的进出库、存储相关的日常事务等工作，以达到库存管理目标

工作内容

- 管理进出库货物，如质量检验与核对、商品码放等
- 核对货物的入库凭证，清点入库货物，与送货员办理交接手续
- 安排货物的存放地点，登记保管账和货位编号
- 按照销售情况调整、控制库存数量，及时配货
- 填制、报送各种商品单据，定期盘点商品，上报盘点报告
- 实施仓库的安全管理
- 完成上级交办的其他工作

任职资格

教育背景

◆ 储运专业大专以上学历

培训经历

◆ 受过仓储管理、财会知识、产品知识等方面的培训

经验

◆ 1 年以上仓储工作经验

技能技巧

◆ 熟悉物流管理业务流程

◆ 熟练操作办公设备

态度

◆ 积极进取，责任心强

◆ 很强的自我约束力，独立工作和承受压力的能力

◆ 高度的工作热情，良好的团队合作精神

工作条件

工作场所：办公室

环境状况：舒适

危 险 性：基本无危险，无职业病危险（如属于易燃易爆有毒物品仓库，有一定的危险性）

直接下属　　　　　　　　　间接下属

晋升方向________________　轮转岗位________________

7.2　物流企业员工管理

7.2.1　物流企业员工的招聘

1. 对物流岗位的要求

在进行招聘之前，首先要明确各个岗位对人员的要求。

（1）知识技能水平。物流人员除了必须拥有基本职业道德、学习能力和有良好的文化素质及心理素质外，对不同层次的物流行业专业人才也有不同的知识和技能方面要求。

特别针对物流管理人员，还要有分析问题、解决问题和组织管理的才能。具备严谨周密的思维方式、团队合作和奉献精神、信息技术的学习和应用能力、异常事故和应急作业的处理能力、物流质量的持续改进能力。

表 7-4　不同层次的物流人才知识结构水平

	相关知识	专业技能要求
高级物流人才	现代经济贸易、国际通关知识和物流系统化管理理论	通晓外语、掌握现代网络信息技术，能从事物流软件开发并进行物流规划设计
中级物流人才	仓储和运输管理、营销与组织管理、进出口贸易业务流程、电子商务、商品配送和成本核算等相关知识	保障物流运作的顺利进行、改进物流运作流程、控制物流成本
基层物流员工	物流业务活动基础知识，如物流标准术语、物流基础英语、物流系统和安全管理基本知识	具有现代物流服务理念，能利用现代专业化物流设备、设施对货物装卸、运输、配送、代理等业务流程熟练进行操作

（2）教育水平。在物流企业中，担任企业中高层重要岗位的管理者一般都具有多年的物流行业从业经验。由于我国物流教育起步较晚，因此，他们虽拥有较长时间的物流工作经验，却很少接受过系统正规的物流专业理论方面的学习，随着全球一体化和信息技术水平的提高，以及我国在物流人才教育培养方面的投入，对物流人员的教育水平将会有更高的要求，未来物流人才岗位层次与教育水平的匹配将有可能出现新的趋势，如图 7-2 所示。

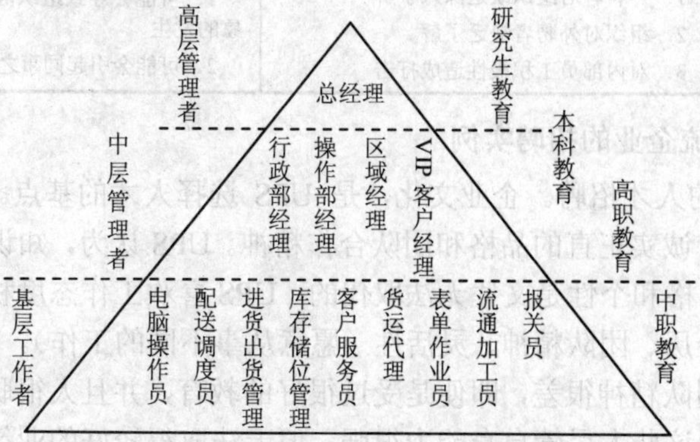

图 7-2　物流人才岗位层次与教育水平匹配

2．人员招聘的方式

由于物流人才需求具有层次性，加之高级物流人才的现实状况，物流企业招聘人才形式不可单一，对不同的物流人才需求，要采用不同的招聘形式，一般来讲，主要包括以下几种形式：

（1）外部招聘。外部招聘就是物流企业根据先前制定的标准和程序，从企业外部选拔符合空缺职位要求的员工。具体招聘方式有广告媒介、院校预定、人才交流、猎头公司招聘、互联网招聘等。

物流企业中一般员工的招聘录用多是通过人才招聘会进行的。物流企业某些关键性职位需要稀缺性人才时，现有员工可能不具备胜任空缺职位所需要的知识、经验，物流企业就有必要利用各种人才中介机构甚至猎头公司推荐。有的物流企业与大学建立稳定、持续发展关系，培养关键人才，为公司储备各个层次的下一代领导者。如宝供物流就设立了“宝供奖学金”用以奖励那些在学校中对物流做出突出贡献的学生，让其物流专业的学生定期到企业实习，为企业将来的人才资源引进打下基础。

（2）内部招聘。内部招聘是指物流企业内部成员的能力和素质得到充分确认之后，被委以比原来责任更大、职位更高的职务，以填补企业中由于发展或其他原因而空缺了的管理职务。具体招聘方式有提拔晋升、工作调换、工作轮换、人员重聘等。

两种招聘方式各有优秀，其对比见表 7-5。

表 7-5　两种招聘方式的优劣比较

招聘方式	外部招聘	内部招聘
优势	1．具备难得的“外部竞争优势” 2．有利于平息并缓和内部竞争者之间的紧张关系 3．能够为组织输送新鲜血液	1．有利于调动员工的工作积极性 2．有利于保证选聘工作的正确性 3．有利于被聘者迅速开展工作
劣势	1．外聘者对组织缺乏深入了解 2．组织对外聘者缺乏了解 3．对内部员工积极性造成打击	1．可能会导致组织内部“近亲繁殖”现象的发生 2．可能会引起同事之间的矛盾

3．知名物流企业的招聘实例

（1）UPS 的人才招聘。企业文化，是 UPS 选择人才的基点。招聘时，UPS 尤其看重应聘者诚实正直的品格和团队合作精神。UPS 认为，知识不够可以在实践中学习，而品格和个性是文凭无法取代的。UPS 喜欢工作态度积极的人，然后才是考察他的经历、团队精神、灵活性（愿意从事不同的工作）。UPS 公司认为，如果候选人的团队精神很差，即便是受过很好的教育，并且人很聪明，却不会被公司录取。因为这些人尽管自身能力很强，但无法取得较好的业绩，最终将会被企业淘汰。为了找到真正能够与组织特征相匹配的人选，UPS 设计了严格的招聘程序，每个新人必须通过“目测”“心测”关、试用关和行为科学测试关，这为稳定雇佣关系的形成及组织对员工的长期投资打下了良好基础。同时，UPS 倡导内部晋升，鼓励员工与公司共同成长。大多数高级管理人员是从货运司机等一线岗位提拔上来的。在 UPS，员工被鼓励从事不同部门的工作，拓展视野，以便将来承担重任。员工们感受到，UPS 提供给他们的不仅仅是一份工作，更是一份可以长期发展的事业。

当然，公司也会为员工提供适合的职位和适当的工作氛围。在录用员工时，公司会广泛了解员工对工作的期望，尽量满足员工的工作意愿，给他们提供适宜的工作。真正做到人尽其职，才尽其用。

（2）FedEx 的员工招聘。FedEx 公司从最初的招聘环节就开始紧抓人力资源的质量。公司招聘时，非常注重应聘者的服务意识，考核应聘者是否真正适应公司的企业文化。因此，招聘过程中，应聘者除了要通过一般的技能考核之外，还会接受心理和性格方面的测试。此外，员工的个性与工作态度也很可能直接影响到他在公司未来的发展。

（3）宝供物流的人才招聘。宝供物流作为国内知名的第三方物流企业，自公司成立以来便坚持广纳贤才，吸引从业时间长，在家电、快速消费品、零售行业等积累了丰富行业物流经验的管理人才。宝供物流非常重视从校园招聘应届毕业生，要求毕业生品学兼优，身体健康，热爱物流行业，对物流行业有一定的了解，并致力于在物流行业发展，积极乐观，吃苦耐劳，愿意从基层做起，能服从全国范围内的工作地点安排或工作调动（通常是录用后统一安排于广州参加培训与轮岗见习，三个月后在广东、上海、合肥、苏州、南京、沈阳、北京、成都、西安等地安排定岗）。

宝供物流的招聘方向与专业见表 7-6。

表 7-6　宝供物流的招聘方向与专业

需求方向	招聘专业
运作管理类（仓储/运输）	物流管理、物流工程、工业工程、交通运输、工商管理等物流方向专业
销售类	物流管理、市场营销、工商管理等专业
信息管理类	计算机科学与技术、信息管理、计算机应用、电子商务等专业
物流投资管理类	经济学等相关专业
其他管理类	工商管理、财务管理、企业管理、人力资源管理等相关专业
备注：条件优秀者专业限制可放宽	

校园招聘的流程：

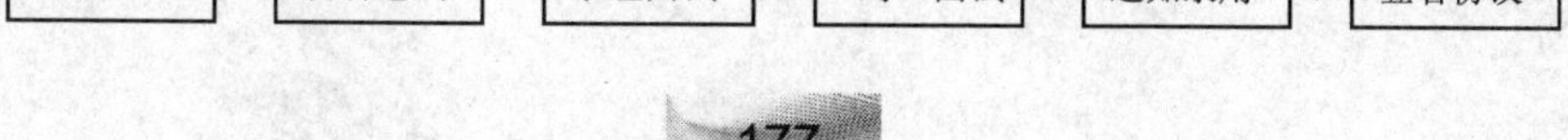

宝供的宣讲会是播放约 35 分钟的视频，包含企业文化、企业发展、培训情况、招聘流程等。宣讲结束后填写申请表然后马上进行一个小时的笔试。考题分为行政能力测试、智力测试、写作三部分。

如果笔试通过，就进入小组面试。小组面试是以小组讨论的形式进行，人数多达 15 人。面试题目是有关于客户服务的案例分析。大约 40 分钟的讨论结束后人力资源已经心里有数了。

小组面试通过后进行的是一对一面试，通过后就会收到录用通知，最后签订协议。

（4）马士基物流招聘流程：

第一轮是笔试，先是情商测试，不限时间，主要是别人对自己的评价和自己对别人的评价；然后是 10 分钟 50 道题的智商测试。

第二轮是中译英和英译中的两篇文章，限时 30 分钟，然后是部门主管用英文面试，大概 15 分钟。

第三轮是部门经理面试，主要是用英文问一些问题，大概 15 分钟。

第四轮是人力资源主管面试，先填一份入职审批表，然后用中文问一些问题，大概半个小时。

知识链接 7－3

物流管理人员的聘用要求

物流企业的管理人员可分为高层管理人员、中层管理人员和基层管理人员，对不同层次的人员有不同的聘用标准，表 7-7 是对物流管理人员的聘用基本要求：

表 7-7　物流管理人员的聘用基本要求

结构层次	知识能力要求
高层管理人员	通晓外语、现代经济贸易和物流系统化管理理论，掌握现代网络信息技术，能从事物流软件开发并进行物流规划设计
中层管理人员	应掌握除传统的储存和运输管理、营销与组织管理等知识和技能外，还应重点掌握进出口贸易业务流程、电子商务、商品配送和成本核算等相关知识和操作方法
基层管理人员	应具有现代物流服务理念，能利用现代专业化物流设备、设施对货物装卸、运输、配送、代理等业务流程进行熟练操作

7.2.2　物流企业员工培训与开发

物流企业应本着全员培训和重点培训相结合的原则，采用重点培训的策略，优先培训最关键、最急需的人才。从物流长远发展来看，我国物流企业在重点培训一线员工的业务技能以适应高增长的运量需求的同时，尤其要重视对管理人员展开培训。

1．确定培训目标

企业进行培训的最终目标是增强核心竞争力。作为培训工作开展的第一步，培训目标的确立应从物流企业员工特点入手，针对企业的发展战略、企业文化与市场竞争态势，并配合企业发展战略决策和员工职业发展需求。

表 7-8　物流企业培训目标

管理层次及岗位	培训的目标
操作人员	了解物流行业的基本知识，掌握本岗位职责和作业所需的技能和技巧；较强的责任心和团队协作意识
初级管理人员	了解物流行业的基本知识，掌握本岗位职责和作业所需的技能和技巧；具有相当的专业技能和专业知识；具有一定的创造性和进取精神
中级管理人员	具有较高的物流专业知识和专业技能，能从自己负责的部门工作联想到全局，顾及各部门之间的协调合作；具备营销能力和独当一面、处理应急事件的能力
高层管理人员	了解国内外物流行业的发展现状和先进理念、技术；能对物流企业的发展战略或货主企业的物流发展提出针对性的建议；具有全局观和领导能力；系统思考和开拓创新的能力

2．物流企业的培训计划

（1）关键能力的培训。由于物流企业对管理岗位的能力结构有特殊要求，对员工的能力要求是多方面的，除了外语和经贸等专业能力外，团体和合作性的工作成为组织结构的突出特点。执行层工作人员特别需要在承担责任、独立工作和自主决定方面的能力。现代物流人才的培养要注重这种能力结构的变化。

（2）加强对员工基础知识和广度知识的培训。增加员工的基础知识和广度知识可以提高员工的服务质量，如当顾客、货主向员工询问有关货物、价格等问题时，员工就可以给顾客全面、细致的答复，从而令顾客满意；可以增强员工处理问题的能力，如当一线员工直接和顾客、货物打交道时，便能及时发现问题进而提出创造性的解决办法，而对管理人员而言，更能依据形势及商业信息迅速捕捉货源并采取有效的营销手段。

（3）重视对管理人员的培训。物流企业应本着全员培训和重点培训相结合的原则，既要实施全员培训，提高全体员工的知识素养，保证企业以最大的速度发展；又要根据战略发展的需要，优先培训最关键、最急需的人才，在大力培训一线员工的业务技能以适应高增长的运量需求的同时，重点加强对管理人员的培训。

3．物流人力资源的培训内容

物流人力资源培训的内容十分广泛，包括：

（1）运输、保管、装卸、配送系统、库存系统、集装系统等物流基本活动和物流基本管理方面的知识。课程有物流基础、物流管理等。

（2）相关法律、物流机械、运费制度等知识。课程有经济法、公路运输条例等。

（3）物流信息处理、物流组织结构、生产和销售结构、本公司商品特性等有助于提高物流效率所需的知识。课程有物流信息系统、企业物流管理、物流管理组织、市场营销等。

（4）为推进物流合理化和提高物流战略地位所需的物流成本分析、物流系统设计、物流战略规划等方面的知识。课程有物流系统工程、国际物流、物流成本管理、物流战略策划等。

4．培训效果评估

培训效果评估是对培训进行评价，它依据培训目标，对培训对象和培训本身做一个价值判断。最常用的培训课程评估模式是由威斯康星大学的柯兰纳教授提出来的，因此这种评估模式就被称为“柯氏模式”。这个评估培训效果有以下四个不同层面，见表 7-9。

表 7-9　物流企业培训评估

层　次	标　准	物流企业培训评估实例
1	反应	例如，利用访谈法、问卷调查法测定；受训者是否喜欢此次培训，培训师是否出色，此次培训是否有帮助等
2	学习	书面测试、操作测试、情景模拟等方法可以测定受训者比以前了解更多物流知识、物流岗位操作技能等
3	行为	通过上级、同事、下级、客户等对受训者的业绩进行评估，如主动性是否增强，员工是否可以提供顾客全面、细致的物流服务质量等
4	结果	通过送货出错率、运输里程率、销售量、利润、成本、员工流动率等进行测定，衡量物流企业绩效是否发生变化

5．知名物流企业的员工培训

（1）TNT 的培训。世界四大快递公司之一的 TNT 与上海交通大学合作创立了 TNT 中国大学，有针对性地对员工进行培训，一年 6 次。课程内容不仅仅是物流知识，还包括一些管理、客服、销售、绩效管理等方面的专业技能。通过这些培训，让没有经验的员工更快地进入角色。此外，根据公司业务和客户的需求，TNT 大学每一年都会有新的课程产生。同时，随着员工数量的增长，每年也会增加培训的人次。

（2）UPS 的培训。UPS 视人为最有价值的资产，关心员工的发展和进步，一直在为员工提供培训计划，为员工培训不惜重金。公司每年投入培训的费用达 3.5 亿美元，从运货司机安全驾驶到职业规划到领袖培训一应俱全。既关心公司的效率提升，也强调员工的职业成长，员工不断获得新的能量，激发出旺盛的工作动力。在 UPS，工作时间越久得到的就越多，UPS 给每个人进步和发展的机会。从 2001 年开始，UPS 和新加坡经济发展局合作，把在中国招募的优秀人才派往新加坡留学，学习物流及物流工程技术。毕业以后这些人才将被送回中国，参与 UPS 在中国的业务发展。

（3）联邦快递的培训。联邦快递很注重对员工的培养，每个岗位都设立了一个培训计划。对于新的一线递送员和客服人员来说，公司不仅会对他们进行专业技能上的培训，还会对他们进行管理素质上的培养，并告诉他们如何做人、如何与他人沟通，让员工理解公司文化，了解自己未来的发展，并提供了许多成功的范例供仿效。在联邦快递（中国）公司，一位递送员在正式投入工作之前会得到 40 个小时的课堂培训，主要目的是让他们了解整个服务的过程，怎样满足客户的需求。

除此之外，公司每年还给予每个员工 2 500 美元的学习津贴，员工们利用这一津贴去增长知识、提高自己的能力。每年公司花费在员工培训方面的费用大约在 2 亿美元左右，联邦快递因此成为全球在培训方面投入最大的企业之一。以联邦快递（中国）公司为例，公司制定了一个详细的经理培训计划，每年大概有 15 名一线员工会获得为期 15 个月的培训。在这 15 个月内他们需要在不同的岗位上开展工作，以此来全面了解整个公司的业务流程。同时，公司还为他们提供很多课堂培训，使他们不仅具备实际工作经验，还掌握一定的理论基础。此外，公司还把员工送到不同的地方进行培训，比如美国、新加坡等，使他们具备一定的国际视野。

（4）宅急送的培训。宅急送有一句话：培训是最大的福利。公司设立了专门的“人才讲习所”，每年每个员工至少会接受 1～2 次培训；由于物流行业员工分散，公司用专用“大篷车”将老师送到一线；对管理层，宅急送设计了从实践到理论针对性极强的系列培训，高级管理者还会被送到高校学习现代物流与管理课程，全力提升公司整体人力资源水平。

7.2.3　物流企业员工绩效考评

1．绩效考评概述

企业通过绩效考评可以获得员工工作的真实信息，通过沟通反馈改善绩效水平，提高员工素质，同时考核信息也为企业人事管理决策提供了重要依据。企业具有层级性，不同层级员工因其岗位职责、知识技能的不同，为企业创造的价值也会不同，因此，宜采用不同的考核办法以期达到激励员工的目的，见表 7-10。

表 7-10　不同层级员工绩效考评权重

员工层级	考核内容	权重（%）
高层管理者	财务改进	50
	业绩改进	30
	能力素质	20
中层管理者	业绩测评	70
	综合素质	20
	满意度	10
普通员工	上级考评	60
	部门内其他员工	40

高层管理人员所做决策的正确与否直接影响到企业的发展。目前，对该层级的绩效考评更多的是从财务指标进行考核，涉及股东回报率、净资产收益率、利润等指标。也就是说，对高层管理人员的考核更多地注重与企业运营相关的指标。此外，影响这些可量化的目标达成的影响因素还包括高层管理者的能力和素质，如管理能力、领导能力、决策力等。

中层管理人员位于高层管理人员和基层人员之间，贯彻高层管理人员的命令、指示计划，对基层员工布置工作任务。业绩考核是考核中层管理人员的重要方面。例如，物流企业的销售部门，作为向顾客直接销售物流服务产品的部门，销售经理需要对采用何种销售渠道、针对不同顾客提供何种物流方案做出正确的选择。

对普通员工来说，主要考核的是任务完成情况。例如，货物安全送达率、正点运输率等行为层的考察；另外，还有态度（积极性、协作性、纪律性）、能力（学习能力、理解力、开拓能力）等方面的考核。通常都是由上级和部门内部其他成员来共同考核这一层级员工的绩效水平。

2．绩效考评的方法

绩效考评的方法很多，常用的有平衡计分卡、360 度绩效考核、KPI 关键指标考核法、目标管理等，管理者可以根据组织的实际情况灵活运用。这里仅介绍平衡计分卡。

平衡计分卡（The Balanced Score Card，简称 BSC）是一种将传统的财务指标分析与非财务指标分析相结合来评价组织绩效的方法，它从财务、学习与发展、内部管理（或流程）、客户四个方面来考察企业，它平衡了财务指标和非财务指标，平衡了短期指标和长期指标，平衡了多方利益团体的利益。

下面以物流企业调度人员为例说明平衡计分卡的应用。调度人员绩效考评模型如图 7-3 所示。

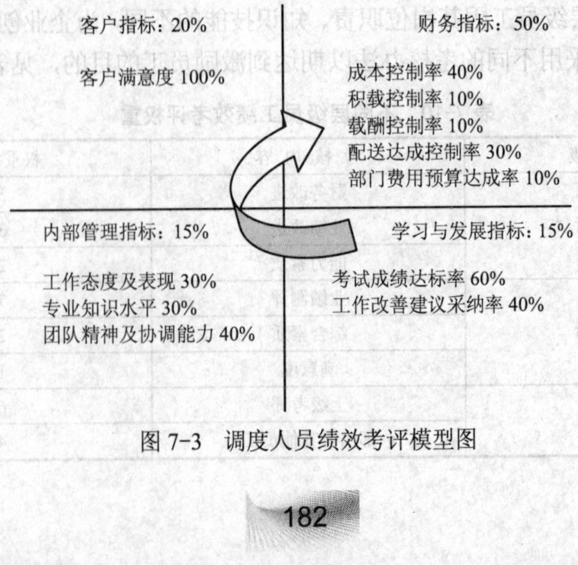

图 7-3　调度人员绩效考评模型图

指标解释及标准确定：

（1）财务指标

1）成本控制率。此处所指的成本控制率指某考核期内总运费与总物流收入的比值。一般以月为考核期。在年度预算中，各月的标准成本率都有规定。当此指标数字小于 90%时，该项指标不得分。

成本控制率=标准成本率/当月成本率

指标计算者：此指标由调度经理助理计算。

2）积载控制率。积载控制率指某一天所配送货物的体积与配送该批货物所用车辆容积之和的比值。在预算中有月标准积载率的规定。该指标小于 0.8 时，该项指标不得分。以每月的日平均数作为考核依据。

积载控制率=当日积载率/标准积载率

指标计算者：此指标由调度经理助理计算。

3）载酬控制率。载酬控制率指每一天所用车辆出车的运载总体积与所出车次的比值。在预算中有标准载酬率的规定。以每月的日平均数作为考核依据。该指标小于 0.8 时，该项指标不得分。

载酬控制率=当日载酬率/标准载酬率

指标计算者：此指标由调度经理助理计算。

4）配送达成控制率。配送达成控制率指每天配达的出货单数与需要配送的出货单总数的比值。在年度预算中，各月的标准配送达成率都有规定。当此指标数字小于 0.8 时，该项指标不得分。以每月的日平均数作为考核依据。

配送达成控制率=配送达成率/标准配送达成率

指标计算者：此指标由调度经理助理计算。

5）部门费用预算达成率。此指标指考核期内该部门所花实际费用与预算中该部门费用的比值。该部门所花实际费用由财务处统计提供，该部门费用预算在年度预算中有所体现。

部门费用预算达成率=考核期部门费用/考核期部门费用预算

指标计算者：此指标由各部门主管助理从财务人员那里获取年度预算及考核期内部门总费用及明细，然后计算该指标数值。

（2）学习与发展指标

1）考试成绩达标率。每月公司要进行内部标准作业流程考试，由人力资源部组织出题、考试、评分。以考核期内的平均值作为考核依据。

考试成绩达标率=实际考试成绩/试卷总分

指标计算者：此指标由人力资源部相关人员计算该指标数值。

2）工作改善建议采纳率。由于物流公司是一个严格要求流程的公司，因而标准作业流程的合理性、可行性、全面性都对公司的工作起到至关重要的影响。

因而员工可以提出标准作业流程的改善建议给部门主管，部门主管找相关人员进行讨论是否可行。只要有一条被采纳将获得此项考核的全部分值。最高上限不超过此分值的两倍。

工作改善建议采纳率的得分是：没有采纳不得分，只要有一项被采纳得满分，三项被采纳得满分的两倍。

指标计算者：此指标由各部门主管助理从主管处获取信息并计算该指标数值。

（3）内部管理指标

此指标由工作态度及表现、专业知识水平、团队精神及协调能三方面的评分构成，满分为 100 分。本部门同事（约占部门人员 20%）、主管及工作关联部门的员工（由人力资源部指定）根据相关表格共同进行评价。

内部管理指标=最后得分/调查表满分

指标计算者：此考核由人力资源部组织，各部门主管指定人员配合，考核指标的数值由人力资源部统计计算。

（4）客户指标

客户满意度。客户在配送过程中如果发现出货资料异常等情况，一方面通过客服进行处理，有时也直接找调度人员进行联系。因而调度人员的服务也直接影响着客户对公司的印象。人力资源部与相关部门共同制定《客户满意度调查表》，每月由人力资源部同该部门主管协商从公司客户名单中抽取一定数量的客户将客户满意度调查表传给这些客户进行调查并回收问卷进行统计，并将统计结果送交相关部门一份备存。最后将所有客户的平均分作为该项考核指标的得分。

客户满意度=平均分/一份问卷的满分

指标计算者：此考核由人力资源部组织并计算数值。

（5）考评体系分值的确定

此绩效考评体系的满分为 100 分

考核指标所负担的满分值=100×考核维度所占权重×考核指标在该维度中所占权重

考核指标实际得分=考核指标所负担的满分值×考核指标数值

（6）考评周期及执行者

考评周期：每月一次。

执行者：由部门经理助理向相关数据的提供者要数据并计算考评得分后送交人力资源部。

人力资源部就某个岗位的绩效考核维度抽查，并形成对该部门经理助理的一项考核指标。

7.2.4 物流企业薪酬与福利管理

1．报酬与福利

报酬与福利都是激励员工的重要手段。合理而具有吸引力的报酬与福利不但能有效地激发员工的积极性，促进员工努力去完成组织的目标，提高组织的效益，而且能在人力资源竞争日益激烈的环境中吸引和保留住一支素质良好且具有竞争力的员工队伍。

（1）报酬。报酬主要包括工资和各种形式的奖金，其中工资是最重要的部分。工资是依据员工的技能、工作强度、责任、工作条件和实际工作贡献，分配给个人的报酬。我国物流企业的工资形式主要有计时工资、计件工资、奖金和津贴等。目前，我国物流企业实行的工资制度有技术等级工资制、岗位技能工资制、职务等级工资制、定级升级制度和晋级增薪、降级减薪的办法等。

（2）保险。保险是社会保障的主要内容之一，它是物流企业为保护和增进员工身体健康，保障员工在暂时或永久丧失工作能力时的基本生活需要而建立的一种物质保障制度。

（3）员工福利。员工福利是指物流企业主要依靠自己力量兴办集体福利和设施，提供个人福利补贴等，其目的是帮助员工解决生活中的困难，改善员工生活环境，保证员工正常和有效地进行劳动。

2．面向不同层面人员的薪酬模式选择

高层管理人员在企业的组织层级结构中处于金字塔的塔尖，对企业的整体经营管理负责。中层管理人员主要侧重于对企业内部事务的管理和处置，他们是企业高层管理人员和基层员工之间信息沟通的桥梁。另外，物流企业的基层管理员工主要完成一些常规性的工作，工作的重复程度高，工作绩效较容易衡量，工作的结果通常只影响员工个人的业绩或是最多影响到某一业务单元的业绩，而对公司整体业绩的影响不大，因此，对不同层面人员的薪酬模式上的选择是不同的，见表 7-11。

表 7-11 不同层面人员的薪酬模式

	薪酬制定的依据	主要薪酬模式	职 位 举 例
高层管理人员	财务指标、业绩、能力	年薪制、股权激励	如市场总监、营运总监、IT 总监等
中层管理人员	业绩、能力、行为	绩效工资、奖金	如业务主管、项目经理、部门经理
基层员工	行为、态度、岗位	岗位工资、奖金	如理货员、订单处理员、仓管员等

3．紧缺物流人才的薪酬策略

对于物流行业紧缺的中高级物流人才，就要打破以往的传统，提供具有竞争性和多样化的薪酬体系，以期达到吸引人才、保留人才和激励人才的目的。

（1）竞争性。应采取略高于其他企业的薪酬政策，以保证最大限度地吸引最优秀的人才为本企业服务。在确定各类、各级职务的薪酬水平时，要适当拉开差距，体现按贡献分配的精神，不断激励员工掌握新知识，提高业务能力，创造出更佳的业绩。如果物流内部不同类别、等级之间薪酬相差不大，也就是实行平均主义的分配，对员工难以构成吸引力。

（2）多样化。利润分享。利润分享是企业在向员工支付了基本工资之外，再拿出一部分利润或超额利润向员工分配的制度。中小物流企业需要员工更高的参与积极性，这样才可以实现业绩上的突破，由于资金及规模等的限制，利润分享计划对于股权计划更适用。个人的绩效、所在部门的绩效、企业的整体绩效是紧密相关的，有助于形成员工之间合作共赢的良好格局。

基于团队的薪酬。当奖金在团队内部以公平为基础加以分配时，团队更有效并表现出更多的助人行为。随着奖金规模的增加，团队的生产率和有效性方面也有某种显著的增加，而且当团队成员获得大团队绩效与团队奖金的有关信息及团队的清晰目标时会产生更高的满意度。

案例 7-2

联邦快递（FedEx）的薪酬激励

FedEx 的薪酬激励形式相当丰富。在 FedEx 公司，每个员工只要努力工作就会有受奖励的机会。FedEx 设立了相当多的奖项用以表彰那些业绩卓越的公司员工。其中几种比较主要的奖励有：

祖鲁奖：用来奖励超出标准的卓越员工。

开拓奖：给每日与客户接触、给公司带来新客户的员工提供额外奖金。

最佳业绩奖：对贡献超出目标的团队提供一笔奖励现金。

金鹰奖：奖给那些由客户或公司管理层提名表扬的优秀员工。

明星/超级明星奖：这实际上是"最佳工作表现奖"，获奖者可获得相当于自身薪水 2%～3%的一张支票。

此外，FedEx 公司还有一个最受员工欢迎的节目，就是联邦快递所有的飞机都以员工的孩子来命名。员工们为了将他们宝贝儿子或女儿的名字喷涂在飞机上，就事先把自己宝宝的名字交给公司，每次增加新飞机时就会以抽签决定用哪个宝宝命名飞机。弗雷德·史密斯说："善待员工，并让他们感受到公司真诚的关怀，便会得到全球一流的服务态度。"

分析：薪酬与福利都是物流企业激励员工的重要手段。物流企业应该根据自身的特点设置富有特色的激励制度，比如根据不同工作岗位和工作内容，设置不同的奖项；重视对客服人员和团队的奖励等。

小思考 7－3

物流业需要什么样的人才

成为一个合格的物流业务人员，除了必备的专业知识和一定技能外，还需具备以下能力:

（1）勇于开拓、敢于创新的能力。物流业是个新兴行业，一些制度和做法尚不成熟。这要求物流人员善于总结经验，理论联系实际，勇于创新。

（2）系统思考问题的能力。物流是个系统，涉及方方面面的因素很多，它们之间互相牵制，存在效益背反的关系。这要求物流人员眼光不能囿于局部，而必须具有全局的眼光，学会系统思考问题。

（3）理解和分析信息系统的能力。当今物流业高速发展，信息系统已成为物流系统中必不可少的重要组成部分，各种物流活动过程中都夹杂着或多或少的信息处理，它对物流作业的运作起着支持、保障和实时监控的作用。这要求物流人员必须具备一定的信息系统分析能力，要从整体上理解信息系统内部处理流程和数据之间的关系，只有这样，才能真正、全面、有效地理解整个物流系统的运作过程。

资料来源：张毅．现代物流管理[M]．上海：上海人民出版社，2002.

本章知识结构图

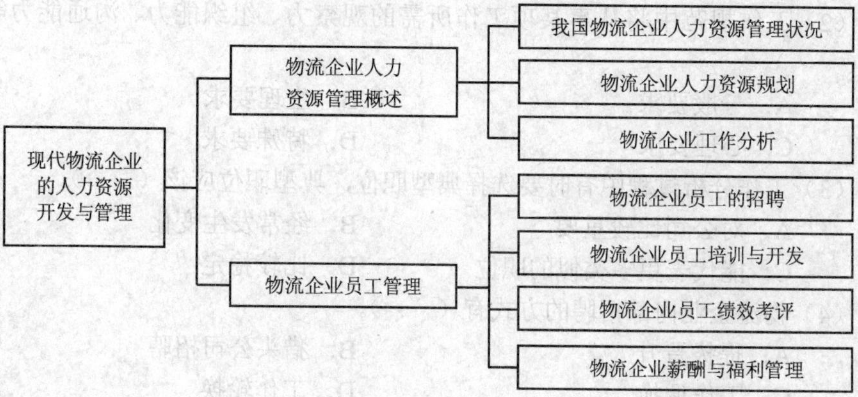

复习与训练

一、基本训练

1．讨论题

（1）物流企业人力资源管理的含义是什么？

（2）简述物流企业人力资源需求的预测方法。

（3）什么叫工作分析？工作分析包括哪些内容？

（4）工作说明书包括哪些内容？

（5）物流企业人员招聘有哪些要求？

（6）物流企业人员培训的内容有哪些？

（7）何谓平衡计分卡？

2．判断题

（1）物流企业的人力资源规划必须同企业的战略目标联系起来。（　　）

（2）工作分析的结果就是形成工作说明书。（　　）

（3）不管什么岗位，物流企业都应该招聘高学历、高职称的人才。（　　）

（4）制订培训计划首先要确定培训目标。（　　）

（5）对物流企业高层管理人员来说，主要考核的是任务完成情况。（　　）

3．选择题

（1）根据有关人员的经验，结合本企业的特点进行人才需求预测，这是（　　）。

A．经验估计法

B．比例趋势分析法

C．工作研究预测法

（2）工作规范中将从事某项工作所需的观察力、组织能力、沟通能力等作为（　　）。

A．一般要求　　B．生理要求

C．心理要求　　D．特殊要求

（3）工作分析过程中有时要选择典型职位，典型职位应该（　　）。

A．对公司比较重要　　B．经常发生变化

C．能代表更多类似的职位　　D．比较稳定

（4）物流企业内部招聘的方式有（　　）。

A．提拔晋升　　B．猎头公司招聘

C．工作调换　　D．工作轮换

（5）工作改善建议采纳率属于平衡计分卡中的？（　　）。

A．财务指标　　B．学习与发展指标

C．内部管理指标　　D．客户指标

4．技能题

（1）查阅资料，写一篇约1 000字的关于物流企业人力资源管理的体会。

实训目的：要求学生掌握物流企业人力资源管理的知识。培养学生发现问题

并提出建设性意见的能力。

实训要求：认真思考，结合所学知识，能就其中的某个方面提出自己的看法。

（2）实地考察一个物流企业，深入了解企业的某一个工作岗位，编写一份该岗位的工作说明书。

实训目的：通过实地调查熟知该工作岗位的工作内容和任职资格，通过编写工作说明书，掌握工作说明书的编写要求、步骤和内容。

实训要求：结合所学相关知识，仔细观察，虚心求教，认真听讲解。

二、案例分析

中联物流的人力资源管理

中联物流集团有限公司（简称中联物流）是一家集铁路、公路、水运、航空运输方式为一体的全国性综合物流国有大型企业。公司实行现代企业制度规范经营、科学管理，以开辟物流产业为主导，以发展第三方物流为方向，依托铁路运输网络优势在各地建立一系列货物集散、储运、配送中心，通过向客户提供物流、信息流的一体化解决方案，提高客户供应链系统效率，全面满足客户需要。

该公司总部设在北京，拥有辐射全国的网络优势，在国内有 26 个专业子公司、省市子公司，108 家独立法人单位，138 家合营企业；在海外有 5 个代表处，37 家独资、合资企业，员工 2.7 万人。

在实施人力资源管理系统前，中联物流的人力资源管理主要分为员工信息、合同管理、薪酬保险管理几大职能。在员工信息及合同管理方面，中联物流集团总公司需要管理总公司员工及各个下级单位副总级以上人员；各个下级单位单独管理本单位其他人员信息。在薪酬保险管理方面，中联物流集团总公司人力资源部制定标准（应发金额），由集团总公司财务部计算总公司员工的薪酬（实发金额）并发放；各个下级单位依据集团总公司制定并审批的薪酬总额，单独管理本单位的薪酬计算与发放。集团总公司及各个下级单位曾经或正在分别使用一些不同的人事软件。目前，在集团总公司与人力资源系统密切相关的其他系统主要有：考勤管理系统、原人事管理软件系统、护照签证管理系统，以及其他外部的数据处理系统。

随着竞争的加剧、管理模式的发展以及人事信息管理和跟踪变得日趋复杂和繁琐，使中联物流的人力资源管理陷入困境。有效地发展和保留人力资源，需要人力资源部门能方便地了解员工的所有信息，包括工作积极性、事业规划、继任者、业绩评估和培训等。传统的人事管理流程使中联物流人力资源部需花费大量的时间处理人事信息数据，而仅剩少量的时间可专注于人力资源的发展和规划。管理层对人事薪资管理的报表要求较高，不时会对人力资源部提出各种各样的报表要求，但由于传统的系统并不能提供一个强大的报表设计工具，因此使得人力资源部非常被动，即使在 IT 部门的帮助下，也往往不能及时地拿出令管理层满意的报表。另外人事部门往往会花费很多时间来回答员工各种各样的问题，如薪资假期等与员工密切相关的问题，每次接到这样的电话，人力资源部的相关人员都不得不放下手中的工作，进入到系统中为员工查询相关信息。该系统并不能提供给员工一个所谓的自助服务功能，即能够提供一个友好的操作界面，让员工能自己查询甚至修改某些相关信息。人力资源部感受到越来越大的压力，尽快提升工作效率和水平就成为人力资源管理最迫切的要求，因此中联物流决定选择一套最适合的人力资源管理系统来全面提高企业的人事管理水平。

问题：1. 中联物流的人力资源管理存在哪些问题？

2. 在传统的管理模式下和现代化的企业管理模式下，人力资源管理有哪些不同？

三、综合实训

实训项目：物流企业人力资源管理实训

1. 实训目的

（1）能够制定物流企业的人力资源规划。

（2）能够对物流岗位进行工作分析。

（3）熟悉物流企业的人员招聘程序和要求。

（4）能够编制物流企业的人员培训计划。

（5）能够设计物流企业员工绩效考评的方法。

2. 实训内容

（1）实地考察某一物流企业，深入了解该企业的人力资源管理。

（2）分析企业的人力需求和供给状况，为该企业制定人力资源规划。

（3）拟定人员招聘的要求和程序，通过角色扮演，模拟企业的人员招聘过程。

（4）针对企业某个岗位进行工作分析，并编写岗位说明书。

（5）根据企业的实际情况，用平衡积分卡进行绩效考评。

（6）为该物流企业拟定一份本年度的员工培训计划。

3. 实训要求

（1）以 5～6 人为一组，进行合理分工，每人应有明确任务。

（2）认真考察企业，熟悉其人力资源管理的制度、方法和手段。

（3）结合所学知识认真完成实训内容。

（4）认真进行角色扮演等实训并撰写实训报告。

（5）实训报告完成后设课堂讨论课，相互交流实训经验。

4．注意事项

（1）人力资源管理涉及内容多，要注意组内的分工协作。

（2）虚心向企业工作人员学习求教。

（3）在企业期间遵守各项规章制度，注意劳动安全。

第 8 章 综合类物流企业的财务运作

学习目标

知识目标

- 了解财务运作的含义和内容；
- 掌握筹资概念、筹资渠道和方式；
- 掌握投资概念和种类；
- 掌握筹资决策和投资决策分析方法；
- 了解物流企业财务分析的依据；
- 熟悉财务分析的各种指标；
- 掌握财务分析的方法。

技能目标

- 能分析筹资方案的可行性；
- 能运用投资决策方法参与投资决策；
- 了解财务分析方法，能看懂财务分析报告。

引例

中小型民营物流企业的筹资

物流业作为新兴产业，在我国正蓬勃发展。外资物流巨头正凭借着强大的资本和品牌优势，加紧对中国市场的攻势，而本土物流企业也在加快自身的发展，但物流市场产生了恶性竞争。作为中小物流民营企业，企业的利润被压得很低，资金仍然是一个很大的发展瓶颈。由于缺乏足够的实体抵押，中小物流民营企业很难争取到银行贷款，若与国外的合作伙伴进行合作，则可争取在境外上市融资，除此之外，中小型民营物流企业还能从哪些渠道筹集资金？

该案例表明：筹资渠道和方式有很多，但适用于中小型民营物流企业的却很少。要解决中小型民营物流企业贷款难的问题，需从两个方面来解决。从外部条件看，政府出台相关扶持政策，大力发展金融中介服务机构，为银行贷款提供专业信息服务。从物流企业自身来看，要积极推进内控管理水平的提高，规范财会工作，加强内部控制制度建设，强化服务质量，提高盈利水平。

物流企业财务运作是指在特定财务环境制约下，物流企业选择一定财务体制，遵循一定的原则，运用一定财务操作手段和方法以实现既定财务目标的一系列财务行为的总和。财务运作是一系列财务行为的总称，可分为投资运作、筹资运作、分配运作等。

8.1　物流企业筹资管理

在物流企业发展过程中，需要不断地从内部和外部筹措物流企业所需要的资金。筹资管理是物流企业根据经营需要，通过一定的渠道，运用筹资方式经济有效地筹集资金的财务行为。其目的是为了满足物流企业资金需求，降低资金成本，减少相关风险。

8.1.1　物流企业筹资渠道与方式

1．物流企业筹资渠道

物流企业筹资渠道是指筹措资金来源的方向与途径，体现着资金的源泉和流量。物流企业主要有以下几种筹资渠道。

（1）国家财政资金。通过直接向物流企业投入形成所有者权益和以银行贷款的方式向物流企业投入以形成物流企业的负债，具有利率低、使用时间长的特点。

（2）银行信贷资金。银行信贷资金是各类物流企业筹资的重要来源。银行贷款方式灵活多样，可以适应各类物流企业债务资金的需要。

（3）非银行金融机构资金。非银行金融机构资金包括信托投资公司、保险公司、证券公司、租赁公司、企业集团的投资基金等。它们所提供的各种金融服务，包括信贷资金投入、物资融通及为物流企业承销证券等。

（4）其他企业资金。其他企业资金主要是物流企业与其他企业之间相互投资的资金及在购销业务中通过物流企业的商业信誉取得的资金占用，如赊销等。

（5）居民个人资金。通过向社会公众发行股票或债券的方式吸引居民的个人闲散资金。个人资金可对物流企业进行投资，从而形成物流企业的资金来源。

（6）物流企业内部形成的资金。物流企业内部形成的资金指以资本公积金、盈余公积金和企业未分配利润的方式在物流企业内部形成的资金。这是物流企业内部形成的筹资渠道，无须通过一定的方式筹集，只是在物流企业内部转移即可。

2. 物流企业筹资方式

筹资方式是指筹措资金时所采取的具体方法和形式，体现着资金的属性。物流企业筹资方式主要有以下几种方式。

（1）吸引直接投资。直接投资是指物流企业在物流活动过程中，投资者或发起人直接投入物流企业的资金。这部分资金一经投入，便构成物流企业的资本金。该筹资方式是非股份制物流企业筹集权益资本的重要方式。

（2）发行股票筹资。发行股票筹资是物流股份有限公司按照物流公司章程依法发售股票筹资形成物流公司股本的一种方式。这种方式以股票为媒介，仅适用于股份制物流公司，是物流股份公司取得权益资金的基本方式。股票具有无期限性、风险性、流通性、参与性的特点。

知识链接 8－1

表 8-1　普通股筹资的优缺点

优点	（1）普通股筹资的风险较小。因为普通股没有固定的到期日，不用承担固定的股息。当企业没有盈利或盈余不足时，也可以不分配或少分配股利 （2）普通股筹资比优先股或债券筹资的限制少，因而有利于增加企业经营的灵活性 （3）普通股的发行，可以提高企业的知名度 （4）普通股发行，可降低企业的资产负债率，改善企业的资本结构，提高企业的信用水平
缺点	（1）普通股筹资的资金成本最高，因为普通股的发行费用较高，且股利要从税后盈余中支付 （2）发行普通股增加新股东，通常会分散企业的控制权，增加企业被收购的风险 （3）发行普通股使更多的股东分享企业盈余，降低了原股东的收益 （4）发行股票，特别是上市后，由于得到社会的关注，企业的商业机密容易泄漏，成为证券交易市场的炒作体裁

（3）发行债券筹资。发行债券筹资是物流企业按照债券发行协议，通过发售债券直接筹资的方式。在我国，上市公司（其所发行的证券被允许在证券交易所公开交易的公司称为上市公司）被允许以发行债券的方式筹集资金，其他类型的企业则不允许。企业债券具有期限性、偿还性、风险性、利息率固定等特征。

知识链接 8－2

表 8-2　债券筹资的优缺点

优点	（1）债券筹资的成本比股票筹资的成本低，这是因为债券发行成本较低，债券利息在税前支付 （2）债券筹资不会影响企业的管理控制权 （3）债券资金具有财务杠杆作用
缺点	（1）债券筹资的风险很高，因为债券有固定的到期日，并要支付固定的利息，一旦企业不能支付到期的本息，债权人有权提出要求企业破产 （2）债券筹资的限制条件很多，降低了企业经营的灵活性

（4）银行贷款筹资。银行贷款筹资是物流企业按照借款合同从银行等金融机构借入款项的筹资方式，适用于各类物流企业。

小思考 8－1

银行贷款筹资的优缺点有哪些？

答：优点：融资速度快；手续简单；筹资弹性大；筹资成本低；具有财务杠杆作用。

缺点：筹资风险较高；限制条件较多；影响企业经营的灵活性；筹资数量有限。

（5）租赁筹资。租赁筹资是物流企业按照租赁合同租入资产从而筹集资金的特殊筹资方式。通过租赁方式租入资产形成物流企业的债务资金，主要有融资性租赁和经营性租赁。两种租赁方式的比较见表 8-3。

表 8-3　两种租赁方式的比较

项　目	经 营 租 赁	融 资 租 赁
租赁目的	取得租赁资产使用权	融通资金
租赁期	较短	较长，寿命期的 3/4
中途撤销合同	可以	不可以
设备维护保养责任	出租方	承租方
租金	较高	较低
计提折旧	出租方	承租方
租赁期满，设备处置	退回出租方	退回、续租、留购

（6）商业信用筹资。商业信用筹资是物流企业在资金紧张的情况下，为保证经营活动的连续进行，采取延期支付购货款和预收销货款而获得短期资金的一种方式。如物流运输企业和货代企业长期合作形成良好合作关系，因此货代企业往往会给物流运输企业“放账”，保证它的正常运转。

小思考 8－2

上述各种筹资方式中，哪些可为物流企业获得长期债务资金，哪些可为物流企业筹集短期资金？

答：发行债券、租赁筹资可为物流企业获得长期债务资金；商业信用筹资通常是为物流企业筹集短期资金；而银行借贷筹资方式既可为物流企业筹得长期资金，也可为物流企业筹得短期资金。

（7）留存收益筹资。留存收益筹资是指物流企业将留存收益转化为投资的过程。将物流企业经营所实现的净收益留在物流企业，而不作为股利分配给股东，其实质为原股东对物流企业追加投资。

知识链接 8－3

物流企业筹资的创新尝试

在诸多的金融创新尝试中，物流企业联手基金公司已是目前物流企业欢迎的一种合作形式。基金公司与物流企业合作主要采取股权融资。相当于物流企业让出少量股权，以此换得资金支持。基金公司不需要物流企业提供任何抵押，也不会控股。基金公司是纯粹的财务投资者，配合物流企业开展渠道整合的工作，如组织管理建设、战略制定建议等，使物流企业逐渐成为行业的领先者。如果有可能的话，基金公司会协助物流企业上市，在双赢后，基金公司退出。

物流公司与基金公司合作后，物流企业将获得无形价值。一是银行一旦确认基金公司介入物流企业，就会调高对该物流企业的信用评级。同时，可贷额度还会增加两倍以上；二是在物流企业筹资后，如果有需要，基金还会为物流企业通过灵活的融资抵押形式（应收账款、固定资产组等抵押方式）在银行安排财务成本较低的长期贷款。

案例 8－1

宅急送的新型筹资手段

模式 1：以应付账款为抵押，与中国工商银行合作保理业务。因为宅急送跟其他大型生产企业的保理业务有区别，宅急送的应收账款不仅很分散，而且账期很短，操作起来有各方面的障碍。因此宅急送就想到了将这项保理业务的范围扩大到应收账款池的模式，就是把所有的应收账款的这部分资产做成一个池子。这种方式等于盘活了企业原来处于闲置状态的资产。

模式 2：利用宅急送发票抵押担保这种模式来做融资，这种方式适用于物流企业。

分析：民营物流企业最大的瓶颈不是资源，也不是人才，而是资金。既然从银行贷款非常难，那么民营物流企业必须寻找自己的融资渠道，走曲线融资之路。

小思考 8－3

上述几种主要的筹资方式中，哪几种属于权益资金筹集？哪几种属于负债资金筹集？

答：吸收直接投资、股票筹资、留存收益筹资属于权益资金筹集。银行贷款筹资、发行债券筹资、商业信用筹资、租赁筹资均属于负债资金筹集。

3．筹资渠道与筹资方式之间的关系

筹资渠道反映物流企业资金的来源与方向，即资金从何而来；筹资方式反映物流企业筹资的具体手段，即如何取得资金。但在实际筹资的具体过程中，筹资渠道和筹资方式之间有密切的关系。一定的筹资方式可以适用于多种筹资渠道，也可能只适用于某一特定的筹资渠道。同一渠道的资金也可能采取不同的筹资方式取得，两者的对应关系见表 8-4。物流企业筹资时，应注意两者的合理搭配，以提高资金的利用率。

表 8-4 筹资渠道与筹资方式的对应关系表

筹资渠道 筹资方式	吸收直接投资	发行股票	利用留存收益	银行借款	商业信用	发行债券	融资租赁
银行信贷资金				√			
其他金融机构资金	√	√		√		√	√
其他企业资金	√	√			√	√	√
居民个人资金	√	√				√	
国家财政资金	√	√					
企业自留资金	√		√				

8.1.2 物流企业筹资决策分析

1．资金成本分析

资金成本也称为资本成本，是指物流企业为筹措和使用一定的资金而付出的代价。这种代价包括两个部分：一是用资费用，即物流企业在使用资金的过程中付出的代价，如向投资者支付的报酬、向债权人支付的利息等；二是筹资费用，即物流企业在整个筹资过程中为获得一定量的资金而付出的代价，如付给债券代销单位的佣金、印刷费、广告费、注册费、手续费等。

资金成本率是指物流企业为筹措和使用一定量的资金而付出的用资费用与筹得的资金之间的比率，其计算公式如下

$$资金成本率=\frac{用资费用}{筹资总额-筹资费用}\times100\%$$

$$资金成本率=\frac{用资费用}{筹资总额\times(1-筹资费用率)}\times100\%$$

一般情况下，将物流企业的资金来源划分为四大要素：债务（包括债券及其他长期负债）、优先股本、普通股本和留存收益。

2．筹资风险衡量

筹资活动管理不当会使筹集资金的使用效益具有很大的不确定性，由此产生筹

资风险，并且还存在由于利率波动而导致物流企业筹资成本加大的风险。除此之外，物流企业还面临着筹资时效、筹资数量、各种工具选择的风险及丧失偿债能力的风险。因此，物流企业必须借助相关的财务分析方法对不同的风险进行衡量。

3．资本结构优化

资本结构优化就是指物流企业通过筹资手段，使物流企业的资本结构达到最优资本结构状态的决策过程。物流企业要么是股权筹资要么是债务筹资，物流企业赖以正常运作的资本来源构成中股权资本和债权资本的比例关系形成物流企业的资本结构。最优的资本结构即一个最优的债务—股权比例，使得物流企业的筹资成本最小，价值最大。

8.2 物流企业投资管理

8.2.1 物流企业投资的概念

物流企业投资是指物流企业投入财力，以期望在未来获取收益的一种行为。在市场经济条件下，物流企业能否把筹集到的资金投放到收益高、回收快、风险小的项目上去，对物流企业的生存和发展是十分重要的。

知识链接 8－4

投资的动机

从物流企业投资动机的层次高低上可将其划分为行为动机、经济动机和战略动机三个层次。投资是物流企业的重要职能之一，它既规定了筹资的目的，又决定了经营的方向和规模。因此，可以说投资最简单的动机就是出于物流企业的本能。经济动机就是要取得收益，获得资金增值，这是投资的核心目的。开拓市场、控制资源、防范风险等则属于层次比较高的战略动机。

从投资的功能上也可将投资动机划分为以下四种类型：一是获利动机，即通过投资取得更大收益；二是扩张动机，即通过投资扩大物流企业的经营规模或范围，甚至开拓新领域；三是分散风险动机，即通过投资为暂时闲置的资金寻求出路，以便分散持有资金的风险；四是控制动机，即通过投资取得对其他企业或实体的控制权，以便取得控制物流环路中的上游资源或下游市场。

小思考 8－4

投机是否就是投资？

答：投机是投资的一种特殊形式。

8.2.2　物流企业投资的分类

1．按投资与生产经营的关系划分

按投资与生产经营的关系划分，投资可分为直接投资和间接投资。直接投资是指把资金投入到生产经营性资产，以便获取利润的投资。间接投资又称证券投资，是指把资金投到证券等金融资产，以便取得股利或利息收入的投资。

2．按投资期限的长短划分

按投资期限长短划分，投资可分为短期投资和长期投资。短期投资又称为流动资产投资，是指能够并且准备在一年以内收回的投资。长期投资则是指一年以上才能收回的投资，主要指对库房、设备等固定资产的投资，也包括对无形资产和长期有价证券的投资。

短期投资具有投资期限短、变现能力强、周转快、波动性大等特点。一般来说，长期投资的回收期长、耗资大、变现能力差，并且将在较长时期内持续影响物流企业的经营，因而它比短期投资具有更大的风险。

3．按投资投放的方向划分

按投资投放的方向划分，投资可分为对内投资和对外投资。对内投资又称内部投资，是指把资金投在物流企业内部，购置物流企业内部各种物流活动所需的资产的投资。对外投资，是指物流企业将其所拥有的资产直接投放于其他企业或购买各种形式证券的投资。

小思考 8－5

对内投资和对外投资是属于直接投资，还是属于间接投资？

答：对内投资都是直接投资，对外投资主要是间接投资，也可以是直接投资。

4．按投资对象的形态划分

按投资对象的形态划分，投资可分为实体投资和金融投资。实体投资是指物流企业投资于具有物质形态的实物资产和不一定具有物质形态的无形资产的投资活动。金融投资是指物流企业投资于金融资产或金融工具的投资活动。

5．按投资的内容不同划分

按投资的内容不同划分，投资可以分为固定资产投资、无形资产投资、开办费投资和流动资金投资等多种形式。无形资产投资是指物流企业为取得或创立特定无形资产（如专利权、专有技术等）所发生的投资。无形资产投资与固定资产投资既有不同之处也有相同之处。不同之处在于无形资产投资的投入通常是一次完成。相同之处是两者都必须在物流企业投产后分期陆续以折旧或摊销的方式实现回收。

开办费投资是指物流企业自依法成立之日起到正式建成投产之日止所发生的不属于固定资产、无形资产和流动资金投资的其他递延性投资。开办费投资的投入方式只能是分次投入，但回收是一次完成的。因为按现行制度规定，开办费投资不需要分期摊销，而是在投产之日一次全额计入费用。

8.2.3 物流企业投资决策分析的一般方法

1. 非贴现的投资决策分析方法

（1）投资回收期法。投资回收期法，又称还本期限法，是指全部收回投资所需要的时间。时间越短，则投资方案的风险越小，反之则越大。

回收期的具体计算方法，因投资方案每年的现金净流量的不同而有所不同，当投资方案每年的现金净流量相等时，投资回收期为

$$投资回收期=\frac{原始投资额}{年净现金流量}$$

当每年的投资现金净流量不相等时，其回收期应按累计现金净流量计算，即累计现金流量等于原始投资时所需要的时间就是回收期。

案例 8－2

计算项目投资回收期

某物流企业计划投资 10 万元购买物流设施设备，预计使用年限为 5 年，期末报废无残值，按直线法计提折旧。该项目预计每年可实现净利 16 000 元，计算该项目的投资回收期。

投资物流设施设备各年现金流量见表 8-5。

表 8-5　投资物流设施设备项目各年现金流量情况表　（单位：元）

项　目	年　限					
	0	1	2	3	4	5
各年计提折旧额		20 000	20 000	20 000	20 000	20 000
各年净利		16 000	16 000	16 000	16 000	16 000
现金净流量	100 000	36 000	36 000	36 000	36 000	36 000

分析：其中，物流设施设备年折旧额=10 000/5=20 000（元）

该物流企业投资设施设备各年的现金净流量=净利+折旧=16 000+20 000
=36 000（元）

则投资回收期=100 000/36 000=2.78（年）

知识链接 8－5

投资回收期指标的优缺点

优点：计算简便，可从一定程度上反映物流企业投资方案的变现能力及风险大小。

缺点：没有考虑投资回收以后的现金流量，偏重于对投资变现能力的考虑，而没有根据投资方案的整体效益来评价和分析投资方案的优劣，没有考虑资金的时间价值。

（2）投资收益法。通过计算投资方案的平均现金净流量或净利润与原始投资额的比值来确定获利水平，以确定投资方案的优劣。即

$$投资收益率=\frac{年现金净收益}{投资总额}\times 100\%$$

当投资收益率低于预期期望的投资收益率时应放弃投资方案。

案例 8－3

判断投资项目的可行性

在案例分析 8-2 的资料中，如果该物流企业预期投资报酬率为 20%，判断该投资项目是否可行?

分析：根据公式，$投资收益率=\frac{年现金净收益}{投资总额}\times 100\%=\frac{16\,000}{100\,000}\times 100\%=16\%$

因 16%＜20%，由此可以判断该投资项目不可行。

知识链接 8－6

投资收益法的优缺点

优点：计算简便，能在一定程度上反映投资所产生的盈利水平，比投资回收期法更客观、全面。

缺点：没有考虑资金时间价值，忽略了不同时间收益的差异，没有考虑投资的回收，容易导致决策的失误。

2．贴现分析评价法

贴现分析评价法，是指考虑货币时间价值的分析评价方法，亦被称为贴现现金流量分析技术，主要包括净现值法、现值指数法、内含报酬率法等。

（1）净现值法。净现值（NPV）是指特定方案在项目计算期内，按一定贴现率折算的各年现金净流量的代数和，即现金流入现值与现金流出现值之间的差

额，也可以表示为未来报酬的总现值和初始投资额的差额。所用的贴现率可以是物流企业的资金成本，也可是物流企业所要求的最低报酬率。

1）当营业期内各年现金净流量相等时，净现值的计算公式为

净现值=年现金净流量×年现金现值系数–投资额现值

2）当营业期内各年现金净流量不相等时，净现值的计算公式为

净现值=∑（经营期内某年现金净流量×该年的复利现值系数）–投资额现值

净现值如大于零，说明投资收益总和大于投资总额，该投资方案可行；净现值等于或小于零，则该投资方案不可行。

案例 8－4

净现值法判断方案的可行性

根据案例分析 8-2 的资料，假定资金成本为 15%，要求的最低投资报酬率为 20%，试用净现值法判断该方案是否可行？

分析：按照资金成本计算的净现值为

$$NPV = 36\,000 \times (P/A, 15\%, 5) - 100\,000 = 36\,000 \times 3.3\,552 - 100\,000 = 20\,787.2 \text{（元）}$$

按最低报酬率计算的净现值为

$$NPV = 36\,000 \times (P/A, 20\%, 5) - 100\,000 = 36\,000 \times 2.9\,906 - 100\,000 = 7\,661.6 \text{（元）}$$

从计算结果可以看出，用资金成本和最低报酬率计算的该投资项目的净现值均大于零，这说明该物流企业投资物流设施设备不仅可以补偿资金成本，同时还可以达到并超出最低报酬率的要求，方案切实可行。

知识链接 8－7

净现值法的优缺点

优点：考虑了时间的资金价值，能科学反映投资项目的真正经济价值；考虑了项目计算期内的全部现金净流量，体现了流动性与收益性的统一；考虑了项目投资的风险性。

缺点：当不同项目投资额不同、投资期限不同时，难以确定投资项目的优劣；无法直接反映项目的实际投资收益率水平；整个项目计算期内现金流量的测算及贴现率的确定较为困难。

（2）现值指数法。如果两个方案的投资总额不相等，则不宜用净现值法进行比较，而宜用现值指数法比较。现值指数是投资方案未来现金流入总金额的现值同现金流出现值的比值。

$$现值指数=\frac{未来报酬（收入或现金流入）的总现值}{初始投资额（总流出现金的现值）}$$

通常，当现值指数大于 1 时，方案可行，且现值指数越大，方案越优。此方法与净现值法的区别在于：采用现值指数法弥补了净现值法难以正确评价投资额不同的各备选投资方案优劣的不足，因而使用范围比较广泛。

案例 8－5

现值指数法判断方案的可行性

根据案例分析 8-2 的资料，当资金成本为 15%时，试根据现值指数法判断方案的可行性。

分析：该投资项目的现值指数=（36 000×3.3 552）/100 000=1.21

现值指数 1.21 >1，说明该项目投资报酬率大于资金成本，方案可行。

知识链接 8－8

现值指数法的优缺点

优点：不仅具备了净现值法的优点，同时也弥补了净现值法在投资额不同的方案中难于抉择的缺陷，现值指数能从动态的角度反映项目投资的投入产出比。

缺点：与净现值法相似，难以确定贴现率，不能反映实际的投资报酬率。

（3）内含报酬率法。内含报酬率是指可以使未来现金流入现值（报酬）恰好等于未来现金流出现值时的贴现率，或者说是使投资方案的净现值为零时的贴现率。内含报酬率法是根据方案本身内含报酬率来评价投资方案优劣的一种方法。内含报酬率大于资金成本率，则该方案可行，且内含报酬率越高方案越优。

8.3　物流企业财务分析与评价

物流企业财务分析与评价是指通过对物流企业的财务报表和管理会计报告所提供的数据信息进行加工、处理和比较，以分析物流企业过去的财务状况和经营成果及未来前景，从而为物流企业及各有关方面进行经济决策，提高资产管理水平提供重要依据。

8.3.1　物流企业财务分析与评价的依据

1．资产负债表

资产负债表反映物流企业经过一段时间的经营后，期末所有资产、负债和所有者权益的数额及其变化情况，反映的是时间点的概念。资产负债表呈左右结构，其中资产在左，负债在右，并且左右两边最后一行的总计所显示出的数字金额必须相等，见表 8-6。这种平衡关系一般可用如下会计方程式表示。

资产=负债+所有者权益

表 8-6　资产负债表

编制单位：××××单位　　　　2010 年 12 月 31 日　　　　（单位：元）

行次	资产	期末余额	期初余额	行次	负债和所有者权益	期末余额	期初余额
1	流动资产			1	流动负债		
2	货币资产	66 000	60 720	2	短期借款	22 000	11 000
3	交易性金融资产	55 000	11 000	3	交易性金融负债		
4	应收票据	11 000	55 000	4	应付票据	5 500	4 400
5	应收账款	62 700	41 800	5	应付账款	12 650	9 900
6	预付款项	7 150	4 400	6	预收款项	7 400	7 700
7	应收利息			7	应付职工薪酬	2 200	1 100
8	应收股利			8	应交税费	15 950	14 850
9	其他应收款	1 650	550	9	应付利息		
10	存货	8 800	11 000	10	应付股利		1 100
11				11	其他应付款	3 300	1 100
12	一年内到期的非流动资产			12	一年内到期的非流动性负债	5 500	3 850
13	其他流动资产	4 400	2 200	13	其他流动负债		
14	流动资产合计	216 700	186 670	14	流动负债合计	74 500	55 000
15	非流动资产			15	非流动负债		
16	可供出售金融资产			16	长期借款	44 000	60 500
17	持有至到期投资	23 000	300	17	应付债券	33 000	22 000
18	长期应收款			18	长期应付款	5 500	5 500
19	长期股权投资	32 000	8 000	19	专项应付款		
20	投资性房地产			20	预计负债	2 500	
21	固定资产	111 870	82 500	21	递延所得税负债	1 000	2 000
22	在建工程	4 400		22	其他非流动负债		
23	工程物资			23	非流动负债合计	86 000	90 000
24	固定资产清理	3 300	9 900	24	负债合计	160 500	145 000
25	生产性生物资产			25	所有者权益（或股东权益）		
26	油气资产			26	实收资本（或股本）	110 000	110 000
27	无形资产	7 700	7 700	27	资本公积	10 000	9 000
28	开发支出			28	减：库存股		
29	商誉			29	盈余公积	95 370	22 000
30	长期待摊费用	2 200	3 300	30	未分配利润	25 300	8 470
31	递延所得税资产			31	所有者权益合计	240 670	149 470
32	其他非流动资产		107 800				
33	非流动资产合计	184 470	294 470				
34	资产总计	401 170		32	负债和所有者权益总计	901 170	

2．利润表

利润表又称损益表，是反映物流企业一定会计期间经营成果的报表，是会计报表三大主表之一。该表是按照各项收入、费用及构成利润的各个项目分类分项编制而成的。常见的利润表结构主要有单步式和多步式两种。在我国，企业利润表采用的是多步式结构（其格式见表 8-7、8-8），分为正表和补充资料两大部分。

表 8-7　利润表　（单位：万元）

项　目	本期金额	上期余额
一、营业收入	2 886	3 020
减：营业成本	2 503	2 644
营业税金及附加	28	28
销售费用	20	22
管理费用	40	46
财务费用	96	110
资产减值损失		
加：公允价值变动权益		
投资收益	24	40
二、营业利润	223	210
加：营业外收入	17	10
减：营业外支出	5	20
三、利润总额	235	200
减：所得税费用	75	64
四、净利润	160	136

表 8-8　利润分配表　（单位：万元）

项　目	上年实际	本年累计
一、净利润	160	136
加：年初未分配利润	700	730
其他转入	–40	–54
二、可供分配的利润	820	812
减：提取盈余公积	40	34
应付利润	50	28
三、未分配利润	730	750

3．现金流量表

现金流量表是会计报表的第三大主表，是以收付实现制为编制原则，汇总说明物流企业在报告期内经营活动、投资活动及筹资活动所带来的现金流量变动情况的会计报表，它是根据物流企业的资产负债表、利润表和利润分配表换算而成的。

现金流量表能够说明一定期间内现金流入和流出的原因，反映物流企业偿债能力；同时有助于分析物流企业投资和理财活动对经营成果和财务状况影响见表 8-9。

表 8-9 现金流量表

（单位：元）

项 目 名 称	第一季度	第二季度
一、经营活动产生的现金流量		
销售商品，提供劳务收到的现金	4000	5000
收到的税费返还	8000	9000
收到的其他与经营活动有关的现金	50000	60000
现金流入小计	62000	74000
购买商品、接受劳务支付的现金	20000	10000
支付给职工及为职工支付的现金	5000	4000
支付的各项税费	6000	2000
支付的其他与经营活动有关的现金	1000	2000
现金流出小计	32000	18000
经营活动产生的现金流量净额	30000	56000
二、投资活动产生的现金流量		
收回投资收益所收到的现金	200000	150000
取得投资收益所收到的现金	18000	50000
处置固定资产无形资产其他资产收到的现金净额	10000	40000
收到的其他与投资活动有关的现金	8000	7000
现金流入小计	236000	247000
构建固定资产无形资产其他资产支付的现金	100000	50000
投资所支付的现金	50000	3000
支付的其他与投资活动有关的现金	2000	100000
现金流出小计	152000	153000
投资活动产生的现金流量净额	84000	94000
三、筹资活动产生的现金流量		
吸收投资收到的现金	200000	300000
借款所收到的现金	50000	1000000
收到的其他与筹资活动有关的现金	30000	130000
现金流入小计	280000	530000
偿还债务所支付的现金	2000	50000
分配股利或偿付利息支付的现金	100000	50000
支付的其他与筹资活动有关的现金	50000	52000
现金流出小计	152000	152000
筹资活动产生的现金流量净额	128000	378000

8.3.2　物流企业财务分析与评价的指标体系

1．偿债能力分析与评价

（1）流动比率。流动比率指物流企业流动资产与流动负债的比率。其计算公式为

$$流动比率=\frac{流动资产}{流动负债}$$

它反映了流动资产对流动负债的保障程度，即单位负债相对应地有多少流动资产做后盾。其比率越高，表明物流企业的偿债能力越强。从债权人的角度来讲，对收回债权越有利和越有保障。一般流动比率为200%比较合理。

（2）速动比率。速动比率是指物流企业速动资产与流动负债的比率。物流企业的速动资产是指物流企业在短期内可以迅速转化为现金的资产，包括现金、股票、有价证券和应收账款等。其计算公式为

$$速动比率=\frac{速动资产}{流动负债}$$

由于存货一般要花费几个月的时间去处理，才有可能换回现金，所以存货不是速动资产。一般认为：速动比率应达到100%左右比较合理。过高，会造成资金闲置和浪费。

案例 8－6

流动比率和速动比率的计算

某物流企业 2008 年年末流动资产总额为 2 100 万元，其中存货 900 万元，待摊费用 50 万元，流动负债总额 1 000 万元，计算物流企业流动比率和速动比率并作简要分析。

计算：$流动比率=\frac{流动资产}{流动负债}=\frac{2\,100}{1\,000}=2.1$

$$速动比率=\frac{速动资产}{流动负债}=\frac{2\,100-900-50}{1\,000}=1.15$$

以上计算结果表明，该物流企业流动比率和速动比率均超过一般公认标准，反映该物流企业有较强的短期偿债能力。

（3）资产负债率。资产负债率是物流企业负债总额与资产总额的比率。其计算公式为

$$资产负债率=\frac{负债总额}{资产总额}\times 100\%$$

资产负债率是衡量物流企业总负债的资产保障程度的。从物流企业债权人的角度看，此指标越小越好，但从物流企业的角度看，此指标高表明物流企业活力充沛，但负债高，物流企业的再筹资能力会降低。

（4）产权比率。产权比率亦称为负债与股东权益比率，是负债总额与所有者（股东）权益总额的比率。其计算公式为

$$产权比率=\frac{负债总额}{所有者权益}$$

产权比率反映的是物流企业股东每单位权益承担着多少负债，其比率越高，股东的权益越不稳定、越无保障。

（5）利息保障倍数。利息保障倍数也称为利益所得倍数，是物流企业经营业务的收益与物流企业的总利息费用之间的比率，是反映物流企业在一定盈利条件下支付债务利息的能力。其计算公式为

$$利息保障倍数=\frac{息税前盈余}{利息费用}$$

此指标越高，则物流企业支付利息的能力越强，贷款越容易。

2．营运能力分析与评价

（1）存货周转率。存货周转率是指物流企业一定时期内的销售成本与平均存货的比率。其计算公式为

存货周转率（次数）=销售成本/平均存货

平均存货=（存货年初数+存货年末数）/2

存货周转天数=360/存货周转次数

存货平均占用额=（期初存货余额+期末存货余额）/2

在正常情况下，存货周转率越高，说明存货周转越快，存货利用效果好，营运资金用于存货的余额就越小。

（2）应收账款周转率。应收账款周转率是指物流企业赊销收入净额与应收账款平均余额的比率，是反映物流企业应收账款回收速度和管理效率的指标，该指标越高越好。其计算公式为

应收账款周转率（次）=销售收入净额/平均应收账款余额

其中　　销售收入净额=销售收入－销售折扣与折让

案例 8－7

应收账款周转率和分析

某物流企业 2007 年年末、2008 年年末、2009 年年末应收账款余额分别为 200 万元、220 万元和 250 万元，2008 年、2009 年赊销收入净额分别为 1 008 万元和 1 175 万元。计算 2008 年和 2009 年应收账款周转率并进行简要分析。

计算：$$2008年应收账款周转次数=\frac{1\,008}{(200+220)/2}=4.8（次）$$

$$2008年应收账款周转天数=\frac{360}{4.8}=75（天）$$

$$2009年应收账款周转次数=\frac{1175}{(220+250)/2}=5（次）$$

$$2009年应收账款周转天数=\frac{360}{5}=72（天）$$

以上计算结果表明，该物流企业 2009 年度应收账款周转率比 2008 年度有所改善，周转次数由 4.8 次提高到 5 次，周转天数由 75 天缩短为 72 天，这不仅说明了物流企业的资金营运能力有所增强，而且对流动资产的变现能力和周转速度也会起到一定的促进作用。

（3）流动资产周转率。流动资产周转率是指销售收入和流动资产平均余额的比率，反映的是全部流动资产的利用效率，该指标越高越好。其计算公式为

流动资产周转率（次数）=销售收入净额/平均流动资产总额

流动资产周转期（天数）=平均流动资产总额×360/销售收入净额

（4）总资产周转率。总资产周转率也称总资产利用率，是销售收入与资产总额的比率。其计算公式为

总资产周转率=销售收入净额/平均资产总额

总资产周转率反映物流企业全部资产的使用效率。

3．获利能力分析与评价

（1）资本金利润率。资本金利润率是指物流企业税后利润总额与资本金总额（在工商管理处注册的资金总额）的比率。其计算公式为

$$资本金利润率=\frac{利润总额}{资本金总额}\times100\%$$

资本金利用率反映的是物流企业资本金的获利能力。

（2）资产报酬率。资产报酬率是指物流企业利润总额同利息之和与资产平均

总额的比率。其计算公式为

$$资产报酬率=\frac{利润总额+利息}{资产平均总额}\times 100\%$$

把利息作为物流企业资产报酬的一部分是因为它也是物流企业负债资本增值的一部分，只是它被支付给了债权人。该指标的高低反映了物流企业资产的数量、结构及对资产的经营管理水平和投资能力。

（3）销售毛利率。销售毛利率是指物流企业在一定时期内毛利与销售收入的比率。计算公式为

$$销售毛利率=\frac{销售收入-销售成本}{销售收入}\times 100\%=\frac{毛利}{销售收入}\times 100\%$$

销售毛利率表示销售收入扣除销售成本后，有多少钱可以用于各项期间费用和形成盈利。销售毛利率是物流企业销售净利率的最初基础，没有足够大的毛利率便不能盈利。

（4）成本费用利润率。成本费用利润率是指税后利润净额与成本费用总额的比率。其计算公式为

$$成本费用利润率=\frac{利润净额}{成本费用总额}\times 100\%$$

成本费用利用率反映了物流企业付出与所得的关系。指标比率越高，说明物流企业为获得收益而付出的代价越小，物流企业的获利能力越强。

案例 8－8

财务指标的计算

某物流企业 2007 年度资产负债简表，见表 8-10。

表 8-10　某物流企业 2007 年度资产负债简表　　（单位：万元）

资　　产	金额	负债与所有者权益	金额
现金	300	应付票据	250
应收账款	600	应付账款	550
存货	800	应付工资	100
待摊费用	300	长期借款	1 000
固定资产净额	3 000	实收资本	2 500
		未分配利润	600
总计	5 000	总计	5 000

该公司 2007 年销售收入净额为 15 000 万元，净利润为 1 800 万元，要求计算：

流动比率、速动比率、资产负债率、产权比率。

计算：$流动比率=\frac{流动资产}{流动负债}=\frac{2\,000}{900}=2.22$

$速动比率=\frac{速动资产}{流动负债}=\frac{1\,200}{900}=1.33$

$资产负债率=\frac{负债总额}{资产总额}\times 100\%=\frac{1900}{5\,000}=38\%$

$产权比率=\frac{负债总额}{所有者权益}=\frac{1900}{3100}=61.3\%$

8.3.3　物流企业财务分析的基本方法

任何财务分析方法的选择都要根据分析的目的而定，物流企业财务分析的基本方法有三种。

1．比率分析法

比率分析法是利用会计报表及有关财会资料中两项相关数值的比率，揭示物流企业财务状况和经营成果的一种分析方法。比率指标主要有三类，第一类为构成比率，用以计算某些经济指标的各个组成部分占总体的比重；第二类为效率比率，用以计算某项经济活动中所需与所得的比例；第三类为相关比率，用以计算具有相关关系指标的比率。

2．比较分析法

比较分析法是通过某项财务指标与性质相同的指标评价标准进行对比，揭示物流企业财务状况和经营成果的一种分析方法。比较分析法有三种形式，一是实际指标与计划（定额）指标比较；二是本期指标与上期指标或历史最好水平比较，从而了解物流企业经营活动的发展趋势和管理工作的改进情况；三是本物流企业的指标同国内外先进物流企业的指标比较，可以找出与先进物流企业之间差距，推动本物流企业改善经营管理。

小思考 8－6

运用比较分析法进行分析时，有哪两种指标数值？

答：一是绝对数指标比较，说明数额差异，借以了解金额变动情况；二是相对数指标比较，说明百分率差异，借以了解变动程度。

3．趋势分析法

趋势分析法是利用会计报表提供的数据资料，将各期实际指标与历史指标进行定基对比和环比，揭示物流企业财务状况和经营成果变化趋势的一种分析方法。趋势分析法的具体运用主要有三种形式：一是重要财务指标的比较；二是会计报表的比较；三是会计报表项目构成的比较。

知识链接 8－9

杜邦分析法

杜邦分析法是由美国杜邦公司的财务经理创造的，它是一种利用各个主要财务比率之间的内在联系，通过建立财务比率分析的综合模型——杜邦模型，来综合地分析和评价企业财务状况和经营成果的综合分析方法。采用这一方法，可使财务比率分析的层次和条理更加清晰，为财务分析人员能全面地、仔细地了解企业的经营和获利状况提供方便。

杜邦模型由杜邦延伸等式和杜邦修正图两部分内容组成，其最显著的特点是将若干个用以评价企业经营效率和财务状况的比率按其内在联系有机地结合起来，形成一个完整的指标体系，并最终通过净资产利润率进行综合反映。

杜邦分析模型能较好地解释指标变动的原因和趋势，分析不同财务策略所产生的影响，能够为采取进一步的措施指明方向，它没有另外建立新的财务指标，而是建立了一套对财务比率进行分解的方法，同时，通过这种分解还能够使我们了解不同行业资产的效率、销售利润水平和财务杠杆运用水平的匹配情况，从而掌握不同行业企业的基本经营特征。

8.4 建立新型的物流企业财务运作模式

8.4.1 建立新型的物流企业财务运作模式的必要性

1. 我国物流企业财务运作模式存在的问题

（1）物流企业外部筹资困难。从我国物流企业现状来看，大规模的资金需求依靠物流企业自身是难以筹集的，而通过资本市场或者金融机构筹集资金也存在重重障碍。

（2）资金管理松散，使用效率低。由于资金管理方式落后，缺乏手段，资金体外循环、随意投资、使用效率偏低等问题在所难免。资金不能统筹使用，也无形中增加了物流企业整体的资金运作负担和经营风险，影响物流企业整体效益。

（3）财务监管粗放。大多数物流企业对下属公司的财务管理和控制力度不够，核算和内控制度不合理，对下属公司的财务监督缺少有效的手段与方法等。

（4）财务信息失真。目前财务信息的采集仍然依靠传统的手段，常出现会计核算不准、报表不真实、账物不符、账表不符，会计报表难以体现下属企业的实际经营状况，甚至做假账、编假报表的问题也不同程度地存在。

2．建立新型的物流企业财务运作模式的必要性

面临日益激烈的行业竞争和国外同行的压力，我国物流企业必须从传统物流向现代物流转变，物流企业规模也将向大型化和国际化的方向发展。现代物流企业要想进一步发展，就有必要解决物流企业财务管理中的这些瓶颈问题，特别是要完善财务管理，其关键是必须建立新型的物流企业财务运作模式，以提高物流企业竞争能力。

8.4.2　建立新型的物流企业财务运作模式的方法

物流企业采用传统分散式财务管理，造成了我国物流企业财务运作模式上存在着大量的问题。为了适应时代发展，物流企业也在不断探索财务运作模式，而实行财务集中管理是物流企业进行统一财务管理核算，加强监督控制的必要要求。其具体做法如下。

1．明确物流企业财务管理目标

财务管理的最终目标是围绕着物流企业价值最大化这个中心目标展开的。物流企业可根据自身的发展现状、以前年度同期发展情况及同行业同期平均水平，对相关指标收入、支出、利润、折旧、摊销、资本支出、营运资本等影响现金流量的指标进行分析对比，根据物流企业风险规避情况及物流企业资金结构，合理确定物流企业的销售增长，控制好物流企业运作成本。

2．实行全面的预算管理

预算管理是采用价值形式对物流企业经营活动进行预算、调节、决策和目标控制的管理形式。全面预算管理是集事前、事中、事后监管于一身的一种有效的现代监控手段。在现代物流企业中建立以全面预算为中心的财务管理运行机制，对提高物流企业管理水平、增强竞争力有着十分重要的意义。

3．推行会计委派制

会计委派制是指由会计委派主体对用人单位所需使用的会计人员统一进行委派和管理的一种会计管理体制。受委派会计人员不仅在业务上而且在行政等方面都由委派部门统一管理，各用人单位不再对会计人员行使包括行政在内的管理权。

4．完善制度、严格执行

严格执行会计法律、法规、规章制度，结合物流企业实际，不断完善适合物流企业情况的财务制度。一是综合性的管理制度，如财会人员岗位职责、资产管理制度、支出报销审批制度等；二是单项管理制度，如业务车、船管理制度，邮电费、差旅费开支制度等。制度健全后，严格按章办事，堵塞漏洞，节约资金，充分发挥资金的使用效益，让财务管理在财务预算、会计核算、会计监督、财务绩效考评等工作中发挥应有的作用。

5．拓展管理内容，创新管理手段

除传统的资金管理和财物管理外，还应向金融风险管理、税金管理、保险管理，甚至知识管理方面拓展，加强资金筹集的有效性、投资决策的科学性，减少盲目性。其次是财务管理方法的更新，量化的财务管理方法应得到更多的应用，如定量预测、滚动预算、风险决策及不确定性决策等。另外，防范风险、提高效率的财务控制方法和财务分析方法也应受到足够的重视。最后是财务管理手段的改良，加强物流企业的信息化建设，逐步将网络财务融入到物流企业资源规划中。

6．构建财务会计管理信息系统

财务信息化，是指物流企业财务人员利用计算机网络和通信技术等现代科技，对物流企业进行流程再造，并建立与之相适应的财务管理模式，发掘物流企业财务资源的信息潜能，提高物流企业财务管理效率，实现物流企业财务目标的过程。建立统一的计算机网络平台，可以从根本上解决由于受时空局限而产生的信息沟通不畅问题，架起财务信息与物流信息沟通的桥梁。

案例 8－9

中远物流的财务精益化管理

中远物流建立了精益化财务管理的长效机制，充分发挥了财务管理在公司经营和管理链条中的作用，初步建成了满足第三方物流业务和其他业务发展需要，适应境内境外双重监管体系要求的会计核算体系和财务管理体系。

（1）加强成本管理，强化预算控制。加强成本构成要素的分析控制；进一步强化预算的刚性控制机制；在条件成熟的重点物流项目中推进全面预算管理。

（2）统一制度规范，优化流程再造。规范全系统财务制度体系；以 SAP 上线为契机，对再造的流程进行实质检验；规范会计核算流程体系。

（3）结合 TMT 计划实施，持续推进精益管理。通过“TMT”计划的实施，对财务、商务及具体业务人员进行相关财务知识培训；针对物流业务专门制定 11 项财务制度；推进动态预算体系的建立，推行项目预算批复制。

分析：传统的财务运作较为松散，导致物流企业财务管理效率低下。中远物流通过采用预算控制、制度规范等推进财务精益管理，充分发挥了财务管理在物流企业经营中的重要作用。

本章知识结构图

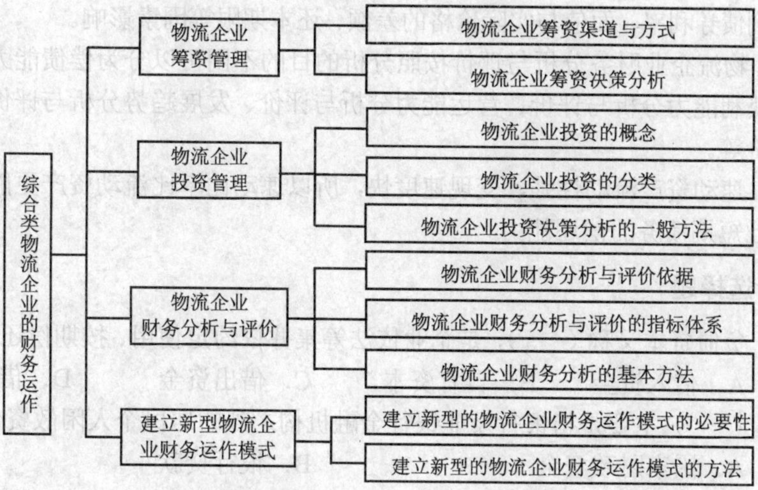

复习与训练

一、基本训练

1．讨论题

（1）物流企业筹资渠道及筹资方式有哪几种？

（2）试比较普通股、债券筹资有哪些优缺点？

（3）什么是租赁筹资？租赁筹资有哪些类型？

（4）什么是物流企业的财务运作？它包括哪些内容？

（5）物流企业筹资决策应考虑哪些因素？

（6）物流企业财务分析与评价的依据是什么？

（7）物流企业财务分析与评价的指标有哪些？分别代表什么意义？

2．判断题

（1）其他企业资金主要是资金所有者通过资本公积金、盈余公积金和未分配利润等形式留在企业内部的资金，是所有者对企业追加投资的一种形式。（　）

（2）综合资本成本是以各种资本占全部资本的比重为权数，对各种来源的资本的成本进行加权平均计算，又称之为加权平均资本成本。（　）

（3）物流企业应将筹集到的资金尽快用于投资，以取得盈利，但任何投资都有不同程度的风险性，企业在投资时，不必认真分析影响投资决策的各种因素。（　）

（4）债券收益率是指债券的购买者在债券上的收益与他投入的本金之比。它主要受到债券利率、面值与实际价格的差额、还本期限等因素影响。（　）

（5）物流企业财务分析与评价按照分析的目的不同可以分为偿债能力分析与评价、获利能力分析与评价、营运能力分析与评价、发展趋势分析与评价和综合分析评价等。（　）

（6）速动资产流动性强、变现速度快，所以速动比率比流动资产更能精确地反映企业短期债务的偿还能力。（　）

3．选择题

（1）负债资本又称（　），是企业依法筹集并依约定使用、按期偿还的资金。

A．借入资金　B．自有资本　C．借出资金　D．借入资金

（2）（　）主要是指银行及非银行金融机构之外的居民个人闲散资金。

A．国家财政资金　B．银行贷款

C．其他企业资金　D．居民个人资金

（3）外国投资者及港、澳、台地区投资者投入的资金是（　）。

A．外商投资　B．银行贷款

C．国家财政资金　D．居民个人资金

（4）按一定的利率，在一定的期限内，把货币资金提供给需要者的一种经营活动是（　）。

A．租赁筹资　B．银行贷款

C．发行股票　D．吸引直接投资

（5）贴现的投资决策分析方法不包括（　）。

A．净现值法　B．现值指数法

C．内含报酬率法　D．终值指数法

（6）（　）是指企业速动资产与流动负债的比率。

A．流动比率　B．速动比率　C．资产负债率　D．产权比率

4．多项选择题

（1）物流企业筹集资金总的要求是要分析评价影响筹资的各种因素，讲究筹资的综合效果，主要包括（　）。

A．确定资金需要量　B．控制资金投放时间表

C．选择资金来源渠道　D．确定合理资金结构

（2）权益资本又称自有资本，主要包括（　）。

A．资本公积金　B．盈余公积金　C．实收资本　D．未分配利润

（3）物流企业筹资渠道主要包括（　　　）。

A．国家财政资金　　　　　　　B．银行贷款

C．其他企业资金　　　　　　　D．居民个人资金

（4）筹资的方式包括（　　　）。

A．吸引直接投资　　　　　　　B．发行股票

C．发行债券　　　　　　　　　D．租赁筹资

（5）企业投资分为（　　　）。

A．长期投资　　B．短期投资　　C．对内投资　　D．对外投资

5．技能题

（1）某物流企业为筹集资金，计划发行债券 200 万元，票面利率 8%；优先股 200 万元，股利率 15%；普通股 100 万元，预计下一年的股利率为 20%，股利以每年 2%的速度递增，筹资费用率为 5%。试计算此次筹资计划的加权平均资金成本（企业适用所得税税率为 17%）。

（2）某物流企业拟建设一个分公司，有三个投资方案可选择，设贴现率为 10%，有关数据见表 8-11：

表 8-11　投资方案

年　份	A 方 案		B 方 案		C 方 案	
	净 收 益	现金净流量	净 收 益	现金净流量	净 收 益	现金净流量
0		(20 000)		(9 000)		(12 000)
1	1 800	11 800	(1 800)	1 200	600	4 600
2	3 240	13 240	3 000	6 000	600	4 600
3			3 000	6 000	600	4 600
合 计	5 040	5 040	4 200	4 200	1 800	1 800

试计算净现值、净现值率、现值指数、内含报酬率，并分析方案的最优性。

（3）某物流企业需 1 000 万元的投资额对固定资产投资，请提出筹集资金的方案。

实训目的：对筹资方案进行论证并制定物流企业筹资计划书。

实训要求：利用筹资管理知识进行论证；计划书要目标明确、内容完整、理由充分、步骤严密、文字精练有条理。

（4）分析某物流企业的财务报表，计算存货周转率、应收账款周转率、流动资产周转率等指标并计算三年的变化趋势，撰写财务预测报告。

实训目的：通过了解物流企业的财务报表，加深对物流企业财务运作的认识。

实训要求：能够熟练运用财务评价指标、财务分析方法，报告阐述问题清楚，突出重点，结构合理，层次分明，条理清晰，逻辑性强。

二、案例分析

某物流公司的筹资方案决策

某物流公司急需1亿元的资金用于某技术改造项目，为此，召开了由生产副总、财务副总、销售副总、某信托公司金融专家、某经济学教授、某大学财务学者组成的专家研讨会，讨论该公司筹资问题。

生产副总说：目前筹资的1亿元资金，主要是用于投资少、效益高的技术改进项目，这些项目在两年内均能完成建设并正式投产，到时将大大提高公司的生产能力和产品质量，估计这笔投资在改造投产的三年间可完全收回，所以应发行五年期的债券筹集资金。

财务副总说：公司自有资金比率为40%，负债比率为60%，这种负债比率在我国处于中等水平，如果利用债券筹集1亿元资金，负债比率将达到64%，显然负债比率过高，财务风险太大，所以，不能利用债券筹资，只能靠发行普通股或优先股筹集资金。

金融专家认为：目前我国资本市场不够完善，投资者对股票投资还没有充分认识，再加上今年股市的“扩容”速度过快，因此，在目前条件下要发行1亿元普通股是很困难的，发行优先股还可以考虑，但根据目前的利率水平和生产情况，发行时股息不能低于16.5%，否则无法发行。如果发行债券，因要定期付息还本，投资者的风险较小，估计以12%的利率便可顺利发行债券。

经济学教授认为：目前我国经济正处于改革开放的大好时期，在进行筹资和投资时应考虑这一因素，不能盲目上马，否则后果将不够理想。

销售副总认为：将来一段时期内销售量不成问题，这是因为公司这几年销售情况一直很好，业务涉及全国大部分省市，所以市场经营环境变化不会对公司业务造成很大的影响。

财务副总还认为：公司属于股份制企业，目前所得税税率为17%，税后资金利润率为16%，若这项技术改造项目上马，由于采用了先进设备，投产后预计税后资金利润率将达到18%，所以技术改造项目应付诸实施。

财务学者认为：以16.3%的股息发行优先股不可行。因为发行优先股所花费的筹资费用较多，把筹资费用扣掉以后，预计利用优先股筹集资金的资金成本将达到19%，这已高于公司税后资金利润率1%，所以不可行。但若发行债券，由于利息可在税前支付，实际成本在大约在9%左右。他还认为，目前我国正处于通胀时期，利息率比较低，这时不宜发行较长时期的负担较高的证券。所以应先向银行筹借 1 亿元的技术改造贷款，期限为一年，一年以后，再以较低的股息率发行优先股股票来替换技术改造贷款。

财务副总听了财务学者的分析后，也认为按 16.5%发行优先股，的确会给公司带来沉重的财务负担，但也不同意财务学者后面的建议，他认为，在目前条件下向银行筹措 1 亿元技术改造贷款几乎不可能，另外，通货膨胀在近一年内不会消除，要想消除通货膨胀，利息率有所下降，至少需要两年时间。金融学家也同意财务副总的看法，他认为一年后利息率可能还要上升，两年后利息率才会保持稳定或有望下降。

资料来源：王化成．财务管理教学案例[M]．北京：中国人民大学出版社，2001.

问题：

（1）归纳一下这次筹资研讨会上提出了哪几种筹资方案？

（2）对会上的几种筹资方案进行评价。

（3）若你在场的话，听了与会同志的发言后，应该如何做出决策？

三、综合实训

实训项目：物流企业的筹资和投资决策

1．实训目的

（1）了解物流企业筹资管理；

（2）了解物流企业投资管理；

（3）了解物流企业财务分析与评价方法和指标；

（4）掌握筹资和投资的决策方法；

（5）熟练应用财务三大报表，对物流企业财务状况进行分析。

2．实训内容

（1）实地参观物流企业；

（2）熟悉物流企业的财务运作；

（3）对物流企业的财务管理进行分析，发现问题，并提出优化和改进方案。

（4）某物流企业需投资 1 000 万元至 1 500 万元的项目，请设计筹资方案，请尽可能涉及多种筹资方式，并利用筹资管理知识对筹资方案进行论证，以支持或不断修正方案，并完成物流企业筹资计划书，计划书字数在 1 000 字左右，要求：目标明确、内容完整、理由充分、步骤严密。

另外，因项目计划更改，该物流企业将所筹集的部分资金用于该项目，另还剩余 300 万元的资金闲置，请为这 300 万元的闲置资金设计投资方案，并论证方案的可行性。

3．实训要求

（1）以 5～6 人为一组，进行合理分工，每人应有明确任务；

（2）认真考察物流企业，熟悉其财务管理的制度、方法和手段；

（3）根据所学知识，对物流企业的财务运作现状进行分析；

（4）撰写实践报告；

（5）实践报告完成后设课堂讨论课，交流实训经验。

4．注意事项

（1）要注意组内的分工协作；

（2）虚心向企业工作人员学习求教；

（3）在企业期间遵守各项规章制度，注意劳动安全。

第 9 章 综合类物流企业的质量保障

学习目标

知识目标

- 了解质量的概念及质量管理的含义和特点;
- 掌握物流质量及物流质量管理的内容;
- 了解 PDCA 的工作方法;
- 熟练掌握物流质量指标体系的建立和使用;
- 能运用常用的物流质量管理统计工具解决现实问题;
- 了解 ISO9000:2000 的标准构成;
- 了解物流企业推行 ISO9002 标准的基本方法和途径;
- 了解物流企业质量管理体系的建立和运行。

技能目标

- 能运用质量管理统计工具、PDCA 工作方法设计改进物流企业质量管理方案;
- 能运用所学理论在物流企业推行质量认证。

引例

某物流公司的质量创新活动

某物流公司在全国有多个配送中心,公司管理层认为真正的竞争优势在于提供优质服务,因此,要在全公司实施质量创新活动,要求能够连续 24 小时为全国大部分地区提供服务。

为此公司采取了三项创新活动:

(1)质量循环。提出一系列小改革,解决工作中存在的主要问题。

(2)精确至上。提供精确的顾客信息,确保产品在质量和数量上的正确,对每次装运的货物进行质量控制和实际点数检查，不断消除物流过程的浪费。

（3）激光技术。优化硬件和软件，扫描站操作人员减少，用科技技术改进了质量管理。

本案例表明：提高管理水平是一个渐进的过程，是从小变到大变，从量变到质变的过程；追求精确至上的质量管理流程，把物流服务的精确性与物流运作的精确性结合起来；只有运用现代化高新技术才能够有效地促进企业质量管理的发展。

9.1 物流企业质量管理概述

物流企业服务质量的好坏，决定着物流企业能否在激烈的市场竞争中生存和发展。而质量管理是为适应时代的要求而不断变化的产物。随着物流企业所处环境条件的变化，质量管理的内容也发生了很大变化。质量管理活动的范围从处理索赔扩大到检查业务、改进工序、保证设计质量等，在物流、服务（保全、修理）、废品的回收和再利用等各阶段，也必定要实施质量管理活动。

9.1.1 物流企业质量及质量管理

1．质量及物流质量

（1）质量。质量是一组固有特性满足要求的程度，质量的含义有以下四点：

1）质量不仅是指产品质量，也可以指某项活动或过程的工作质量，还可以是质量管理体系运行的质量。

2）固有特性是产品、过程和体系的一部分，与产品本身不可分割，如运输速度、仓库的库容量等，而产品的价格不是产品的固有特性，是人赋予的特性。

3）质量最主要反映的是满足顾客要求的程度，而不是反映特性总和，因为顾客要求的满足程度才是反映质量好坏的重要标准。

4）质量的相对性。质量标准和质量要求因环境、地区、国家、消费者、时间等的不同而有差异和变化，因此产品应不断适应这种变化的要求。

（2）物流质量。物流质量是物流活动本身固有的特性满足物流客户和其他相关要求的能力。物流质量是物流企业服务管理的核心内容，物流质量的好坏直接关系到物流整体的绩效水平。物流质量通常包括以下方面：

1）物流对象的质量：物流对象是具有一定质量的实体，具有合乎要求的等级、尺寸、规格、性质、外观等质量特性。这些质量是在生产过程中形成的，物流过程在于转移和保护这些质量，最终实现对用户的质量保证。因此，对用户的质量保证既依赖于生产，又依赖于流通。现代物流过程不单是消极地保护和转移物流对象，还可以采用流通加工等手段改善和提高商品的质量。由此，物流过程在一定程度上说就是商品质量的“形成过程”。

2）物流工作质量：物流工作质量是物流各环节、各工种、各岗位的具体工作质量。为实现总的服务质量，要确定具体的工作要求，以质量指标形式确定下来则为工作质量目标，这是将物流服务总质量目标分解成各个工作岗位可以具体实现的质量，是提高服务质量所做的技术、管理、操作等方面的努力。因此，需强化现代物流管理，建立科学合理的管理制度，充分调动员工积极性，不断提高物流工作质量。

3）物流工程质量：物流工程质量是指物流系统运作中支撑物流活动的要素的系统性质量，由人员、设备、材料、方法、测量器具和环境等共同决定，包括人员素质、体制因素、设备性能、工艺方法、计量与测试和环境等因素的稳定性。

提高工程质量是进行物流质量管理的基础工作，提高工程质量，就能做到以预防为主的质量管理。

很明显，工程设施的水平和质量．可以从根本上决定物流的水平和质量。例如，采用大型集装箱联运系统之后，就杜绝了物流过程中单件货物的丢失。

4）物流服务质量：物流具有很强的服务性质，整个物流的质量目标就是其服务质量。而物流服务质量因顾客不同而要求各异，因而必须了解和掌握客户对物流服务的要求。主要包括：商品质量的保持程度；流通加工对商品质量的提高程度；批量及数量的满足程度；配送额度、间隔期及交货期的保证程度；配送、运输方式的满足程度；成本水平及物流费用的满足程度；相关服务的满足程度。

物流服务质量或者物流客户质量与商品质量保证和改善一起，作为顾客直接感受到的服务质量，会对顾客评价物流质量产生决定性影响。

小思考 9－1

物流工作质量与物流服务质量的关系是怎样的？

答：物流工作质量和物流服务质量是两个关联但又不太相同的概念。物流服务质量水平取决于各个工作质量的总和，工作质量是物流服务质量的保证和基础。不断提高物流工作质量，物流服务质量也会有一定程度的保证。

知识链接 9－1

物流服务质量特征

物流服务质量是顾客感知的对象。例如，顾客在接受货物位移时，所感知的是物流服务。物流服务质量发生在物流服务生产和交易过程中，其特征具体表现在以下几个方面：

（1）从属性。由于客户企业的物流需求是以商流为基础，伴随商流而发生，因此，物流服务必须从属于客户企业物流系统，表现在流通货物的种类、流通时间、流通方式、提货配送方式都是由客户选择决定，物流企业只是按照货主的需求，提供相应的物流服务。

（2）即时性。物流服务是属于非物质形态的劳动，它生产的不是有形的产品，而是一种伴随销售和消费同时发生的即时服务。

（3）移动性和分散性。物流服务是以分布广泛、大多数是不固定的客户为对象，所以，具有移动性及面广、分散的特性，它的移动性和分散性会使产业局部的供需不平衡，也会给经营管理带来一定的难度。

（4）需求波动性。由于物流服务是以数量多而又不固定的顾客为对象，它们的需求在方式上和数量上是多变的，有较强的波动性，为此容易造成供需失衡，是在经营上劳动效率低、费用高的重要原因。

（5）可替代性。物流服务的可替代性主要表现在两个方面：①站在物流活动承担主体的角度看，产生于工商企业生产经营的物流需求，既可以由工商企业自身采用自营运输、自营保管等自营物流的形式来完成，也可以委托给专业的物流服务供应商，即采用社会化物流的方式来完成。②站在物流企业提供的服务品种看，由于存在着公路、铁路、船舶、航空等多种运输方式，顾客可以在对服务的成本和质量等各种相关因素权衡之后，自主选择运输形式。因此，不同运输手段便会产生竞争，物流企业的竞争不仅来自同行业内的不同企业，还来自不同行业的其他企业。

（3）物流质量衡量。如何衡量物流质量是物流企业管理的重点。物流质量的保证首先建立在准确有效的质量衡量上。大致说来，物流质量主要从以下三个方面来衡量：

1）物流时间：时间价值在现代社会的竞争中越来越凸现出来，谁能保证时间的准确性，谁就能获得客户。由于物流的重要目标是保证商品送交及时，因此时间成为衡量物流质量的重要因素。

2）物流成本：物流成本的降低是物流企业获得利润的源泉。如果从物流业总体费用考虑，有关资料显示，物流费用占商品总成本的比例，从账面反映已超过40%。由此可见，物流成本的降低也是节约社会资源的有效途径。

3）物流效率：物流质量直接影响了物流效率，物流是一项系统工程，物流对象、物流工作、物流工程和物流服务等质量都会作用于物流效率。如物流对象质量，关系到物流包装、装卸及配送等物流功能活动，也就影响到物流效率的提高。

对物流企业而言，物流效率是指物流系统能否在一定的服务水平上满足客户的要求，也是指物流系统的整体构建。对于社会来说，衡量物流效率是一件复杂的事情。因为社会经济活动中的物流过程非常复杂，物流活动内容和形式不同，必须采用不同的方法去分析物流效率。一般来说，采用物流相关行业的成本费用总和与GDP的比值来评价物流总体效率。

（4）物流企业物流质量评价指标体系。物流质量管理关键就是对物流运作系统的考核，物流质量管理的不同环节，有不同的标准与考核指标，对于运输环节，可以从正点运输率、装载率和运力利用率等指标来考核。发展物流质量的指标体系对于控制和管理物流系统来说至关重要。

一般来说，物流服务目标质量指标包括物流工作质量指标和物流工程质量指标两个系列，以这两个指标为纲，在各个工作环节和各系统中又可以制定一系列“分目标”的质量指标，从而形成一个物流质量评价指标体系，如图 9-1 所示。具体质量指标计算见表 9-1。

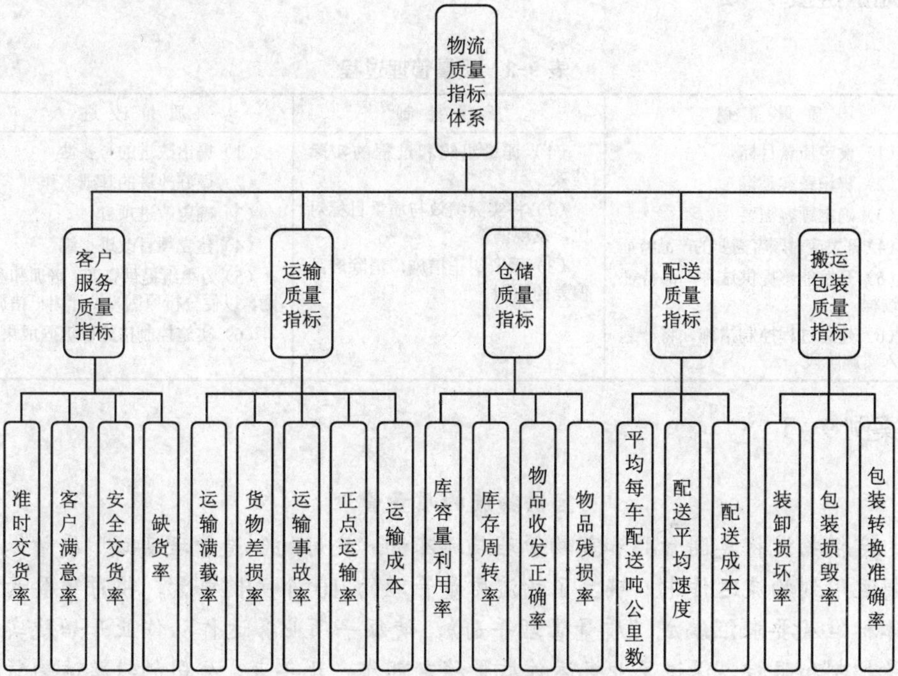

图 9-1　物流质量评价指标体系

表 9-1　物流质量评价指标的计算

指 标 体 系	主 要 指 标
服务水平指标	服务比率 $=\dfrac{满足要求次数}{用户要求次数}\times 100\%$
	缺货率 $=\dfrac{缺货次数}{用户要求次数}\times 100\%$
满足程度指标	满足程度比率 $=\dfrac{满足客户数量}{用户要求数量}\times 100\%$
交货水平指标	交货比率 $=\dfrac{按期交货次数}{总交货次数}\times 100\%$
交货期质量指标即交货及时性	交货及时性 = 规定交货期 − 实际交货期
商品完好率指标	商品完好率 $=\dfrac{交货时完好的商品}{物流商品总量}\times 100\%$
物流费用指标	物流费用率 $=\dfrac{物流费用}{物流总量}\times 100\%$

2．物流企业的质量管理

（1）质量管理。质量管理是指在保证和提升质量方面的计划、组织、指挥和控制活动，如制定质量方针和质量目标，进行质量策划、质量控制、质量保证、质量改进工作等。

知识链接 9－2

表 9-2　质量管理过程

质量策划	质量控制	质量改进
（1）设定质量目标 （2）辨识顾客是谁 （3）确定顾客需要 （4）开发应对顾客需要的产品特征 （5）开发能够提供这种产品特征的过程 （6）建立过程控制措施，将计划转入实施阶段	（1）评价组织和过程的实际绩效 （2）将实际绩效与质量目标对比，发现偏差 （3）采取纠正措施，消除产品偏差的原因	（1）提出改进的必要性 （2）做好改进的基础工作 （3）确定改进项目 （4）建立项目改进小组 （5）为小组提供资源、培训和激励，以便分析原因，设计纠正措施 （6）实施控制措施以巩固成果

案例 9－1

宝供物流的质量管理

宝供物流将美国食品和药物管理局颁布的“良好的制造管理实践”质量保证思想运用到物流运作中，确立了物流质量管理的 10 个关键要素，将每项要素的具体标准及要求汇编成《质量管理手册》，使每一项业务运作从作业开始就实施质量控制和跟踪，保证了业务运作质量稳定可靠。几年来，公司的铁路运输货物缺损率控制在万分之一左右，公路运输和仓储缺损率为零，铁路运输时间达标率在 95%以上，公路运输达标率在 98%以上，获得了客户的一致赞许。

分析：该案例描述了质量管理的前两个过程，即质量策划和质量控制，即使只使用了这两个过程，也同样使得物流企业的服务质量得到了极大的提高。

（2）物流企业质量管理的含义、内容及特征。物流企业质量管理（Logistics Quality Management）就是依据物流系统运动的客观规律，为了满足物流客户的服务需要，通过制定科学合理的基本标准，运用经济办法开展的策划、组织、计划、实施、检查和监督、审核等所有管理活动的总和。

物流企业质量管理内容主要包括质量保证和质量控制两个方面的内容。

质量保证是物流企业对用户来说的，就是要对用户实行质量保证。包括物流活动本身的质量管理、物流服务质量保证、物流工作质量保证和物流工程质量保证。其中，物流活动本身的质量管理，就是运输、保管、装卸、搬运、包装、流通加工、配送及信息等各物流环节的质量管理。

小思考 9－2

质量保证是否等同于“保证质量”？

答：质量保证的内涵已不是单纯地为了保证质量，它不同于“保证质量”。保证质量是质量控制的任务，而“质量保证”则是以保证质量为基础，进一步引申到提供“信任”这一基本目的。

案例 9－2

中邮物流公司的质量服务保障体系的建立

为了保障物流项目的正常运作，从以下几个方面拟定质量保障措施：

（1）服务质量承诺：配送准时率 95%；物品完好率 99.7%；配送签收信息反馈率 95%；客户满意率 98%。

（2）常规安全保障：①发货安全保障。中邮物流提供代包装服务，除此之外，丰富的内部作业组织管理经验和能力，以及对作业全过程的有效监控，使汽车配件的发货安全得到充分保障。②运输安全保障。中邮物流车型种类齐全，备有 3～20 吨的各种汽车，火车邮箱内有专人负责看护，使货物在防雨、防水、防盗等安全方面得以保证。③人员保障。中邮物流拥有经验丰富的司机队伍，固定的运输线路、严格的运输载货标准，总结整理出一套切实可行的规章管理制度，多年的长途运输经验是中邮物流无重大交通事故的根本保障。④中邮物流可以为公司备件运输提供代办运输全程险服务。

（3）应急保障服务。应急保障体系为：①全天候服务，24 小时（包括节假日）；②待命服务；③项目应急措施—邮政全网协作。

分析：本案例说明了建立物流服务质量保障体系不仅可充分运用物流质量指标体系，而且也可以从物流对象、物流工程、物流工作、物流服务四个方面着手启用具体的保障体系。

质量控制是对物流企业内部来说的，是为保证某一工作、过程和服务的质量所采取的作业技术标准和有关活动。质量控制是测量实际的质量结果与标准进行对比，对某些差异采取应对措施的调节管理过程，它是质量保证的基础，质量控制的对象是物流诸功能的实施与管理活动。

物流企业质量管理具有系统性、全员参与性、目的性、科学性、综合性等特征。质量管理是一项系统工程，一个科学的质量目标应该是物流企业各个部门及人员的共同努力的方向。物流企业的业务涉及面广、环节众多、资源和人力的投入大，要加强质量管理就要求整个企业的各个环节、各种资源及业务流程相互配合与协调。员工是物流管理活动的主体，也是物流管理活动的客体。物流企业、物流项目甚至是物流任务都必须通过组织内各职能、各层次人员参与实现和实施。顾客是物流企业服务的对象，也是物流企业得以生存的基础。质量管理以满足顾客需求为目标。质量目标的制定是一个科学的过程，应以基础数据为依据，以先进的管理理念为指导，以科学的技术为手段。影响物流质量的因素是复杂的、多变的。物流企业质量管理内容不仅包括物流对象本身的管理，还包括相关的工作质量、工程质量和服务质量。

9.1.2 物流企业全面质量管理

1．全面质量管理的概念

全面质量管理简称 TQM（Total Quality Management），是指以质量为中心，建立在全员参与基础上的一种管理方法，其目的在于通过让顾客满意和本组织所有成员及社会受益而达到长期成功的管理途径。物流企业全面质量管理是新时期对物流服务质量管理的要求，也是全面质量管理的理论和方法在物流活动中的运用，即将组织管理、专业技术和统计方法结合起来，建立一整套质量管理工作体系，对物流业务的质量进行全方位、全员及全过程的管理。

全面质量管理的特点是“三全”和“一多样”，即全面的质量管理、全过程的管理、全员参与的管理和质量管理方法多样化。

2．全面质量管理的基本方法——PDCA 循环

（1）PDCA 循环的内容。质量管理的基本工作方法按计划、实施、检查、处理四个阶段不断循环运转。由于计划、实施、检查、处理的第一个字母分别是 P、D、C、A，故称 PDCA 循环，如图 9-2 所示。它是由美国质量管理专家戴明首先提出来的，故也称戴明循环。它是物流企业质量保证体系运转的基本方式。

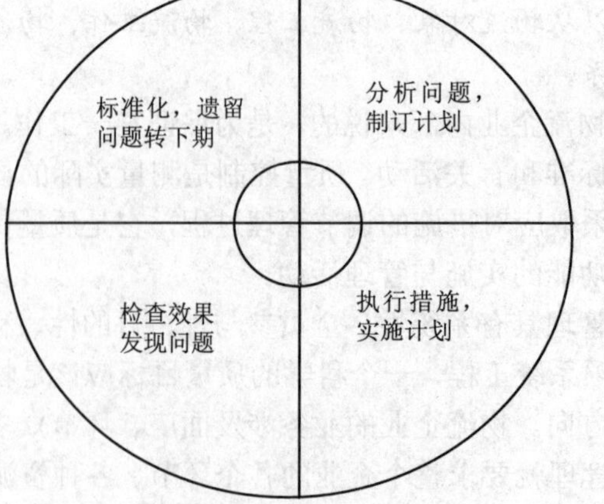

图 9-2 PDCA 循环

质量管理工作循环的内容有八个步骤：

第一步骤：分析现状、找出存在问题，确定目标；

第二步骤：分析影响质量问题的各种原因；

第三步骤：从影响质量的原因中找出主要原因；

第四步骤：针对影响质量的主要原因，拟定措施计划。

第五步骤：执行措施，实施计划。

第六步骤：检查效果，发现问题。

第七步骤：总结经验，把成功的经验肯定下来，纳入标准；

第八步骤：把没有解决的遗留问题，转入下一个阶段。

PDCA 管理工作循环就是按照以上八个步骤，不停顿地周而复始地运转。

（2）PDCA 循环的特点。质量保证体系按照管理循环运转时，一般有下列特点：

1）物流企业质量目标计划和实施的过程是一个大的 PDCA 循环，各个车间、科室、班组甚至个人也要根据物流企业总的方针和目标，制订自己的工作目标和实施计划，并进行相应的 PDCA 循环。这样就形成了大环套小环的综合管理体系。上一级 PDCA 循环是下一级 PDCA 循环的依据，下一级 PDCA 循环是上一级 PDCA 循环的贯彻落实和具体化。因此，物流企业的大循环是靠内部各个环节的小循环来保证的，小循环又是由大循环来带动的。各级 PDCA 循环的不停转动，把物流企业各个环节、各项工作有机地组织在一个统一的体系中，保证总的质量方针目标的实现。如图 9-3 所示。

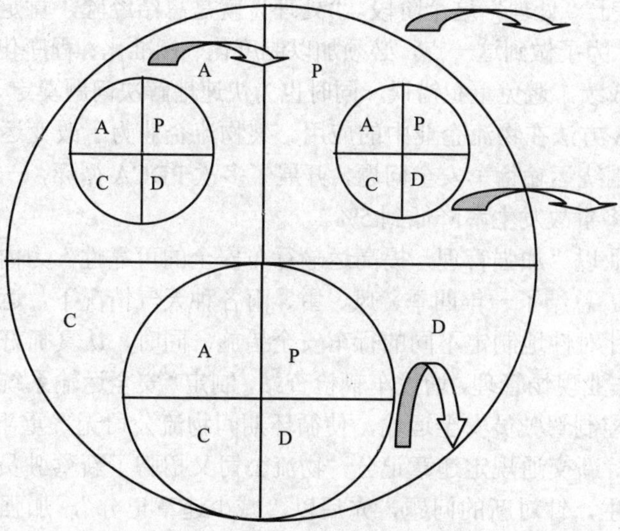

图 9-3　管理循环

2）管理循环每转一周就提高一步。管理循环如同爬扶梯一样，逐级升高，不停地转动，质量问题不断得到解决，管理水平、工作质量和产品质量就能达到新的水平，如图 9-4 所示。

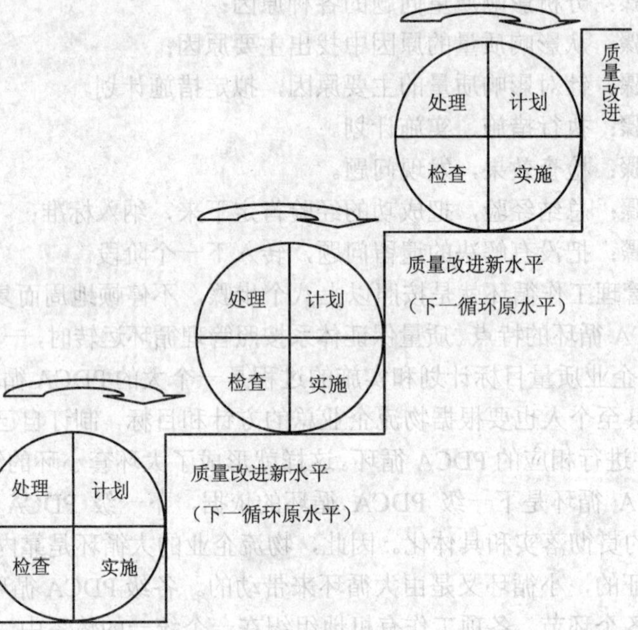

图 9-4　PDCA 阶梯循环

3）关键在于“处理”这个阶段。“处理”就是总结经验，肯定成绩，纠正错误，以利完善。为了做到这一点，必须加以制度化、标准化、程序化以便在下一循环进一步巩固成绩，避免重犯错误，同时也为快速地解决问题奠定了基础。

（3）PDCA 方法在物流企业中的应用。某物流企业为了改变运输行车事故多的被动局面，围绕运输行车安全问题，开展了多次 PDCA 循环，一次循环上一个台阶，五年内将事故发生率降低到 5%。

该物流企业以“加强管理，提高运输行车安全的可靠性”为内容，开展第一次 PDCA 循环。总结了一年四季，风、雪、雨各种天气情况下，运输途中各类人员的特点，有针对性地制定不同的行车安全措施。同时，认真抓好对驾驶员的安全教育，加强作业现场管理，增设车辆检查站，制定“安全运输系统控制流程图”，以运输标准化控制驾驶员安全运输，使循环期间物流公司无严重事故。

此后，实行新交通规定违章记分，物流公司又招聘了新驾驶员，车队违章记分状况时有发生，针对新的问题，先后以“减少违章记分”，加强对新驾驶员的控制，保证安全运输行车为题，又开展了 PDCA 循环，及时制止了违章，控制了隐患，消除了严重事故。

随着社会经济的发展，物流公司又实行综合评分计件奖，部分驾驶员摆不正安全与奖金的关系，违章和事故隐患又有抬头。该物流公司又以“掌握驾驶员心理，使安全行车达到预控”为题开展又一次 PDCA 循环，查出造成隐患的四个方面大小原因十多条，其中盲目追求奖金和带思想负担上车是造成事故隐患的主要原因，并针对这些原因采取对策，解除了驾驶员上车的后顾之忧，保证了安全运输。

随着物流企业改革进一步深化，驾驶员考核办法由综合记分奖改为单车承包责任制，新的变化，使运输行车工作又受到新的考验，因此，物流企业从全面提高驾驶员队伍素质入手，以研究运输安全行车规律为题，开展 PDCA 循环。几年期间，物流公司针对各个时期不同运输行车特点和存在的问题，在几次 PDCA 循环中，工作越做越细，效果越来越好，几年以来，未发生重大人身、设备事故，整个物流公司运输安全行车基本上达到了预控。

3．物流企业如何进行全面质量管理

为了保证质量管理体系良性运行，物流企业应引入全面质量管理的思想，应将全面质量管理思想渗透到物流企业的质量发展战略和质量管理体系中，合理规划资金、技术等资源，努力实现服务流程的制度化、规范化，不断推动和完善物流企业服务质量管理程序，加强物流企业质量文化建设，构建有效的人才团队，使服务成为全体员工的共同价值观念、信念和行为准则，持续不断地改进服务质量和可靠性，确保物流企业不断地提高服务质量。

（1）强烈地关注顾客。TQM 注重顾客价值，其主导思想就是“顾客的满意和认同是长期赢得市场、创造价值的关键”。为此，全面质量管理要求必须把以顾客为中心的思想贯穿到物流企业业务流程的管理中，即从市场调查、产品设计、仓储、配送到售后服务的各个环节都牢固树立“顾客第一”的思想。

（2）坚持不断地改进。TQM 是一种长期行为，行为目标也是针对物流企业长期战略而言的，因此，TQM 的管理方法和工具都是为了帮助物流企业持续不断地改进服务的质量和可靠性，确保物流企业获取对手难以模仿的竞争优势。

（3）改进组织中每项工作的质量。TQM 采用广义的质量定义，它不仅是指最终服务产品的全规格性，更强调全部客户的满意，因此与整个组织的运营活动都有关系。TQM 强调从组织到业务流程的一体化角度出发，将形成客户产品服务质量的因素分解到各个流程环节，提升物流企业运营的效率和质量。

（4）形成质量文化。TQM 要保证长期的执行，就必须形成物流企业的质量文化，将质量的提高与物流企业的形象、员工的工作环境，以及客户的关系等无形的影响力相关联，从而引导全员从爱护自身环境、爱护物流企业形象和关心客户的利益角度，自发地相互教育和监督，从而使 TQM 为物流企业创造持续的价值。

（5）精确地度量。TQM 沿用了质量检验和统计——质量管理阶段中所形成的成熟工具，并进一步开发运用到解决所有物流企业活动中的质量问题。采用统计方法度量物流企业作业中的每一个关键变量，然后与标准和基准进行比较以发现问题，追踪问题的根源，从而达到消除问题、提高品质的目的。

（6）向员工授权。TQM 以团队组织为管理和实践的基础，吸收组织内所有人员加入到改进过程，广泛地采用团队形式作为授权的载体，依靠团队发现和解决问题，最大限度地降低物流企业内部壁垒和沟通不畅造成的质量问题。

TQM 作为一种有效的企业管理理论，可以全面应用到物流企业服务质量改进和控制中，物流企业将 TQM 作为指导思想，可以建立一套全面的质量管理体系来保证其良性的发展循环。

案例 9－3

白沙物流：精品战略铸造质量安全文化

“质量和安全是企业的生命线，尤其是安全工作要摆在一切工作的首位。”这是白沙物流新员工培训教材对质量和安全的总结阐述。

走进白沙物流，无论是其仓库、小区，还是办公区都布置得井然有序，看不见因繁忙造成的脏乱差，“安全第一，预防为主，防治结合，综合治理”的标语提醒着人们安全工作对于一个物流企业的重要性。

近年来，白沙物流通过实施双体系（ISO9001 国际质量管理体系、OHSAS18001 国际职业健康安全管理体系）控制，使公司关于质量和安全的经营理念得以系统贯彻。一位普通员工说：“在白沙物流，大家培养了一种互相学习、竞争的氛围，每项工作都从细节上着手，力争做得更好，我们为自己长期保持安全无事故运行和保障了客户货物质量而感到自豪。”

“全员、全流程、全系统的严格、严明、严密、严谨是质量达标的保证。”这是白沙物流人精益求精、追求卓越的坚定信念。白沙物流每年年初必做的一项工作就是目标分解，通过部门、团队下放到每个人。“只有目标的细化分解才能把团队和个人紧紧地联系在一起，使员工更加关注细节的完美，形成一股不可战胜的凝聚力。”一位部门经理这样看待年初的任务分解工作。

事实上，自从 2006 年白沙物流确定走“精品战略”的发展路线后，不仅在业务上专注于做华南、中南核心区域的业务，更在管理上引导员工专心、专力做好每项工作，对客户负责，对企业负责，对社会负责，确保每个项目的质量和安全。日常工作精细化，项目运作精品化，已经成为白沙物流人工作的行为准则和指导思想。正是对质量的执着追求和对安全工作近乎苛刻的态度，白沙物流的服务受到客户的一致好评，多次被行业协会和客户单位评为“深圳高端服务业最受工商企业好评的物流与供应链公司”，并被 TCL、怡亚通等公司授予“优秀承运商”称号。

资料来源：http://sztqb.sznews.com/html/2008-03/19/content_103389.htm

分析：该案例主要说明了物流企业可以从员工培训、员工工作环境及客户关系等无形影响力，以及员工自发的相互教育和监督等方面逐渐形成物流企业质量文化。通过实施双体系认证使公司关于质量和安全的经营理念得以系统贯彻，并且在物流企业质量管理中加强了对物流工作质量的控制。

9.2　物流企业质量管理基本工具及技术介绍

9.2.1　质量分析与控制方法

在一些物流企业中总有一部分人，当工作中出了问题时，不是想办法解决问题，而是找借口推卸责任。我们经常听到这样的话："我这道工序难度大，而且老出问题，不是出错率高就是损失大，这对我太不公平了"。"我已经尽力了，质量仍不过关，我有什么办法。""我们以前都这么做了，出了问题与我无关。"

企业要提高产品质量，就要清楚出现这些问题的原因是什么。有些问题不是一下子就能看出来，往往要根据生产数据、应用统计方法进行分析与控制。质量管理中应用的数理统计方法很多，有的涉及较深的数学理论和较难的运算方法，需要有经过专门训练的人才能熟练掌握。但对常用的方法，如果能熟练地加以运用，质量管理中的大部分问题可以得到解决。在物流企业质量管理中，这些常用的数据统计工具有统计分析表、分层法、排列图、因果图、直方图、散布图和控制图等。

质量数据是质量管理的基础。在生产过程中，一切与产品质量有关的数据可以帮助我们了解产品的质量特性，认识产品质量内在规律，以便发现问题，分析原因，并采取相应的措施，解决问题，为保证产品质量提高提供依据。因此正确收集数据并加以科学地整理和分析，是质量管理中不可缺少的重要环节。

1．质量差异

生产实践表明，在同样的生产技术条件下，不同的工人所生产出来的产品都不可能绝对相同，其产品质量上总是存在差异，甚至同一个工人生产出来的产品，在质量上总是不完全一样的。产品的各道工序波动误差集中表现为产品的误差，这种误差称为质量差异或质量波动。质量差异是客观存在的，只要是在规定的幅度范围以内，这种差异是允许的。如服装规格尺寸的正负公差就是承认质量的差异。影响产品质量的主要因素即质量因素有：原料（Material）、设备（Machine）、操作（Manipulate）方法或工艺（Method）、检测（Measurement）及环境，主要指湿度和温度（Moisture and temperature），简称 6M 因素。使产品质量产生波动的有正常原因和异常原因。

（1）正常原因，又称为随机因素。这种因素的影响在大规模生产过程中不可能完全避免，一般允许在一定限度内存在。例如，原料质量的微小变化，温度、湿度的波动等。如果把这些原因找出来，不但经济上不合算，而且事实上也不可能。因此，产品质量永远只能控制在一定的范围内，而不是一个点上。

（2）异常原因，又称为可控因素。由于这种原因可以使产品的某些质量特性发生比较突出的变化，这种变化一旦发生就不会自行消失。例如，纺纱设备的罗拉弯曲、齿轮磨损、针布倒齿等。这些原因从技术角度看是可以消除和避免的，当产品质量出现较大差异时，必须找出原因并予以克服。

2．质量数据的种类

（1）计量值数据。可以连续取值的数据叫计量值数据，所谓能连续取值是使用计量工具可以测出小数点，如 1.1、1.2、1.12、1.112……。容量、时间、温度、使用寿命、强度、化学成分、强力等都是可以连续取值的，都是计量值。

（2）计数值数据。不能连续取值的数据叫做计数值数据。这类数据用计量工具测量只能得出整数，不能得到分数或小数。如车辆数、机器数、正点班次等，这类数据只能用不连续的，或者说是离散的形式来表示。因此，计数值数据的特点是不连续的整数。

3．质量数据的来源及收集数据的目的

质量数据主要来自各道检验、测试环节和质量检验的原始记录，以及入库单、废品单、翻修单、日产记录、投料单据等，这是质量管理的基础工作。收集质量数据的目的多种多样，概括起来，主要有以下几种：掌握现状；分析问题；检查工作；确定所要控制的主要因素；判断服务质量等。

9.2.2 物流企业质量管理统计工具的应用

1．排列图法

排列图又叫帕累托图，帕累托是意大利经济学家，有关收入分布的帕累托法则的首创者。这一法则揭示了“关键的少数和次要的多数”的规律。这一法则后被广泛应用于各个领域，并被称为 ABC 分析法。美国质量管理专家把这一法则引入质量管理领域，成为寻找影响产品质量主要因素的一种有效工具。

排列图由两条纵坐标、一条横坐标、几个矩形和一条曲线组成。左纵坐标表示频数（件数、金额），右纵坐标表示频率（累计百分数），横坐标表示影响质量的各因素或项目，并按影响程度的大小从左到右排列。用直方形的高度表示各因素频数的大小，曲线表示各影响因素大小的累计百分数。通常将影响因素分为三类：A 类，累计频率在 0～80%之间，是主要影响因素；B 类，80%～90%，是次要因素；C 类，90%～100%，是一般因素。

案例 9－4

某物流企业关于客户投诉原因的排列图分析

某物流企业在进行质量管理时，对一定时间内的客户投诉原因进行统计：服务态度恶劣被投诉 38 次，送货延迟被投诉 25 次，有货损货差被投诉 13 次，服务种类过少，被投诉 6 次，其他原因被投诉 3 次，试分析其可能采取的改进措施：

第一：排列各种影响因素，计算其比率和累计比率，见表 9-3。

表 9-3　某物流企业客户投诉原因统计表

因　素	投 诉 原 因	投诉次数（次）	投诉比率（%）	累计比率（%）
1	服务态度恶劣	38	44.7	44.7
2	送货延迟	25	29.4	74.1
3	货损货差	13	15.3	89.4
4	服务种类过少	6	7	96.5
5	其他原因	3	3.5	100

第二：根据表 9-3 画出直方图，如图 9-5 所示。

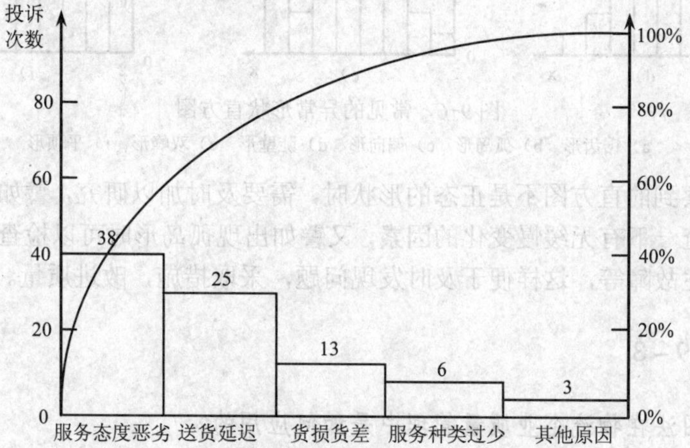

图 9-5　直方图

第三，根据上述图表，确定客户投诉原因中服务态度恶劣和送货延迟为 A 类因素，货损货差为 B 类因素，服务种类过少及其他原因为 C 类因素。

2．直方图法

直方图法又称质量分布图法，是通过对测定或收集来的数据加以整理，来判断和预测运营过程中质量不合格品率的一种常用工具。直方图法作为一种过程分析工具，在制造业的运用已取得极大的成功，在物流业中的运用尽管不够普遍，但随着物流的发展，将会被越来越多的人采用。

直方图是由直角坐标系中若干顺序排列的长方形组成。各长方形的底边相等，为测定值组距，各长方形的高为测定值落入各组的频数。正常生产条件下计量的质量特性值的分布大多为正态分布，从中获得的数据的直方图为中间高、两边低、左右基本对称的正态直方图。但在实际问题中还会出现另一些形状的直方图，如图 9-6 所示。

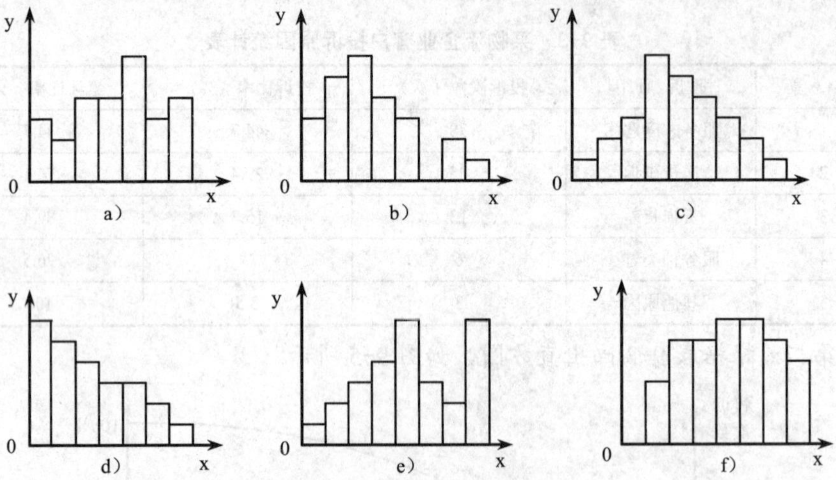

图 9-6　常见的异常形状直方图

a）锯齿形　b）孤岛形　c）偏向形　d）陡壁形　e）双峰形　f）平顶形

当观察到的直方图不是正态的形状时，需要及时加以研究，譬如出现平顶形时可以检查一下有无缓慢变化的因素，又譬如出现孤岛形时可以检查一下物流设备是否发生故障等，这样便于及时发现问题，采取措施，改进质量。

小思考 9－3

直方图法在物流企业质量管理中是如何应用的？

某物流企业对仓储中心装卸搬运的货损率进行统计，经过 20 天的统计，得到了仓储中心的货损率的原始数据。物流公司对这些数据做如下处理：

（1）将所得的货损率进行分组，将最小货损率和最大货损率之差这个区间均分成 7 或 9 个小区间；

（2）统计数据落在每个区间中的频数，在坐标图上用直方图表示出来；

（3）将直方图顶端的曲线平滑连接，直观看出该数据是否符合正态分布。

若不符合正态分布，则说明目前的人员、设备、环境或操作的方法不能满足物流企业对物流质量的要求，需要经过具体分析，在以上某个或多个方面加强质量管理。

3．散布图法

散布图法又称相关图，是判断两个变量之间是否存在相关关系的分布状态图形。变量之间存在的关系有以下几种：①安全相关关系，可由一个确定的公式来表达；②相关关系，变量之间存在密切关系，但不能用一个变量的数值精确地求出另一个变量的值；③不相关。散布图就是用来发现和确认两组数据之间的关系并确定两组相关数据之间预期的关系，还可以通过确定两组数据、两个因素之间的相关性，寻找问题的可能原因。

案例 9－5

时间和社会总物流量之间存在的关系

在物流量预测中，关于时间和社会总物流量之间存在的某种关系，可以用散布图来表示。通过散布图，我们可以确定这种关系是水平的还是线性的或是有季节性波动的，这样就可以选择合适的模型来预测今后一段时期某个年份的社会物流量。如图 9-7 所示，图 9-7a 表示物流量有随机性变化，呈上升趋势，但无季节性因素；图 9-7b 表示物流量有随机性变化，同时具有趋势和季节性因素。

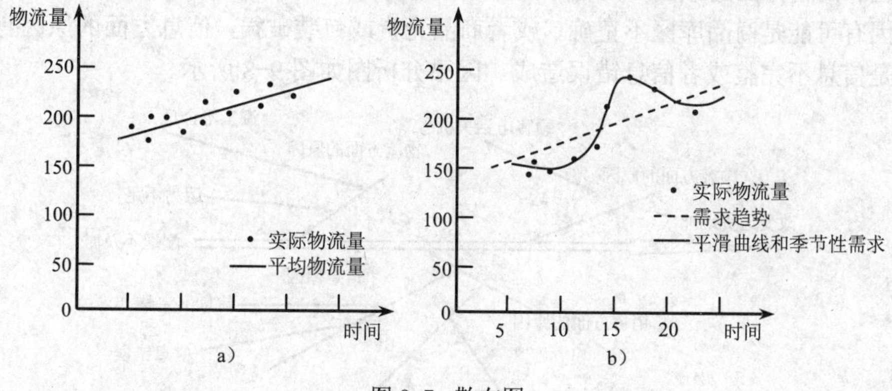

图 9-7　散布图

4．因果图

所谓因果图，又叫石川图、特性要因图、树枝图、鱼刺图，表示质量特性波动与其潜在原因的关系，亦即以图来表达结果（特性）与原因（要因）之间的关系。因果图如能做得完整的话，容易找出问题之症结，采取相应的对策措施解决质量问题。

因果图的应用程序如下：

（1）简明扼要地规定结果，即规定需要解决的质量问题。

（2）规定可能发生的原因的主要类别。这时要考虑的类别因素主要有：人员、机器设备、材料、测量方法和环境等。

（3）开始画图，把“结果”画在右边的矩形框中，然后把各类主要原因放在它的左边，作为“结果”框的输入。

（4）寻找所有下一个层次的原因，画在相应的主（因）枝上，并继续一层层地展开下去。一张完整的因果图展开的层次至少应有 2 层。许多情况下还可以有 3 层、4 层或更多层。

（5）从最高层次（即最末一层）的原因（末端因素）中选取和识别少量（一般为 3～5 个）看起来对结果有最大影响的原因（一般称重要因素），并对它们作进一步的研究，如收集资料、论证、试验、控制等。

案例 9－6

因果分析图在物流配送中的应用

某物流企业负责为某连锁经营企业每天配送日常生活用品，一段时间内，经统计，配送不能按时到达各连锁经营店，请绘制配送不能按时到达的因果分析图。

分析：配送不能到达可有三大方面的原因，即顾客方面的原因、物流方面的原因、销售方面的原因。销售方面的原因可归结为信息原因和商品原因。而商品原因有可能是商品库区不正确，或者商品无货或包装破损，信息方面的原因有可能是信息不完整或者信息错误造成。因果分析图如图 9-8 所示。

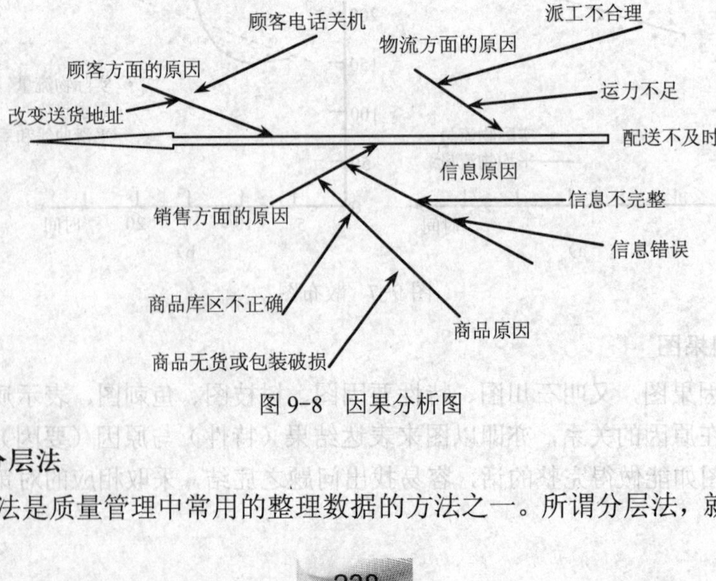

图 9-8　因果分析图

5．分层法

分层法是质量管理中常用的整理数据的方法之一。所谓分层法，就是把收集到的原始质量数据，按照一定的目的和要求加以分类整理，将原先杂乱无章的数据和因素系统化、条理化，以便进行比较分析的一种方法。

分层时不能随意分，而是根据分层的目的，按照一定的标志加以区分，把性质相同、在同一条件下收集的数据归在一起，使同一层次内的数据波动幅度尽可能小，而层与层之间差别尽可能大，否则就起不到归类汇总的作用。

案例 9－7

分层法在物流公司货运责任事故中的应用

某物流公司某年度发生零担货运责任事故较多，损坏是零担货运责任事故中的一项主要因素，我们可以按责任部门进行分层，见表 9-4。

表 9-4　零担货物责任损坏事故按责任部门统计表

责 任 部 门	件数/件	百分率（%）	累计百分率（%）
装卸	208	53.1	53.1
配送	118	30.1	83.2
仓储	38	9.7	92.9
包装	26	6.6	99.5
运输	2	0.5	100
合计	392	100	

分析：从上面的分层可以看出，在损坏事故中装卸部门的责任占一半以上，是最主要的，如果物流企业抓住了这个责任部门，对症下药，就可能解决一半左右的损坏事故。

6．调查表法

调查表也称检查表或核对表，是为了分层收集数据而设计的一类统计表。调查表法，就是对统计数据收集、整理和精确分析的一种方法。操作中，可根据调查目的的不同，采用不同的调查表。

在物流行业中调查表最常见的形式是针对顾客设计的调查问卷，调查问卷是一种特殊的检查表。

7．控制图

控制图是一个简单的过程控制系统，其作用是利用控制图所提供的信息，把一个过程维持在受控状态，一旦发现异常波动，分析对质量不利的原因，采取措施加以消除，使质量不断提高，并把一个过程从失控状态变为受控状态，以保持质量稳定。

知识链接 9－3

某物流企业服务质量的调查问卷

表 9-5　第三方物流服务质量满意度问卷调查表

<table>
<tr><th colspan="2">第三方物流企业服务质量指标</th><th>金鹏物流
有限公司</th><th>青松物流
有限公司</th><th>百安物流
有限公司</th></tr>
<tr><td rowspan="2">营销性</td><td>企业外在形象</td><td></td><td></td><td></td></tr>
<tr><td>人员沟通质量</td><td></td><td></td><td></td></tr>
<tr><td rowspan="4">可靠性</td><td>准时发货率</td><td></td><td></td><td></td></tr>
<tr><td>准确率</td><td></td><td></td><td></td></tr>
<tr><td>完好率</td><td></td><td></td><td></td></tr>
<tr><td>准时送货率</td><td></td><td></td><td></td></tr>
<tr><td rowspan="3">响应性</td><td>订单释放数量</td><td></td><td></td><td></td></tr>
<tr><td>订购过程</td><td></td><td></td><td></td></tr>
<tr><td>误差处理</td><td></td><td></td><td></td></tr>
<tr><td rowspan="2">创新性</td><td>流程</td><td></td><td></td><td></td></tr>
<tr><td>内容</td><td></td><td></td><td></td></tr>
</table>

案例 9－8

控制图在物流企业准时送货率中的应用

控制图的横坐标是样本序号，纵坐标是产品的质量特性。图上通常画有 3 条平行于横坐标的平行线，自上而下分别是：上控制界限线 UCL、中心线 CL 和下控制界限线 LCL，上控制界限和下控制界限统称控制界限。

控制图应用中，一般把表示质量特性值的点描在图上。当点在上下控制界限线内部时，认为运营正常；当点越出上下控制界限线时，认为运营异常。

对于预备数据全部落入控制界限内的，则延长控制界限，进入过程的日常控制阶段；对于预备数据落入控制界限外的，则要针对这个数据的产品执行“查出异因、采取措施、保证消除、纳入标准、不再出现”，然后重新收集数据进行分析。

图中横坐标表示某一时点，纵坐标表示准时送货率，中心线表示准时送货率 90%，上控制界限高为 95%，下控制界限为 85%。图 9-9 显示某物流公司在一段时间内准时送货率的情况。

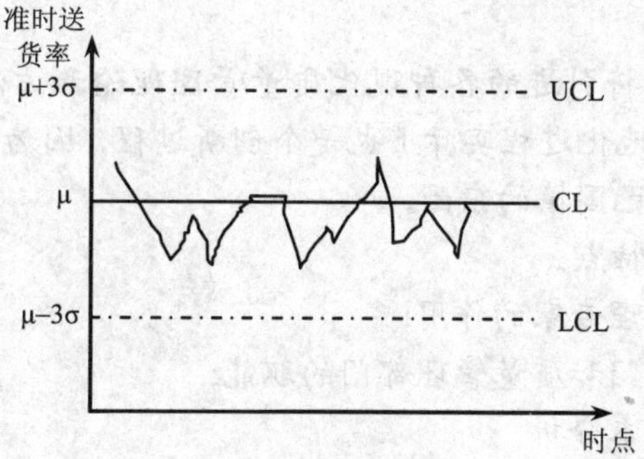

图9-9　控制图

8．常用的其他质量管理工具

（1）流程图：这是指将一个项目各个过程和工序（如检验过程、质量改进过程、服务提供过程等）的步骤用图的形式表示出来的一种图示技术。通过对项目的每一个过程中各个步骤之间关系的研究，找出可能存在故障的潜在原因，在进行项目质量策划时着重对这些环节进行研究和分析，事先制订方案，以避免质量缺陷或质量事故的发生。

（2）头脑风暴法：这是指采用会议的方式，引导每个参加会议的人围绕某个中心议题发表个人独特见解的一种集体创造性的思维方法。

（3）水平对比法：水平对比法又称标杆管理，就是将自己企业的产品、服务和过程质量与处于领先地位的竞争者进行比较，找出与对手的差距，提高质量改进的水平。

（4）对策表：对策表也叫措施计划表。它既是实施的计划，又是检查的依据，是 PDCA 循环中计划阶段第 4 步骤的产物。

（5）系统图：系统表又称树图，是将某个质量问题与其影响要素之间的关系，或寻求达到目的与所采取的措施手段之间的关系通过一种树状图系统地展开，从而解决问题或达到目的。

（6）甘特图：又叫进度图、横道图，用于项目进度计划的管理。通过细分工作步骤，对应活动总时期，将每一项活动的计划时间段和实际时间段在图表上标示出来，作为控制项目进度的手段。

知识链接 9－4

美国和日本的质量管理模式简介

美国和日本都是质量管理领域的领先者，很多现代质量管理理论都出自这两个国家，其产品也因高质量而誉满全球。但总的来说，美国人更重视质量管理理论的研究和创新，很多理论如质量检验理论、控制图理论、全面质量管理理论都首先产生于美国。

日本人则更注重将引进的各种现代质量管理理论和方法本地化并应用于生产实践中。他们的本地化过程实际上也是个创新过程，因为他们非常注意在本地化过程中注入适合自己国情的东西。

美国质量管理的特点：

（1）强调质量管理专家的作用；

（2）强化检验部门和质量管理部门的职能；

（3）重视质量成本分析。

日本质量管理的特点：

（1）开展全公司性的质量管理；

（2）实行质量管理的审核制度；

（3）重视质量管理的教育和培训；

（4）开展质量管理小组活动；

（5）灵活应用质量管理的统计方法；

（6）开展全国范围的“质量月”活动。

9.3 质量标准及质量管理体系

9.3.1 质量标准

物流服务过程中，容易发生各类事故，具有极大的风险性。事故发生有人为的责任因素，也有不可抗拒的自然因素，更多的是人为的责任因素。现代企业成功的管理经验之一是“以人为本”，ISO9000 标准就是为物流企业作业者提供统一的作业标准，对服务过程的每一作业环节实行控制，达到服务全过程零缺陷、零投诉的目的。一些通过了认证的物流企业运作实践证明，实施 ISO9000 标准认证，是物流企业确保服务安全，抵御风险的根本途径。

1．ISO9000 族标准的产生和发展

（1）产生。ISO 即国际标准化组织，成立于 1947 年，其宗旨是：在全世界范围内促进标准化工作的发展，以便于国际物资交流和互助，并扩大在文化、科学和经济方面的合作。

在 ISO9000 出现之前各国有各自的质量管理标准，由于标准不一致，给不同国家、企业在技术合作、质量认证和贸易往来等方面带来困难。随着全球经济的发展，为了消除国际间的贸易障碍，需要有一种国际化的标准来满足各国对质量的要求，ISO9000 就是在这种时代背景下产生的。

ISO 于 1987 年正式发布了第一套质量管理和质量保证国际标准，这是借鉴了世界主要工业发达国家质量管理的方法、原则和程序而制定的，它标志着质量管理规范化、程序化的新高度。

（2）发展。自 1987 年颁布以来，ISO 9000 系列标准被世界上 80 多个国家和地区共同采用为国家或地区标准，产生了良好的宏观经济效益和社会效益。我国也于 1988 年开始采用 ISO9000 系列标准。2005 年 5 月 1 日，我国首个物流产业国家标准《物流企业分类与评估》实施，综合型物流企业具体评估指标见表 9-6。

表 9-6　综合型物流企业评估指标

评估指标		级别				
		AAAAA 级	AAAA 级	AAA 级	AA 级	A 级
经营状况	1．年综合物流营业收入/元	15 亿以上	2 亿以上	4 000 万以上	800 万以上	300 万以上
	2．营业时间	3 年以上	2 年以上		1 年以上	
资产	3．资产总额/元	5 亿以上	1 亿以上	2 000 万以上	600 万以上	200 万以上
	4．资产负债率	不高于 75%				
设备设施	5．自有/租用仓储面积/m^2	10 万以上	3 万以上	1 万以上	3 000 以上	1 000 以上
	6．自有/租用货运车辆/辆	1 500 以上	500 以上	300 以上	200 以上	100 以上
	7．运营网点/个	100 以上	50 以上	30 以上	10 以上	5 以上
管理及服务	8．管理制度	具有健全的经营、财务和安全、技术等机构和相应的管理制度				
	9．质量管理	通过 ISO9001:2000 质量管理体系认证				
	10．业务辐射面	国际范围	全国范围	跨省区	省内范围	
	11．物流服务方案与实施	提供物流规划、资源整合、方案设计、业务流程重组、供应链优化、物流信息化等方面服务			提供整合物流资源、方案设计等方面的咨询服务	
	12．顾客投诉率（或顾客满意度）	≦0.05%（≧98%）	≦0.1%（≧95%）		≤0.5%（≥90%）	
人员素质	13．中高层管理人员	80%以上具有大专以上学历或行业组织物流师认证	70%以上具有大专以上学历或行业组织物流师认证		50%以上具有大专以上学历或行业组织物流师认证	
	14．业务人员	60%以上具有中等以上学历或专业资格	50%以上具有中等以上学历或专业资格		40%以上具有中等以上学历或专业资格	
信息化水平	15．网络系统	物流经营业务信息全部网络化管理			物流经营业务信息部分网络化管理	
	16．电子单证管理	100%以上	80%以上		60%以上	
	17．货物跟踪	90%以上	70%以上		50%以上	
	18．客户查询	建立自动查询和人工查询系统			建立人工查询系统	

ISO9000 系列标准于 1994 年经过第一次修订，形成 1994（年）版 ISO9000

系列标准；2000 年经过完善修订，形成 2000（年）版 ISO9000 系列标准。经过修订的 ISO9000 系列标准由最初的五个标准增加到数十个。

2．ISO9000 族标准构成

ISO9000 族标准是 1987 年国际标准化组织制定颁布的国际通用的“质量管理和质量保证”系列标准，1994 年进行第一次修订，又于 2000 年修订颁布 ISO9000 族标准。

ISO9000：2000 族标准总体构成如图 9-10 所示。

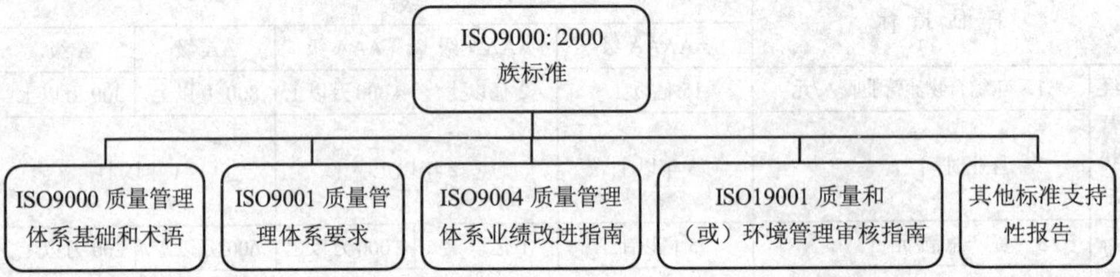

图 9-10　ISO9000：2000 族标准总体构成

ISO9000 由五个标准组成，即 ISO9000 至 ISO9004。ISO9000 是用于选择和使用 ISO9001、9002、9003 各项标准的指南；ISO9001 是从设计、开发、生产、安装到用户服务的质量保证模式；ISO9002 是生产、安装和服务的质量保证模式；ISO9003 是最终检验和试验的质量保证模式；ISO9004 是有关质量管理和质量体系要素的指南，为非合同环境下企业内部质量管理模式。对于物流企业，更适合在充分考虑需要、风险、费用、利益和适用范围的基础上取得除去设计开发阶段的 ISO9002 认证。

3．物流企业推行 ISO9002 标准的途径

ISO9002 是物流企业达到质量管理和质量保证的能力。ISO9002 质量保证模式有 19 个要素。19 个要素构成完整的质量保证体系。质量保证体系各要素在实施中可全部采用，也可有选择地采用。

对于物流企业来说，实施 ISO9002 质量标准和认证工作是一项要求高、难度大、涉及面广、持续时间长的系统工程，具体方法和途径如下。

（1）物流企业要通过 ISO9002 标准认证要做好的工作。

1）初步收集 ISO9002 需求，对物流企业现状进行粗略分析，找出物流企业经营和质量管理的弱点所在；

2）针对已找出的弱点，确定所需工作及其成本；

3）明确工作的主要程序及信息的流通渠道；

4）制定物流企业特定的项目计划及时间进度。

（2）对物流企业基本情况进行分析研究，确定质量体系。

1）针对物流企业特点，诠释所要达到的质量标准提出的要求；

2）针对物流企业特性，仔细分析物流企业要达到标准所要经历的流程；

3）明确定义物流企业经营和质量管理的弱点和想要达到的目标状况；

4）明确定义所要采取的改进措施由谁负责；

5）准备质量管理文件（手册、程序、工作指引）。

（3）编写质量体系文件。仔细分析物流企业的瓶颈问题和解决方法，重新设计物流企业工作流程，在此基础上编写质量体系文件。编写质量体系文件是进行 ISO9002 质量体系认证的基础工作，也是最重要的工作。质量体系的文件主要包括质量手册、质量体系程序及其他质量文件，编制的质量文件既要符合 ISO9002 标准，又要结合本企业的实际情况。编写文件时应着眼于全体员工的理解和接受能力，在不影响执行效果的前提下，尽量简化操作程序，减少文字条目，力求条理清楚、文字精练、好记易行。

（4）物流企业质量体系的初步运行。把质量体系文件中的规定内容和设计的企业工作流程和措施办法分配到部门、专业和岗位进行实际运作，发现问题应及时纠正、修改、完善体系文件。在这个过程中要伴随培训，使员工能将明晰的操作程序和工作指引转化成实际运作办法，并与工作程序调整、措施改进同步进行。

（5）质量体系的注册认证和贯彻执行。物流企业经过以上步骤，在确认自身的质量体系达到了质量保证模式标准的要求后，就要向认证机构提出认证申请，对企业质量体系运转情况进行预审，发现问题应采取对策给予纠正，然后向认证机构提出正式认证申请，经认证机构审查合格后，就获得了该机构颁发的质量体系认证证书，有效期一般为 3 年，每年要进行 1～2 次监督式审核，如发现重大问题，则有可能被暂停或取消认证资格。

小思考 9－4

我国物流企业为什么要推行 ISO 质量管理体系认证？

答：推行 ISO 质量管理体系认证，可提升物流企业管理水平，降低企业成本，提高企业竞争力；可使物流企业尽早融入国际市场，提高企业在国内外的知名度；也可增强物流企业在国内外市场上的竞争力。

9.3.2　物流企业的质量管理体系

1．质量管理体系

ISO9000 将质量管理体系定义为：“建立质量方针和质量目标并实现这些目标的体系。”

物流企业质量管理体系是指物流企业内部建立的、为保证产品质量或质量目标所必需的、系统的质量活动。

2．质量管理体系要素

整体上，质量职能活动分为管理职能、资源管理、产品实现及测量、分析和改进四大类，它们构成了质量管理体系的四大要素。这四大要素又各自涉及若干具体要求，形成质量管理体系的子要素，如图 9-11 所示。

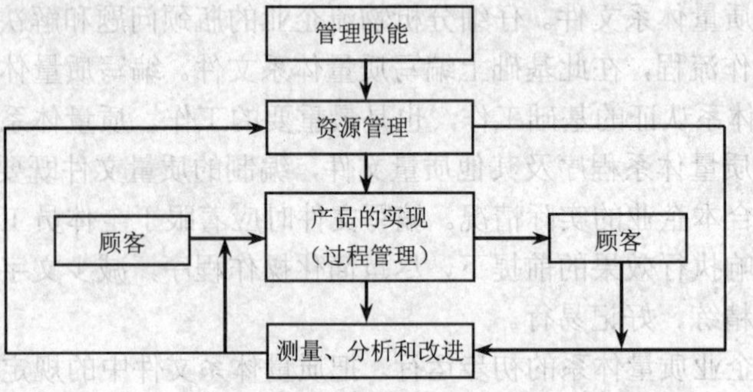

图 9-11　质量管理体系要素及相互间的关系示意图

一个企业在建立其质量管理体系时，应结合自身的实际情况和顾客需要，选择和确定具体、适用的体系要素，并确定其采用程度，以便能对这些要素进行有效的控制。

3．质量管理体系文件

质量管理体系文件是对质量管理体系各个方面的文字描述，是组织进行质量管理、衡量和考察组织质量保证能力的重要依据。质量管理体系文件主要包括质量手册、质量管理体系程序、具体作业的质量文件。质量手册、质量管理体系程序是通用文件，具体作业的质量文件是专用文件。

4．物流企业质量管理体系的建立和运行

按照 ISO9000 标准建立或更新完善物流质量体系，通常包括以下阶段。

（1）建立物流企业质量管理体系框架，如图 9-12 所示。

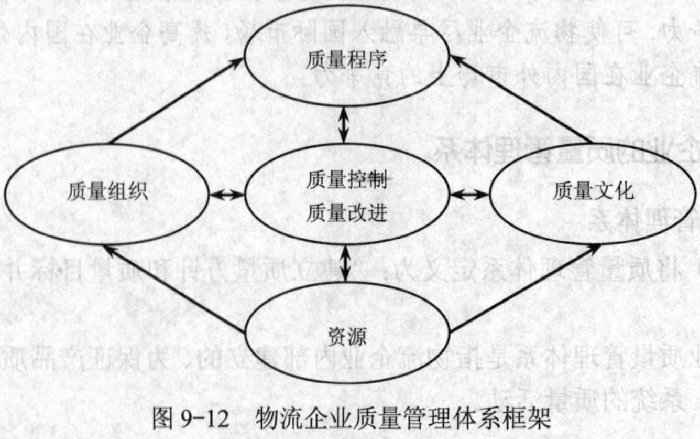

图 9-12　物流企业质量管理体系框架

（2）建立物流企业质量管理组织体系，如图 9-13 所示。

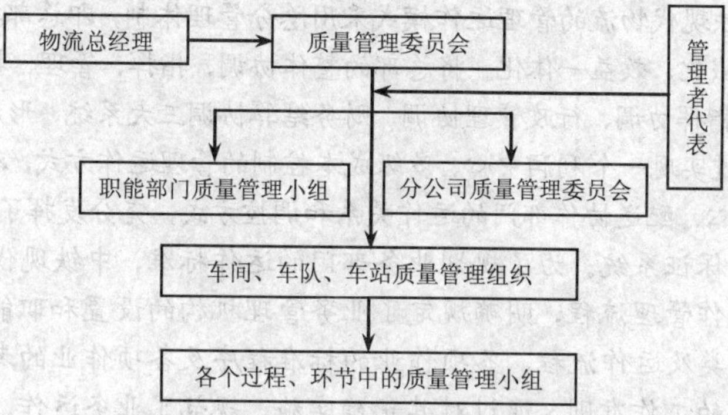

图 9-13　物流企业质量管理组织体系

（3）明确物流服务质量环。所谓物流服务质量环是指从识别顾客的服务需要直到评定这些需要是否得到满足的服务过程各阶段中，影响服务质量相互作用活动的概念模式，是对物流服务质量的产生、形成和实现过程的抽象描述。包括市场过程、编纂服务简报过程、设计服务过程、服务提供过程、评价过程、服务绩效分析改进过程六个阶段。

（4）编制质量管理体系文件。对于物流服务质量体系来说，所有的程序都必须形成程序文件，保证有章可循、有法可依。

（5）积极组织管理评审。在质量管理体系运行的过程中，按各类体系文件的要求，监视、测量和分析过程的有效性和效率，做好文件规定的质量记录，持续收集、记录并分析过程的数据和信息，全面体现服务产品的质量和过程符合要求及可追溯的效果。

按文件规定的办法进行管理评审和考核，分析服务质量差距，应针对发现的主要问题，采取必要的改进措施，使这些过程达到所策划的结果和实现对过程的持续改进。

小思考 9－5

在质量管理体系实施期间，物流企业要处理哪些方面的问题？

答：物流企业应处理好：①短期效益与长远发展的矛盾；②质量体系认证前后的观念转变工作；③要把质量管理工作和绩效考核挂钩。

案例 9－9

中铁现代物流：强化科学管理，建立质保体系

中铁现代物流科技股份公司建立了一系列严密的管理体系，以确保服务质量。

建立科学的法人治理结构。公司治理结构对企业的发展起着决定性的作用，规

范的公司治理结构代表着合理的权属界限，明确的职责分工，流畅的沟通渠道等许多方面。目前中铁现代物流的管理运作模式采用总分管理体制，即总部集权化、业务垂直化、网络区域化、效益一体化。将总部的整体协调、指挥、管理、控制的功能有机地划分为业务指挥协调、行政管理协调、财务结算协调三大系统，形成科学、高效的管理体系。通过实现一个利润中心、多级成本控制的管理运作方式，有效协调了各分公司、配送中心、配送协作部门的运作关系和调控方式，充分发挥了网络优势。

健全质量保证系统。为了规划业务部门的运作标准，中铁现代物流建立了规范化的业务运作管理流程，明确规定了业务管理机构的设置和职能、操作岗位及职责、作业分类及运作流程、各项作业的标准程序及各项作业的考核办法。作为物流业务运作的工作准则，通过对其正确实施，规范了业务运作，确保了物流服务的可靠性、稳定性。

2003 年 1 月，公司将各项要素的具体标准及要求，汇编成《质量管理手册》，在公司内全面实施，手册要求每位员工都要树立明确的质量意识，都有质量职责。通过三个月的试运行，公司的质量管理体系一次性通过了中国船级社质量认证公司的质量管理体系认证。2004 年 3 月，公司总部新增设立业务管理部专门负责具体落实制订并贯彻《B 版质量管理手册》。质量管理体系的推行，使每项业务运作自始至终处于体系严密的质量跟踪和控制之下，从而确保了运作质量，为中铁现代物流实现物流服务和管理的产业化、规模化提供了关键保证。

资料来源：http://blog.sina.com.cn/s/blog_60c507e30100fhy7.html

分析：该案例充分说明了物流企业质量管理体系的建立和运行过程。通过建立物流企业质量管理组织体系，确保质量管理在物流活动中的实施。并且通过作业标准化，确保物流服务水平。编制质量管理体系文件，使得每一项操作有章可依。

本章知识结构图

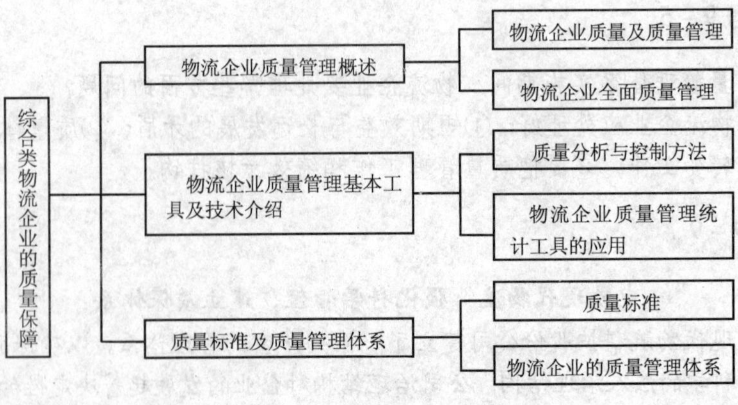

复习与训练

一、基本训练

1．讨论题

（1）什么是物流质量？其主要内容包括哪些？

（2）什么是物流企业质量管理？其主要内容包括哪些？

（3）物流质量通过哪几个方面进行衡量？

（4）什么是物流企业全面质量管理？

（5）物流企业质量管理常用统计工具有哪些？

2．判断题

（1）物流的本质是服务，物流服务是物流企业生命的保证，它直接关系到物流企业在激烈竞争中的成败。（　）

（2）美国一些物流企业重视为顾客提供技术服务工作，把为提供及时的技术服务工作，作为竞争的一种重要手段，这属于物流服务质量的内容。（　）

（3）衡量物流质量的主要指标是根据物流管理最终目标确定的。（　）

（4）PDCA 循环具有大环套小环的特点。（　）

（5）我国目前尚未建立起适应物流发展和物流业务运作的技术标准和工作标准体系，物流非标准化设备、设施和行为仍然相当普遍。（　）

3．单项选择题

（1）物流企业质量管理主要包括质量的（　）两个方面。

A．保证和控制　　B．保证和手段

C．手段和控制　　D．衡量和控制

（2）（　）是质量保证的基础。

A．管理控制　　B．环境控制

C．质量控制　　D．财务控制

（3）下列哪项不属于物流企业质量管理的主要内容。（　）

A．物流服务质量　　B．物流工作质量

C．物流工程质量　　D．物流管理质量

（4）因果分析图又称（　）。

A．鱼刺图　　B．花图　　C．树叶图　　D．鸟图

（5）PDAC 循环中 P 的含义是指（　）。

A．策划　　B．实施　　C．检查　　D．处置

（6）下列哪项是检查阶段的工作步骤（　　）。

A．找出主要原因　　B．制定措施计划

C．按计划实施　　D．调查效果

4．多项选择题

（1）物流质量包含（　　）质量，因而是一种全面的质量观。

A．手段　　B．方法　　C．对象　　D．工作

（2）物流工程质量包括（　　）的稳定性。

A．人的因素　　B．体制的因素

C．设备的因素　　D．环境的因素

（3）质量管理体系标准包括（　　）。

A．GB/T19000—ISO9000　　B．GB/T19001—ISO9001

C．GB/T19002—ISO9002　　D．GB/T19004—ISO9004

（4）质量统计方法有（　　）。

A．排列图标法　　B．分层法

C．调查表法　　D．直方图法

5．技能题

（1）收集某一物流企业的质量数据，利用质量统计工具进行分析，得出结论，并提出相应的质量管理措施。

实训目的：通过和企业近距离接触和亲自动手测试数据，利用质量统计工具进行分析，进一步掌握质量统计分析工具的运用，并提高质量管理的能力。

实训要求：认真观察了解质量数据的收集过程，将课本所学知识用到实践中去。若有可能，自己亲自动手检测数据。收集完数据，利用所学方法进行统计分析，然后针对分析结果，以小组为单位进行讨论，得出解决问题的措施。

（2）某客运车站某月晚点班次数为 98 班，经分析晚点原因主要是：①驾驶员责任，②发车员责任，③车况不良，④道路阻塞，⑤气候不好，还有一些其他原因。试做排列图并分析。资料统计表见表 9-7。

表 9-7　客运车站某月晚点班次表

序　号	原　因	频数/班次	频率（%）	累计频率（%）
1	驾驶员责任	46	47	47
2	车况不良	30	31	78
3	发车员责任	11	11	89
4	道路阻塞	4	4	93
5	气候不好	3	3	96
6	其他原因	4	4	100
合计		98	100	

实训目的：掌握排列图的制作与分析，以小组为单位进行讨论，得出解决问题的措施。

实训要求：认真分析提供的数据并作图。

二、案例分析

上海中远物流实施质量营销策略经验谈

上海中远物流有限公司于 1995 年通过质量管理体系认证，获得了 ISO9002 认证证书，是国内物流业界较早采用标准来规范质量管理的公司。公司已经建立了一套完整的质量管理体系。

（1）完善顾客满意监测系统。2001 年，上海中远物流的质量管理体系成功地从 1994 版转向 2000 版，并通过了认证。公司认为，既然已确立了以文件和记录管理为核心的系统质量管理方法，那么在此基础上建立以顾客为中心的质量管理体系比较容易做到。

要建立以顾客为中心的质量管理体系，首先要完善顾客满意状况的监测系统。于是公司提出了顾客满意度管理目标，明确了分公司质量管理重心向顾客满意和顾客忠诚管理转移。公司于 2001 年年底基本建立了顾客满意度测评体系，并形成以内部第三方掌控客户满意度的管理方式。2002 年公司又提出了服务人性化、管理数字化的要求，在 2001 年的基础上建立了全面客户满意管理系统。在总部的牵头下，每年由专业第三方进行一次全面的顾客满意度调查，科学地获得顾客满意和不满意状况，进一步完善了客户满意监测系统。

（2）FORNELL CS 客户满意调查理论模型的应用。公司有三大类客户，即船代、货代和物流客户。目前，每年客户满意度调查委托第三方机构采用 FORNEIL CS（客户满意测评模型）对客户满意度进行调查、计算和分析。结合公司具体的服务类别和性质。调查共分为六大块：顾客预期（如总体期望），感知质量（如总体满意度），感知价值（如价格水平、服务水平等），客户抱怨（如抱怨处理、抱怨途径等），客户忠诚（如继续合作、推荐其他公司等）等，通过各项调查后，再利用矩阵分析，总结出下一阶段改进重点。

除了采用第三方调查的方法，公司还采取客户拜访、内部第三方调查等方法来获得顾客满意与否的情况，从而找出导致顾客流失的原因，为服务的持续改进和发展决策提供科学依据。

（3）多渠道服务检测体系的建立。通过客户满意调查活动的开展，公司逐步掌握了客户满意的基本情况，同时也让顾客了解公司坚持以顾客为中心进行质量管理的决心。公司认真地从客户的重要性、满意的离散情况进行了分析，对客户意见较为集中的环节首先进行改进。

2004 年 6 月，公司推出了服务“七不”规范，即要求员工对客户接待，主动不推诿；问讯答复，清晰不含糊；电话接听，热情不冷淡；进口换单，及时不拖拉；出口签单，延期不延误；预配放箱，迅速不耽误；商务结算，正确不错误。“七不”规范形成后，在公司内外部加强宣传，以达到内部监控、外部监督的效果。

在改进的过程中，公司逐步形成了多渠道的服务检测体系，对一线每种服务方式都进行有效的测量，如对电话服务、柜台服务、单证服务、效率情况等分别采用了不同的测量方式，并尽可能做到及时用量化的数据来反映服务变动情况。

(4) 活动质量管理体系文件。客户需求的多样式、复杂性和不稳定性的发展趋势，使公司的文件体系变得越来越庞大，文件的有效性也越来越赶不上客户需求变化的脚步。在多渠道服务检测系统逐步完善后，为了能够建立快速的反应机制，使文件体系灵活起来，改革势在必行。

文件的改革主要集中在第三层文件，即所谓工作指导书或操作细则等方面。修改工作指导书要关注的问题是流程，且应从四个角度来重新审视流程和记录：工作流程是否存在过剩管理现象？是否存在约束员工操作效率的现象？是否存在职责不明确的现象？流程目标是否没有向员工明确？目前公司全面开展文件改革与流程再识别的活动，并确立了全新的改革原则。

(5) 质量管理体系下的质量营销策略。上海中远物流为一家以海运为依托、以配送为核心的物流服务公司，其服务质量更是对参与市场竞争有较大的支持力，亲和度、热情度、差错率、及时率、安全性、响应速度及个性化服务，每一项质量内涵都直接影响着市场营销的结果。剥开形象、广告、宣传这些外延，公司看到的是隐藏在深处的质量内涵。确立以顾客为中心的质量管理体系，建立多渠道的服务检测系统，完善灵活的文件体系和快速反应机制，就是上海中远物流所看到的质量内涵。

在 10 年的不断持续改进中，上海中远物流不断创新，勇于实践。借助质量管理体系，在业务风险控制、客户服务改善、流程事例提升等方面，为大型物流企业综合管理水平的提升做出了表率，使质量管理体系真正成为企业经营发展的基石和保证。在众多的国内外物流企业中，上海中远物流在质量管理体系的应用和客户服务系统改进方面堪称中国物流行业的标杆。

一个企业要以质量求生存，以品种求发展，积极参与到国际竞争中去，就必须制定正确的质量方针和适宜的质量目标。作为生产企业与消费者之间的桥梁——物流，已成为全面质量管理的重要一环。

资料来源：上海质量，2008 年第 8 期。

问题：

(1) 中远物流质量体系运行如何？

(2) 为满足客户需求，中远物流公司采取了哪些措施？

（3）中远物流采取了哪些物流质量统计方法？

三、综合实训项目

实训项目：物流企业的质量管理措施

1．实训目的

（1）了解物流企业质量评价常用指标有哪些，并学会指标的计算和运用；

（2）了解和熟悉物流企业应用 PDCA 循环方法的八大步骤；

（3）应用质量管理统计工具对物流质量进行分析；

（4）了解物流企业推行 ISO9002 标准的基本方法和途径；

（5）分析物流企业质量管理措施。

2．实训内容

（1）实地参观物流企业，熟悉物流企业的质量管理保障；

（2）运用物流服务质量指标，衡量物流企业物流质量水平；

（3）应用质量管理统计工具对物流企业的质量管理进行分析，发现问题，并提出优化和改进方案；

（4）调研与分析物流企业如何推行质量认证，并如何建立其质量管理体系。

3．背景资料

某物流公司是一家货代公司，业务相对单一，作业流程也相对简单，其业务流程主要分两大部分：一是发运作业，二是到达作业。公司高管多多少少存在“重市场、轻管理”的思想观念，将精力大多投入到市场开发等具体业务环节，对于企业的管理，包括质量管理重视不够，该物流公司在运营过程中遇到不少问题，服务质量水平不能得到顾客的完全认同。请设计调查问卷调查该物流公司服务质量现状，并运用统计工具进行具体分析，提出改进措施，并帮助该物流公司建立质量管理体系。

4．实训要求

（1）以 5～6 人为一组，进行合理分工，每人应有明确任务；

（2）认真考察物流企业，针对各项物流活动，熟悉其质量管理的制度、方法和手段；

（3）根据所学知识，对物流企业的质量管理现状进行分析；

（4）撰写实践报告；

（5）实践报告完成后设课堂讨论课，交流实训经验。

第 10 章　综合类物流企业的信息管理

学习目标

知识目标

● 了解物流信息的分类、电子物流的含义、条码技术的原理、物流信息系统的功能、EOS、POS 的原理；

● 明确物流信息系统的概念及功能、物流信息技术的含义、EDI 的工作流程；

● 熟知物流信息资源的含义及类型、电子物流的实施步骤、GPS、GIS 在物流领域的应用；

● 掌握物流信息的概念、物流信息资源管理的内容、条形码的类别及 RFID 技术的原理和运用。

技能目标

● 能够协助物流企业开展信息资源管理工作；

● 能够参与物流企业管理信息系统的开发。

引例

某物流企业的管理信息系统

某物流企业在管理信息系统使用之前的状况是，储运管理处每天管理 10 万平方米仓库和少量短驳运输业务；每天手工处理 100～200 张订单；订单处理准确率 90%左右；每张订单处理平均耗时 40 分钟；修改一张错误订单信息耗时 45 分钟左右。

使用物流管理信息系统以后的状况是，在管理人员没有增加的情况下，物流业务管理量提高了 3 倍，不但管理 10 万平方米的仓库和所有的短驳业务，而且增加了铁路运输、长途公路运输、内河航运业务的管理；系统最高峰可以处理超过 1 000 张订单，平均下来每天处理订单 600 张左右；业务操作准确率超过 99%；每张订单调度处理平均耗时 2 分钟；修改错误信息在 2 分钟以内。

使用管理信息系统前后的对比见表 10-1：

表 10-1　使用管理信息系统前后的对比

	订单处理（张/日）	准确率（%）	平均耗时/分钟	修改错误/分钟
上系统前	100～200	90	40	45
上系统后	600	99	2	2

这个案例表明：现代物流企业与传统物流企业的一个明显区别就是信息技术的运用。由于物流本身的活动环节多、变化快，所以产生的信息量非常大。靠传统的人工方式来收集、处理、储存、传递信息将越发困难，企业管理势必产生混乱，工作效率大大降低。物流企业必须要运用先进的信息技术来提升自身的管理水平和运作效率，这是任何现代物流企业都必须达到的基本要求，也是企业获取核心竞争力的途径之一。

10.1　物流信息概述

10.1.1　物流信息的概念及种类

1．物流信息的概念

物流信息是由物流活动引起并能反映物流活动实际状况、特征及发展变化，并经处理过的对物流有用的数据、情报、指令、消息等的统称。物流活动环节多且始终处在变化过程中，所以伴随物流活动会产生大量的信息。寻求最合理的物流信息的处理方法和手段便是物流信息工作的主要内容。

小思考 10－1

数据、情报、消息等于物流信息吗？

答：物流数据、物流情报、物流消息等不能简单地等同于物流的信息。

物流数据是记录下来的可以鉴别的符号，是以数字、符号、图表、文字等对物流运动中的数量关系的客观描述。信息是对数据的解释，数据被处理后仍是数据。物流数据只有经过处理和解释，能够被人们接受和理解，才能成为物流信息。所以可以说，数据是构成信息的“原材料”，物流信息是经过处理后得到的“产品”。

物流情报是物流信息的一部分。物流情报是那些有一定目的性，具有很强的时效性，经过特殊方式和渠道加以传送的最新的情况报导。

物流消息是物流信息的外壳和形式，物流信息是物流消息的核心内容，物流消息中所包含的信息量大小是各不相同的。

2．物流信息的种类

（1）按信息产生领域分类。按信息产生的领域，物流信息可分为物流系统内信息和物流系统外信息。

1）物流系统内信息是伴随物流活动而产生的信息，包括物料流转信息、物流作业信息、物流控制层信息和物流管理层信息。

2）物流系统外信息是指在物流活动以外的其他领域产生的，对物流活动起指导作用的信息，包括供货信息、顾客信息、订货信息、交通运输信息、市场信息、政策信息，还有来自企业内生产、财务等部门的与物流有关的信息。

（2）按信息的作用不同分类。按物流信息作用不同，物流信息可分为以下几类：

1）计划信息。如货运量计划、仓库吞吐量计划、与物流活动有关的国民经济计划、工农业产品产量计划。这种信息的特点是具有相对稳定性，信息更新速度慢。计划信息是制定战略决策的依据。

2）控制及作业信息。这是指物流活动过程中发生的信息，如库存种类、库存量、在运量、运输工具状况、物价、运费等。这类信息的特点是具有较强的动态性，更新速度快，并且富有时效性，即只有及时得到信息才有用，否则将变得毫无价值。控制及作业信息的作用是控制和调整正在发生的物流活动和指导下一次即将发生的物流活动，以实现对过程的控制和对业务活动的调整。

3）统计信息。这是指在物流活动结束后，对整个物流活动进行总结、归纳的信息。通过统计信息可以掌握过去的物流活动及规律，以指导物流战略发展和制定计划。

4）支持信息。这是指能对物流计划、业务、操作有影响或有关的文化、科技、产品、法律、教育、民俗等方面的信息，如物流技术的革新、物流人才需求等。这些信息不仅对物流战略发展有价值，而且也能对控制、操作起到指导、启发的作用，是可以从整体上提高物流水平的一类信息。

（3）按信息的加工程度不同分类。按加工程度不同，可将物流信息分为原始信息和加工信息。

1）原始信息。这是指未被加工过的信息，是最有权威性的凭证性信息。原始信息是加工信息可靠性的保证。

2）加工信息。加工信息是对原始信息进行分类、汇总、整理、检索等处理后形成的信息。这种信息是原始信息的提炼、简化和综合。加工信息对使用者有更大的使用价值。

(4) 按活动领域分类。物流系统的各个子系统、各个功能系统都产生物流信息，按这些领域可将物流信息分为运输信息、仓储信息、装卸信息等。

知识链接 10－1

物流信息的特点

与其他领域的信息相比，物流信息的特殊性主要表现在以下几个方面：

（1）物流信息来源广、信息量大。这是由于物流系统涉及范围广、内容复杂而导致的。

（2）物流信息动态性强，信息的价值衰减速度快。这就要求物流信息管理工作具有较强的及时性。

（3）物流信息种类多，不仅本系统内部各环节有不同种类的信息，而且由于物流系统与其他系统，如生产系统、销售系统、消费系统等密切相关，因而还必须收集这些类别的信息，这就使得对物流信息进行分类、研究、筛选等的难度增加。

10.1.2　物流信息系统

1．物流信息系统的概念

物流信息系统是指由人员、设备和程序组成的、为物流管理者执行计划、实施、控制等职能提供信息的交互系统，它与物流作业系统一样都是物流系统的子系统。

物流系统包括运输系统、储存保管系统、装卸搬运、流通加工系统、物流信息系统等方面，其中物流信息系统是高层次的活动，是物流系统中最重要的方面之一，涉及运作体制、标准化、电子化及自动化等方面的问题。由于现代计算机及计算机网络的广泛应用，物流信息系统的发展有了一个坚实的基础。计算机技术、网络技术及相关的数据库、条码技术、EDI 等技术的应用使得物流活动中的人工、重复劳动及错误发生率减少，效率增加，信息流转加速，使物流管理发生了巨大变化。

2．物流信息系统的分类

按物流信息系统的功能分类，包括事物处理信息系统、办公自动化系统、管理信息系统、决策支持系统、高层支持系统、企业间信息系统。

按管理决策的层次分类，包括物流作业管理系统、物流协调控制系统、物流决策支持系统。

按系统的应用对象分类，包括面向制造企业的物流管理信息系统、面向零售商、中间商、供应商的物流管理信息系统、面向物流企业的物流管理信息系统、面向第三方物流企业的物流信息系统。

按系统采用的技术分类，包括单机系统、内部网络系统、与合作伙伴、客户互联的系统。

3．物流信息系统的内容

物流信息系统根据不同企业的需要可以有不同层次、不同程度的应用和不同子系统的划分。例如，有的企业由于规模小、业务少，可能使用的仅仅是单功能系统，而另一些企业可能就使用功能强大的多功能系统。一般来说，一个完整、典型的物流信息系统可由作业信息处理系统、控制信息处理系统、决策支持系统三个子系统组成。

(1)作业信息处理系统。作业信息处理系统一般有电子自动订货系统（EOS）、销售时点信息系统（POS）、智能运输系统（ITS）等类型。

电子自动订货系统是指企业利用通信网络和终端设备以在线连接的方式进行订货作业和订单信息交换的系统。及时准确地处理订单是EOS的重要职能。

销售时点信息系统是指通过自动读取设备在销售商品时直接读取商品销售信息，并通过通信网络和计算机系统传送至有关部门进行商品库存的数量分析、指定货位和调整库存以提高经营效率的系统。

智能运输系统是典型的发货和配送系统，它将信息技术贯穿于发货和配送的全过程，能够快捷准确地将货物运达目的地。

小思考10－2

什么是智能交通系统？

智能交通系统（Intellectual Transportation System，简称ITS）是指将先进的信息技术、数据通信传输技术、电子传感技术、电子控制技术及计算机处理技术等有效地集成运用于整个交通运输管理体系，而建立起的一种在大范围内、全方位发挥作用的，实时、准确、高效的综合运输和管理系统。

智能交通系统的范围包括：机场、车站客流疏导系统，城市交通智能调度系统，高速公路智能调度系统，运营车辆调度管理系统，机动车自动控制系统等。

智能交通系统的作用：通过人、车、路的和谐、密切配合提高交通运输效率，缓解交通阻塞，提高路网通过能力，减少交通事故，降低能源消耗，减轻环境污染。

(2)控制信息处理系统。控制信息处理系统主要包括库存管理系统和配送管理系统。

库存管理系统负责利用收集到的物流信息，制定出最优库存方式、库存量、库存品种及安全防范措施等。

配送系统则将商品按配送方向、配送要求分类，制定科学、合理、经济的运输工具调配计划和配送路线计划等。

(3)决策支持系统。决策支持系统（LDSS）为管理层提供的系统资源，给决策过程提供所需要的信息、数据支持、方案选择支持。一般应用于非常规、非结构化问题的决策。但是决策支持系统只是一套计算机化的工具，可以帮助管理者更好地决策，但不能代替管理者决策。

10.1.3　电子物流

面对不断增强的国内外竞争和产业环境的不断变化，物流管理出现了一些新的挑战和难点：可视性不高、交货周期变短、客户订单机会损失增大、信息缺乏集中、不能快速响应市场、成本难以降低、库存过大、资金流转时间长等。这些问题的解决，需要依赖新的物流管理手段——电子物流。

1．电子物流的概念与特点

（1）电子物流的概念。电子物流就是利用电子化的手段，尤其是利用互联网技术来完成物流全过程的协调、控制和管理，实现从网络前端到最终客户端的所有中间过程服务，最显著的特点是各种软件技术与物流服务的融合应用。

电子物流的主要功能包括发货仓库和在途的库存量的及时监控，运输货物在途状况的追踪查询，物流运送各个环节的自动预警机制和整个流程自动化的提高。

总之，电子物流就是将企业现有的 EDI（电子数据交换）、ERP（企业资源计划）、SCM（供应链管理）、CRM（客户关系管理）等有关系统中所产生的物流信息，在互联网上与综合物流服务的企业，以实时的、双向的数据交换方式，进行物流信息整合，借此提高物流效率和服务水平，创造新的附加值，如图 10-1 所示。

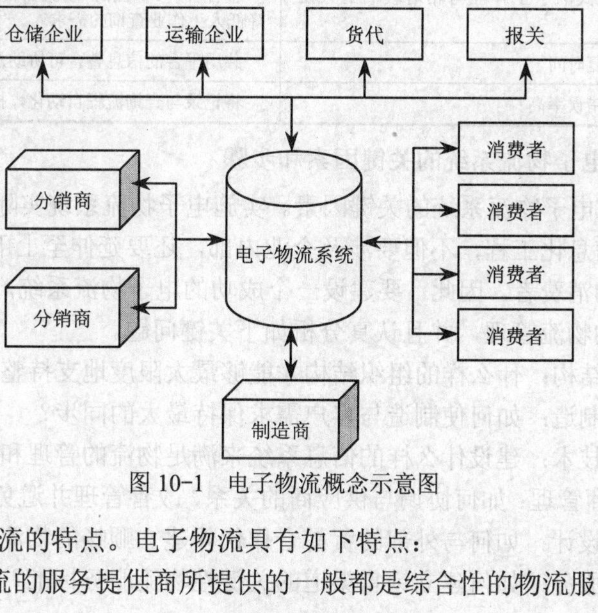

图 10-1　电子物流概念示意图

（2）电子物流的特点。电子物流具有如下特点：

1）电子物流的服务提供商所提供的一般都是综合性的物流服务，而且服务的范围比一般意义上的物流服务更为广泛，如物流咨询、方案制定等个性化服务。

2）大量应用互联网、EDI 等现代技术手段，以实时、全方位、透明化的信息传递与共享，实现供应链物流的有效集成。

3）能够随时根据用户的服务需求定制服务，提供柔性的、个性化的服务。

4）跨平台地将各种软件进行集成，从战略规划、计划制定、运营管理、业务调度、客户服务一直到各作业环节，全部集成到统一的平台上操作，提高了物流系统的效率。

传统物流与电子物流的性能比较见表 10-2。

表 10-2　传统物流与电子物流的性能比较表

传统物流	电子物流
仓库库存量信息不明	仓库库存量可追踪查询
高安全库存量与高库存保管费用	清楚掌握库存量，无需保持较高的安全库存量，同时节省无谓的库存保管支出
紧急出货次数及运输成本高	确实掌握安全库存量，能用一般托运方式出货
库存不足导致机会损失增大	确实掌握补货情况，避免库存不足的情况发生
货物在途状况不明	货物在途状况追踪查询
因信息不足造成运输周期管理上的困难	提供支援决策所需的重要信息，能够评估不同路线、不同运输者的表现等
客户服务品质不佳	掌握运交货物所在位置，能够及时回复客户的询问
物流过程中有限的信息整合	自动化的整合共用平台
高度依赖人工式的手工作业与相对较高的人工成本	整合客户、供应商、物流业者和运输商的物流系统，降低人工作业查询的需求
过长的查询回复时间	共用平台的信息整合可协助及时状况的追踪查询
信息不准确，错误率高	将记录与查询流程自动化，提高信息的准确度

2．实施电子物流系统的关键因素和步骤

（1）实施电子物流系统的关键因素。实施电子物流系统实际上是一项基于供应链管理的信息化工程，不但要涉及企业内部，还要延伸至上下游相关的企业，甚至是最终的消费者。因此，要建设一个成功的电子物流系统，企业需要全方位地考察自己的物流管理，并且认真分析如下关键问题。

1）组织结构：什么样的组织结构才能够最大限度地支持整个物流过程？

2）生产制造：如何使制造与客户需求保持最大的同步？

3）信息技术：建设什么样的信息系统来满足物流的管理和控制要求？

4）供应商管理：如何协调与供应商的关系，改善管理并避免不必要的成本？

5）渠道设计：如何与外部的贸易合作伙伴建立顺畅的物流体系？

6）用户服务：如何建立销售渠道的关键性物流服务标准？

（2）实施电子物流系统的步骤。电子物流实施过程通常都包括了如下的步骤或环节。

1）商务沟通阶段：主要是计划的管理与沟通。要与服务提供商、企业内各部门及物流链上相关的企业或消费者加强沟通、考察和关系的管理。

2）业务咨询阶段：主要任务是处理和评估企业内当前的业务流程，确定改进方向和计划，评估风险和收益。

3）应用服务阶段：主要任务是为确定、设计、整合满足物流链上各单位或部门需要的软件系统。

4）组织改造阶段：主要任务是评估现有的组织能力，拟定沟通与训练计划，设计人力管理计划，改造管理方案和评估标准的确定。

5）IT 基础设施整合：主要任务是评估物流企业各个单位的 IT 基础设施，进行差异分析，提供 IT 基础设施整合的计划、流程和实施计划。

10.2　物流企业信息技术管理

10.2.1　物流企业信息资源管理

1．物流信息资源

（1）物流信息资源的含义。狭义的物流信息资源是指能有效反映各种物流相关活动（包括直接物流活动、相关的其他活动）内容的知识、资料、图像、数据、文件的总称。广义的物流信息资源则是在狭义的物流信息资源的基础上，还包括与其紧密相连的机构、人员、设备、技术。本书研究的对象是狭义的物流信息资源。

（2）物流信息资源的类型。按照物流相关活动（包括直接物流活动、与物流活动相关的其他活动）的不同分为核心物流信息资源和外延物流信息资源。直接物流活动产生的信息资源称为核心物流信息资源，核心物流信息资源可以分为运输、储存、包装、装卸搬运、流通加工、配送等信息资源；与物流活动相关的其他活动产生的信息资源称为外延物流信息资源，外延物流信息资源可以分为采购、生产、销售等信息资源。

根据信息来源的不同可以分为企业内部物流信息资源和企业外部信息资源两大类。企业内部物流信息资源又可以分为操作层、知识层、战术层、战略层等信息资源类型，企业外部信息资源则可以分为供应链物流信息资源和社会物流信息资源。

各种物流信息资源类型见表 10-3。

表 10-3　物流信息资源的类型

分类标准	物流信息资源类型		
物流相关活动	核心物流信息资源	运　输	运输物品、运输工具、运输线路、运输费用
		储　存	仓库、库存物品、出库、入库、库存分析
		包　装	包装物品、包装单元、包装要求、包装费用
		装卸搬运	装卸搬运设备、装卸搬运物品、装卸车计划
		流通加工	加工物品、加工要求、加工时间、加工流程、加工费用
		配　送	配送物品、分拣、配货、配送方式、配送路线
	外延物流信息资源	采　购	采购计划、采购订单、收货、付款
		生　产	生产计划、物料需求、成品入库
		销　售	销售计划、销售合同、发货、收款
信息来源	内部物流信息资源	操作层	收货单、发货单、库存台账、派车单
		知识层	专家决策知识、物流业务知识、工人技术和经验形成的知识
		战术层	物流业务计划完成情况、库存费用控制、市场商情
		战略层	物流战略计划、物流设施规划、经营业绩综合报表
	外部物流信息资源	供应链	用户需求、用户库存、用户销售、供应商发货、供应商生产
		社　会	物流政策法规、交通基础设施、社会车辆

2．物流信息资源管理

（1）信息资源管理的含义。信息资源管理（Information Resource Management，简称 IRM）是为确保信息资源的有效利用，以现代信息技术为手段，对信息资源实施计划、预算、组织、分配、协调和控制的一种管理活动。IRM 是 20 世纪 70 年代末 80 年代初在美国出现的新概念，到 20 世纪 90 年代初，IRM 在理论研究和实践方面都已经走向成熟，其重要的表现是企业决策层里设立了专门负责信息资源管理的岗位——信息主管（Chief Information Officer，简称 CIO）。

❶ 小思考 10 - 3

IRM 的基本思想有哪些？

答：IRM 的基本思想包括：

（1）信息资源（Information Resources）与人力、物力、财力和自然资源一样，都是企业的重要资源，因此，应该像管理其他资源那样管理信息资源。IRM 是企业管理的必要环节，应该纳入企业管理的预算。

（2）IRM 包括数据资源管理和信息处理管理。前者强调对数据的控制，后者则关心企业管理人员在一定条件下如何获取和处理信息，且强调企业中信息资源的重要性。

（3）IRM 是企业管理的新职能，产生这种新职能的动因是信息与文件资料的激增、各级管理人员获取有序的信息和快速简便处理信息的迫切需要。

信息资源管理的目标是通过增强企业处理动态和静态条件下内外信息需求的能力来提高管理的效益，即追求“3E”——Efficient（高效）、Effective（实效）和 Economical（经济）。

（4）IRM 的发展是具有阶段性的。共四个阶段，即物理控制、自动化技术管理、信息资源管理和知识管理。可以用推动力量、战略目标、基本技术、管理方法和组织状态等因素进行比较。目前，我国的大部分企业尚处于前三个阶段，属于初、中级水平阶段。

（2）物流信息资源管理的概念。物流信息资源管理是把物流信息作为一种资源，为了使其得到有效利用，以物流信息技术为手段，对物流信息进行采集、处理、配置、共享、控制等的管理活动。

物流信息资源管理有别于一般的信息资源管理，具有如下的特征：

1）强调物流信息是一种战略意义上的资源，具有巨大的经济价值和社会价值，必须从经济角度、社会效益角度对信息资源进行管理，并侧重信息资源的经济发展和商业应用。

2）强调物流信息资源管理不仅是对物流信息的管理，而且还必须综合考虑物流信息技术、设备等方面的因素和相关信息政策、法律等，并把它们有机结合起来。

3）强调物流信息资源的战略管理和高层管理，即在物流战略决策、物流战略规划等高层次上发挥物流信息资源的作用，而不仅仅停留在物流操作运行层次和中间控制层次。

4）强调物流信息资源管理不仅要对企业内部的物流信息资源进行管理，追求企业内部物流信息资源的最佳利用，更要对供应链中各企业之间的物流信息资源进行管理，实现基于供应链的物流信息资源的最佳共享。

（3）物流信息资源管理的层次。物流信息资源管理可以分为三个层次的管理：企业内部物流信息资源管理、基于供应链的物流信息资源管理、社会物流信息资源管理（如图 10-2 所示）。企业内部物流信息资源管理侧重企业内部各部门之间物流信息的集成；基于供应链的物流信息资源管理注重供应链中企业间物流信息的共享与控制；社会物流信息资源管理则追求社会公共物流信息的交换与共用。

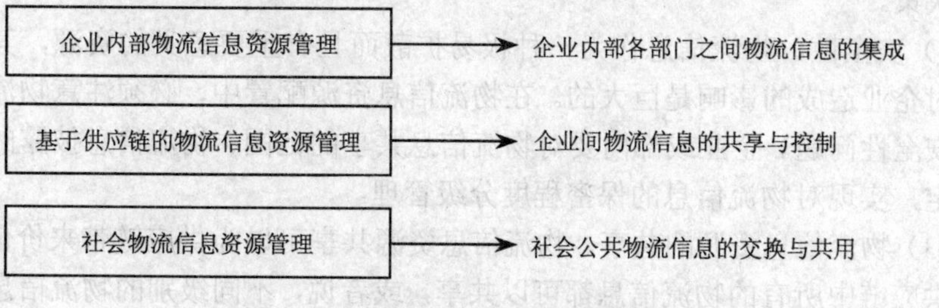

图 10-2　物流信息资源管理的层次

3. 物流信息资源管理的内容

（1）物流信息资源的采集。物流信息采集技术主要包括人工采集和自动采集技术两大类，自动采集技术又包括条码技术（Bar Code）、射频识别技术（Radio Frequency Identify，RFID）、生物技术（Biological Methods）、多重技术（Multiple—technology）等。

各种物流信息资源采集技术的比较见表 10-4。

表 10-4 物流信息资源采集技术的比较

	技术特点	优点	缺点
人工采集	手工操作	成本低	低效率和低效益；维护困难
条码技术	光电识别；一维和二维条码	容易使用；设备成本相对较低	工作量较大；速度相对较慢
射频识别技术	无线射频识别；被动式和主动式 RFID 标签	自动化程度高；效率高；准确率高	首次使用时的投资成本相对较高
生物技术	生物检测；基因识别	可靠；精确	高成本；低效率
多重技术	条码技术+射频识别技术；生物技术+射频识别技术	高可靠性；高精确度	高成本

（2）物流信息资源的配置。通过对一定数量和种类的物流信息资源的合理配置，使整个物流过程的效益最大化，或者在达到企业运作目标的前提下，使物流信息资源的投入成本最小化。在物流信息资源配置中需要注意到以下几点：

1）准确性。物流信息的准确性对决策的正确与否有决定性的影响。特别是订单信息，不准确的订单信息常常使得企业生产决策受到影响。物流信息在传递过程中会出现失真现象，这可能是由物流信息人员的失误或者物流信息载体的错误造成的。因此，减少物流信息传递的失真，提高物流信息处理方法的科学性，是物流信息资源配置的一个重要任务。

2）及时性。物流信息具有很强的时效性，过时的物流信息可能变得一文不值。物流信息资源配置的一个重要使命，就是在物流信息需要产生之时甚至之前，及时地将物流信息传递给信息接收者，使其有足够的时间进行分析、处理，最终做出决策。

3）安全性。物流信息作为一种极易扩散而且有重要意义的资源，其泄露或损失对企业造成的影响是巨大的。在物流信息资源配置中，必须注意物流信息共享的安全性问题。企业或部门要对物流信息共享的范围、物流信息披露的时间进行判定，实现对物流信息的保密程度分级管理。

（3）物流信息资源的共享。物流信息资源共享可以为供应链带来价值，但并不是供应链中所有的物流信息都可以共享，或者说，不同级别的物流信息在供应链中共享的范围和程度是不同的，这就是供应链物流信息的分级共享。

物流信息主要分为公开级、秘密级、机密级三种。在此基础上，供应链物流信息的共享等级可以分为非共享物流信息、企业内共享物流信息、企业间共享物流信息等。

非共享物流信息一般是机密级的物流信息，只能由企业相关部门自己掌握，不能共享给企业其他部门和供应链中的其他节点的企业。企业内共享物流信息一般是秘密级的物流信息，可以在企业内各部门之间进行传递，不能共享给供应链中的其他节点的企业。企业间共享物流信息一般是公开级或者秘密级的物流信息，通过企业间共享，能保证供应链战略的顺利实施，企业对于这类物流信息负有产生和主动传递的责任。公开级物流信息一般可以在供应链中所有节点的企业间共享，不会对企业的利益形成损害；而秘密级物流信息一般只能在供应链中的个别节点的企业间进行共享，必须进行恰当的授权，若授权不当或信息泄露会对企业的利益造成影响。

（4）物流信息资源的控制。物流信息资源的控制是指对传递的物流信息进行全程跟踪与控制，以确保物流信息的安全和可靠，并对物流信息共享的效果进行评估、监督和效果反馈，以保证物流信息的共享达到预期的目标和处于可控状态中。

根据对物流信息的特点及要求的分析，物流信息资源控制的关键要素包括“4W1H”。“4W1H”是指 What、When、Where、Who 和 How 五个英文单词的缩写，其含义如下。

1）what：是指信息的具体内容。在物流信息控制中要明确信息的所有者（或生产者）能够生产什么样的信息，应该生产什么样的信息，即对信息原始内容的控制，从而保证生产的信息是必要的、充分的。而且还要明确信息使用者需要什么样的信息，其所需信息是否是合理的、必须的和在其授权范围内的。

2）When：是指与信息相关的时间因素，如控制信息最早产生时间、最迟产生时间，最早获取时间、最迟获取时间，最早处理时间、最迟处理时间，信息评估周期、信息保密时限等。通过对物流信息相关时间属性的控制，可以确保信息的及时性和有效性，同时还可以平衡信息管理与信息成本之间的关系。

3）Where：是指与信息位置相关的因素，包括信息产生的地点或作业环节、信息存储的位置、信息传播的渠道。对位置因素的控制可以使信息的采集和存取变得方便快捷，在需要收集和使用信息时可以迅速定位到信息产生的源头和存储的位置；对信息位置因素的控制可以保证信息的可追溯性，一旦信息发生错误或丢失，可以通过位置信息快速找到问题的根源并重新获取信息。另外，对信息存储位置和传播渠道的控制可以确保信息的安全性，避免或减少信息的非授权访问、不当扩散和泄漏，使信息始终处于可控状态下。

4）Who：是指信息的生产者、所有者、管理者和使用者。明确信息控制中的各种角色，可以分清权责，便于信息的使用和开发管理。在物流信息控制中，信息的生产者负责信息的采集和初级加工，对信息生产者的控制可以保证信息采集的及时性和可靠性；信息的所有者负责信息的分级和使用授权，对信息所有者的控制可以保证信息的合理分级和授权；信息的管理者负责信息的安全保障和存取控制，对信息管理者的控制可以提高信息管理的水平，确保信息和信息系统处于良好状态；信息的使用者是物流信息的受益者，对使用者的控制和授权可以使信息发挥最大的效用，避免信息被滥用和泄漏。

5）How：是指与信息控制相关的各种手段。信息的控制手段指信息的采集方法（人工还是自动化）、信息存储方式（纸面还是电子化）、信息存取的授权方式（需要授权还是无需授权）、信息的传递方式（口头还是网络）、信息的共享策略（全面共享还是部分共享）等。对控制手段的选取会直接影响到信息控制策略的制定和控制效果的产生。

“4W1H”从信息自身、信息的来源和去向、信息管理中的各种角色、信息管理的手段等方面分析了影响信息控制的因素，为在供应链环境下制定物流信息的控制方法和策略奠定了基础。

10.2.2 物流信息技术

1．物流信息技术的含义

物流信息技术，简单点说，就是运用于物流各环节中的信息技术。根据物流的功能及特点，物流信息技术包括计算机技术、网络技术、信息分类编码技术、条码技术、射频识别技术、电子数据交换技术、全球定位系统（GPS）、地理信息系统（GIS）等。

物流信息技术是物流现代化的重要标志，也是物流技术中发展最快的领域，从数据采集的条形码系统，到办公自动化系统中的计算机、互联网，各种终端设备等硬件及计算机软件都在日新月异地发展。同时，随着物流信息技术的不断发展，产生了一系列新的物流理念和新的物流经营方式，推进了物流的变革。在供应链管理方面，物流信息技术的发展也改变了企业应用供应链管理获得竞争优势的方式，成功的企业通过应用信息技术来支持它的经营战略并选择它的经营业务。通过利用信息技术来提高供应链活动的效率性，增强整个供应链的经营决策能力。

2．条码技术

条码技术是一种自动识别技术，具有输入速度快、准确率高、成本低、可靠性强等优点。在物流企业管理中，利用条码技术可以对物品进行自动识别和描述物品的信息，从而解决了数据录入和数据采集的瓶颈问题，极大地满足了现代物流流量大和高速化的要求，从而大幅度地提高了物流效率、降低了物流的成本，同时提高了物流的管理水平。条码是实现 POS 系统、EDI、电子商务、供应链管理的技术基础，是物流管理现代化的重要技术手段。

（1）条码技术概述。条形码是由一组规则排列的条、空及对应的字符组成的标记，黑色的“条”指对光线反射率较低的部分，白色的“空”指对光线反射率较高的部分，再加上“条”与“空”宽度不同，就能使扫描光线产生不同的反射接收效果，再经光电转换成不同的电脉冲，这些电脉冲就是信息。

知识链接 10－2

条形码的种类

目前使用的条形码有两种：

一维条形码（1D Barcode），只是在一个方向（一般是水平方向）表达信息，而在垂直方向则不表达任何信息，其具有一定的高度通常是为了便于阅读器的对准。

二维条形码（2D Barcode），在水平和垂直方向的二维空间都存储有信息的条形码，即将一维条形码存储信息的方式在二维空间上的扩展。

通常对于每一种物品，它的编码是唯一的，对于普通的一维条形码来说，还要通过数据库建立条形码与商品信息的对应关系，当条形码的数据传到计算机上时，由计算机上的应用程序对数据进行操作和处理。因此，普通的一维条形码在使用过程中仅作为识别信息，它的意义是通过在计算机系统的数据库中提取相应的信息而实现的。

（2）条形码的码制。码制即指条形码条和空的排列规则，常用的一维码的码制包括 EAN 码、39 码、交叉 25 码、UPC 码、128 码、93 码及 Codabar（库德巴码）等。不同的码制有它们各自的应用领域：

1）EAN 码：这是国际通用的符号体系，是一种长度固定、无含意的条形码，所表达的信息全部为数字，主要应用于商品标志。

2）39 码和 128 码：这是目前国内企业内部自定义码制，可以根据需要确定条形码的长度和信息，它编码的信息可以是数字，也可以包含字母，主要应用于工业生产线领域、图书管理等。

3）93 码：这是一种类似于 39 码的条形码，它的密度较高，能够替代 39 码。

4）交叉 25 码：只应用于包装、运输及国际航空系统的机票顺序编号等。

5）Codabar 码：应用于血库、图书馆、包裹等的跟踪管理。

（3）条形码符号的组成。一个完整的条形码的组成次序依次为：静区（前）、起始符、数据符、中间分隔符（主要用于 EAN 码，并不一定有）、校验符（并不一定有)、终止符、静区(后),如图 10-3 所示。

图 10-3 条形码符号的组成

1)静区,指条形码符号的组成左右两端外侧与空的反射率相同的限定区域,它能使阅读器进入准备阅读的状态,当两个条形码符号的组成相距较近时,静区有助于对它们加以区分。静区的宽度通常应不小于 6mm(或 10 倍模块宽度)。

2)起始/终止符,指位于条形码开始和结束的若干条与空,标志条形码的开始和结束,同时提供了码制识别信息和阅读方向的信息。

3)数据符,位于条形码中间的条、空结构,它包含条形码所表达的特定信息。

构成条形码的基本单位是模块,模块是指条形码中最窄的条或空,模块的宽度通常以 mm 或 mil(千分之一英寸)为单位。构成条形码的一个条或空称为一个单元,一个单元包含的模块数是由编码方式决定的,有些码制中,如 EAN 码,所有单元由一个或多个模块组成;而另一些码制,如 39 码中,所有单元只有两种宽度,即宽单元和窄单元,其中的窄单元即为一个模块。

(4)条形码阅读器。条形码阅读器是用于读取条形码所包含的信息的设备,它的结构通常为以下几部分:光源、接收装置、光电转换部件、译码电路、计算机接口。普通的条形码阅读器通常采用以下三种技术:光笔、CCD、激光,它们都有各自的优缺点,没有一种阅读器能够在所有方面都具有优势。

小思考 10-4

条形码阅读器是怎样工作的?

答:条形码阅读器的基本工作原理为:由光源发出的光线经过光学系统照射到条形码符号上面,被反射回来的光经过光学系统成像在光电转换器上,使之产生电信号,信号经过电路放大后产生模拟电压,它与照射到条形码符号上被反射回来的光成正比,再经过滤波、整形,形成与模拟信号对应的方波信号,经译码器解释为计算机可以直接接收的数字信号。

(5)条形码在物流领域的应用。条形码技术在物流中有较为广泛的应用,主要在以下几个方面:

1）销售信息系统（POS 系统）。在商品上贴上条形码就能快速、准确地利用计算机进行销售和配送管理。其过程为：对销售商品进行结算时，通过光电扫描读取并将信息输入计算机，然后输进收款机，收款后开出收据，同时，通过计算机处理，掌握进、销、存的数据。

2）库存系统。在库存物资上应用条形码技术，尤其是规格包装、集装、托盘货物上，入库时自动扫描并输入计算机，由计算机处理后形成库存的信息，并输出入库区位、货架、货位的指令，出库程序则和 POS 系统条形码应用一样。

3）分货拣选系统。在配送方式和仓库出货时，采用分货、拣选方式，需要快速处理大量的货物，利用条形码技术便可自动进行分货拣选，并实现有关的管理。其过程如下：一个配送中心接到若干个配送订货要求，将若干订货汇总，每一品种汇总成批后，按批发出所在条形码的拣货标签，拣货人员到库中将标签贴于每件商品上并取出用自动分拣机分货，分货机始端的扫描器对分货机上处于运动状态的货物扫描，一方面确认所拣出货物是否正确，另一方面识读货物条形码上的用户标记，指令商品在确定的分支分流，到达各用户的配送货位，完成分货拣选作业。

知识链接 10－3

条码的优越性

与其他自动化识别技术相比，条形码技术具有如下的优越性：

（1）可靠准确。有资料表明键盘输入平均每 300 个字符有一个错误，而条码输入平均每 15 000 个字符有一个错误。

（2）数据输入速度快。键盘输入，一个每分钟打 90 个字的打字员，1.6 秒可输入 12 个字符或字符串，而使用条形码，做同样的工作只需 0.3 秒，速度提高了 5 倍。

（3）经济便宜。与其他自动化识别技术相比较，推广应用条形码技术，所需费用较低。另外，条形码标签易于制作，对印刷技术设备和材料无特殊要求。

（4）灵活、实用。条形码符号作为一种识别手段可以单独使用，也可以和有关设备组成识别系统实现自动化识别，还可和其他控制设备联系起来实现整个系统的自动化管理。同时，在没有自动识别设备时，也可实现手工键盘输入。

（5）自由度大。识别装置与条形码标签相对位置的自由度要比光学字符识别（OCR）大得多。条形码通常只在一维方向上表达信息，而同一条形码上所表示的信息完全相同并且连续，这样即使是标签有部分残缺，仍可以从正常部分输入正确的信息。

（6）设备简单。条形码符号识别设备的结构简单，操作容易，无需专门训练。

3．EDI 技术

（1）EDI 的概述。电子数据交换（Electronic Data Interchange，简称 EDI）是指通过电子方式，采用标准化的格式，利用计算机网络进行结构化数据的传输和交换。它通过计算机通信网络将贸易、运输、保险、银行和海关等行业信息，用一种国际公认的标准格式，实现各有关部门或公司与企业之间的数据交换和处理。

构成 EDI 系统的三个要素是 EDI 软硬件、通信网络及数据标准。一个部门或企业若要实现 EDI，首先必须有一套计算机数据处理系统；其次，为使本企业内部数据比较容易地转换为 EDI 标准格式，必须采用 EDI 标准；另外，通信环境的优劣也是关系到 EDI 成败的重要因素之一。

（2）EDI 工作流程。一个典型的 EDI 工作过程及文件流程图如图 10-4 所示。

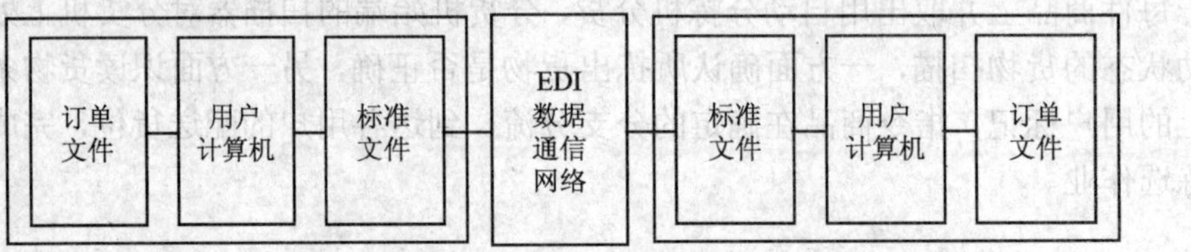

图 10-4　EDI 工作流程

1）文件的结构化和标准化处理，就是用户将原始的纸面商业或行政文件，经计算机处理，形成具有标准格式的 EDI 数据文件。

2）传输和交换，将标准的报文数据，经过 EDI 数据通信和交换网传送到对方用户的计算机系统。

3）文件接收和自动处理，用户计算机接收到报文数据后，立即按特定的程序自动处理，还原出订单文件。

完整的 EDI 系统功能模型如图 10-5 所示。

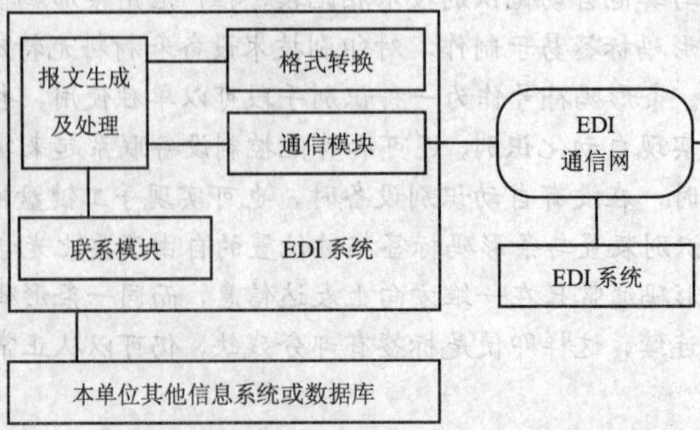

图 10-5　EDI 系统功能模型

（3）物流 EDI。物流 EDI 是指货主、承运业主及其他相关的单位之间，通过 EDI 系统进行物流数据交换，并以此为基础实施物流活动的方法。

EDI 最初由美国企业应用在企业间的订货业务活动中，其后，应用范围由订货业务向其他业务扩展，在物流中也得到广泛应用。物流 EDI 的框架结构如图 10-6 所示。

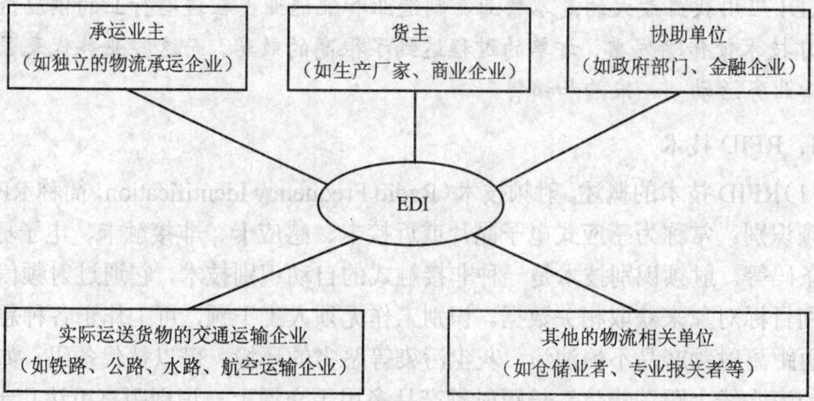

图 10-6　物流 EDI 的框架结构

物流 EDI 的参与单位由货主（生产厂商、贸易商、批发商、零售商等）、承运业主（如独立的物流承运企业等）、实际运送货物的交通运输企业（铁路企业、水运企业、航空企业、公路运输企业等）、协助单位（政府有关部门、金融企业等）和其他的物流相关单位（如仓库业者、专业报关者等）。

物流 EDI 的优点在于供应链组成各方基于标准化的信息格式和处理方法通过 EDI 共同分享信息，提高物流效率，降低物流成本。例如，对零售商来说，应用 EDI 系统可以大大降低进货作业的出错率，节省进货商品检验的时间和成本，能迅速核对进货和到货的数据，易于发现差错。

知识链接 10－4

EDI 在供应链管理过程中的应用

EDI 是一种信息管理或处理的有效手段，它是对供应链上的信息流进行运作的有效方法。EDI 的目的是充分利用现有计算机及通信网络资源，提高贸易伙伴间通信的效率，降低成本。EDI 主要应用于以下企业。

制造业：JIT 即时响应，以减少库存量及生产线待料时间、降低成本。

贸易运输业：快速通关报检、经济地使用运输资源，降低贸易运输空间、成本与时间的浪费。

流通业：QR 快速响应，减少商场库存量与空架率，以加速商品资金周转，降低成本。建立物资配送体系，以完成产存运销一体化的供应链管理。

金融业：EFT 电子转账支付，减少金融单位与其用户间交通往返的时间与现金流动风险，并缩短资金流动所需的处理时间，提高用户资金调度的弹性，在跨行服务方面，更可使用户享受到不同金融单位所提供的服务，以提高金融业的服务品质与项目。

EDI 应用获益最大的是零售业、制造业和配送业。在这些行业的供应链上应用 EDI 技术使传输发票、订单的过程达到了很高的效率，而这些业务代表了它们的核心业务活动——采购和销售。

4．RFID 技术

（1）RFID 技术的概述。射频技术（Radio Frequency Identification，简称 RFID），即射频识别。常称为感应式电子晶片或近接卡、感应卡、非接触卡、电子标签、电子条码等。射频识别技术是一种非接触式的自动识别技术，它通过射频信号自动识别目标对象来获取相关数据。识别工作无须人工干预，可工作于各种恶劣环境。短距离射频产品不怕油渍、灰尘污染等恶劣的环境，可以替代条码，如用在工厂的流水线上跟踪物体。长距射频产品多用于交通上，识别距离可达几十米，如自动收费或识别车辆身份等。

（2）RFID 在物流企业中的应用。鉴于射频识别技术的优势，RFID 技术已被广泛用于物流、交通运输、工业自动化、安全认证、身份识别等众多领域。最广泛的应用是在交通运输管理（汽车和货箱身份鉴别）、路桥收费、门禁保安、自动化生产和货物标签等方面。其他运用包括工具识别、人员监控、包裹和行李分类、车辆监控、物料跟踪和货架识别等。

1）高速公路自动收费及交通管理。目前，我国的高速公路发展迅速，但是人工收费系统常造成交通堵塞。在高速公路中运用 RFID 技术，可有效地解决这个问题，它能在携带标签的车辆高速通过收费站的同时自动完成收费。例如，我国香港的车辆自动识别系统——驾易通，采用的主要技术就是射频识别技术。目前我国香港已经有约 8 万辆汽车装上了电子标签，装有电子标签的车辆通过装有射频扫描器的专用隧道、停车场或高速公路路口时，无需停车缴费，大大提高了行车速度。

2）生产线自动化。在生产流水线上应用 RFID 技术可实现自动控制，提高了生产效率，改进了生产方式，节约了成本。例如，德国宝马汽车公司在装配流水线上应用射频技术，实现了由用户定制产品的生产方式。他们在装配流水线上安装 RFID 系统，采用可重复使用、带有详细的汽车定制要求的标签，在每个工作点都设有读写器，以保证汽车在每个流水线工作站上都能按定制要求完成装配任务，从而得以再装配出上百种不同款式和风格的宝马汽车。

3）仓储管理。在仓储管理中应用 RFID 系统，实现了实时货位查询和货位动态分配功能，大幅度减少了查找货位信息的时间，提高了查询和盘点精度，大大加快了出、入库单的流转速度，从而大幅度提高了仓储运作与管理的工作效率，增强了信息处理能力，满足了现代物流管理模式下仓储管理系统的要求。使用远距离射频识别系统时，可在货物仓库的库区内设置一定数量的信号发射和接收装置，从而使得整个库区被覆盖在一个完整的控制网络之下。当携带有射频标签的货物（一般为大型和重要货物）进入射频天线工作区后，射频标签被激活，标签内的数据如：生产厂家、货品名称、数量、批号、发货地址和目的地址等，都通过标签上的发射天线被发射出去，系统的接收天线接收到此数据信号后通过传输线传送给阅读器，经阅读器解码和校验后输入到计算机中。通过这种方式，此商品的全部信息被计算机的数据库完整而准确地记录下来。只要货物不离开库区，不论其在库区内哪一个区域移动，该货物的所有信息均可在计算机的监控之下，如货物在库区中的位置、进入库区的时间、调出库区的时间等，计算机都有准确的记录。这种系统比传统的条形码管理方式更加方便、准确、快捷、灵活，同时也保证了货物的安全性。

5．GPS 技术

（1）GPS 的概述。全球定位系统（Global Positioning System，简称 GPS）是利用分布在约 2 万公里高空的多颗卫星对地面目标的状况进行精确测定以进行定位、导航的系统，主要用于车辆、船舶和飞机的导航，对地面目标的精确定时和精密定位，地面及空中交通管制，空间与地面灾害监测等。GPS 在物流领域可以应用于汽车自定位、跟踪调度，用于铁路运输管理，用于军事物流。

GPS 系统与其他定位系统相比主要的特点有：

1）全球连续定位。该系统能为全球任何地点或近地用户提供连续的全球导航服务。

2）定位精度高。GPS 系统能为各种用户提供多维导航信息，即三维定位装置信息、三维速度信息和精确的时间信息。试验表明，定位误差低于 10 m，计时误差低于 1μs。

3）接近实时定位。该系统所需的定位时间极短，从开机冷启动到捕获到卫星，直至精密定位，最长时间为 30 s，而每次定位刷新时间只需 1 s 或 0.5 s。

4）抗干扰能力强。GPS 系统采用扩频调制技术和相关接收技术，从而使用户的接收机系统具有抗干扰能力强、保密性好等特点。

5）被动性全天候导航。用户只要装备接收装置就可以接受系统的信号进行导航定位，不要求用户发射任何信号，因而体积小而灵活，这种被动式导航不仅隐蔽性好，而且可以容纳无限的用户。

（2）GPS 在物流信息管理中的应用。GPS 以其全球性、实时性、全天候、连续、快速和高精度的特点，在物流领域得到日益广泛的应用，具体表现在以下几个方面。

1）汽车定位。无线数据通信技术配合 GPS 定位技术，可以用于智能交通管理，对移动中的车辆进行实时的监控和调度。安装在车辆上的定位仪器可以实时获取车辆的位置信息，包括纬度、速度、方向等。通过车辆无线数据通信系统，将车辆的位置信息以短消息方式传送到指挥监控中心，并显示在电子地图上。同样，无线车辆终端也可以将指挥中心的命令传送到移动的车辆上，实现汽车的定位。

2）跟踪调度。在运输中，利用移动计算机与 GPS/GIS 车辆信息系统互联，可使得整个运输车队在运行中都受到中央调度系统的控制。中央调度系统可以对车辆的位置、状况等进行实时的监控，利用这些信息对车辆进行优化配置和调遣，可极大地提高运输工作效率，同时也能够加强成本控制。另外，通过将车辆载货情况及到达目的地的时间预先通知下游单位配送中心或仓库等，有利于下游单位合理地配置资源、安排作业，从而提高运营效率，节约物流成本。

3）航运管理。在我国，GPS 最先应用于海洋运输的船舶导航。GPS 技术的应用能有效地改善航运行政管理，提升航运生产管理的科技含量，对加强水上安全管理、提升船舶安全意识，提高航运企业效益起到了积极的推动作用，从而促进航运行业生产力的发展。

4）航空管理。GPS 在航空管理中的应用主要体现在航路导航、进场着陆及空中交通管制三大方面，包括海洋区空域航路、内陆空域航路、终端区导引、进场/着陆、机场场面监视和管理、特殊区域导航等具体内容。

5）铁路运输管理。我国铁路部门开发的基于 GPS 的计算机管理信息系统，可以通过 GPS 和计算机网络实时收集全路列车、机车、车辆、集装箱及所运货物的动态信息，可实现列车、货物的追踪管理。只要知道货车的车种、车型、车号，就可以立即从近 10 万公里的铁路网上流动着的几十万辆货车中找到该货车，还能得知这辆货车现在何处运行或停在何处，以及所有的车载货物发货信息。铁路部门运用这项技术可大大提高其路网经营的透明度，为货主提供更高质量的服务。

6）军事物流。在军事物流中，如后勤装备的保障等方面，GPS 的应用相当普遍，尤其是在美国，其在世界各地驻扎的大量军队无论是在战时还是在平时都对后勤补给提出很高的要求。在战争中，如果不依赖 GPS，美军的后勤补给就会变得一团糟。美军在 20 世纪末的地区冲突中就是依靠 GPS 和其他顶尖技术，实现了强有力的、可靠的后勤保障。

6．GIS 技术

（1）GIS 的概述。地理信息系统（Geographical Information System，简称 GIS）

是多种学科交叉的产物，它以地理空间数据为基础，采用地理模型分析方法，适时地提供多种空间的和动态的地理信息，是一种为地理研究和地理决策服务的计算机技术系统。其基本功能是将表格型数据（无论它来自数据库、电子表格文件或直接在程序中输入）转换为地理图形显示，然后对显示结果浏览、操作和分析。其显示范围可以从洲际地图到非常详细的街区地图，显示对象包括人口、销售情况、运输线路和其他内容。

GIS 是由计算机硬件系统、计算机软件系统、地理数据（或空间数据）、管理人员和用户组成的，其核心部分是计算机硬件和软件系统，空间数据反映了 GIS 的地理内容，而管理人员和用户则决定了系统的工作方式和信息表示方式。

1）计算机硬件系统。硬件的性能影响到处理速度，使用是否方便及可能的输出方式。包括计算机系统、数据输入设备、数据存储设备、数据输出设备、数据传输设备。

2）计算机软件系统。为了实现复杂的空间数据管理功能，GIS 需要有与硬件环境相配套的多种软件功能模块。在软件层次上需要有系统软件、基础软件、基本功能软件、应用软件等多层次体系。根据 GIS 的功能可划分为计算机系统软件和基础软件、数据输入子系统、数据编辑子系统、空间数据库管理系统、空间查询与空间分析系统、数据输出子系统。

3）空间数据。空间数据是指以地球表面空间位置为参照的自然、社会和人文经济景观数据，可以是图形、图像、表格和数字等。GIS 的空间数据主要包括：实体在某个已知坐标系中的位置、实体间的空间位置、与几何位置无关的属性。

4）人员。人是 GIS 中最重要的组成部分。开发人员必须定义 GIS 中被执行的各种任务，开发处理程序。熟练的操作人员通常可以克服 GIS 软件功能的不足，但是最好的软件也无法弥补操作人员对 GIS 的一无所知所带来的负作用。

（2）GIS 在物流企业信息管理中的应用。GIS 在物流领域得到日益广泛的应用，具体表现在以下几个方面：

1）提供跟踪服务。通过运用 GPS 和 GIS，实时跟踪车辆、货物的运动，及时确定所在的准确位置，这项技术正在道路运输，特别是物流配送中得到越来越广泛的应用。车辆跟踪是通过全球移动通信网络的短消息服务，进行数据连接，车辆上安装的设备有 GPS 信号接收仪、一个调制解调器和一个呼叫控制器，而地面站由地面调制解调器和 GPS 工作站组成。通过空间的卫星通信能在 GPS 工作站的电子地图上显示出车辆当前的位置和当时的速度。监控中心在了解车辆目前的运行状况和所处的地理位置后，利用短消息或语音的方式对车辆进行合理调度。还能把车辆运行的轨迹在电子地图上进行回放。

2）紧急情况下的路线安排。在时间紧迫的情况下，找出可替代的行车线路。在许多城市地区，由于交通情况复杂多变（如某路段上临时发生交通阻塞），适时地为司机提供更多的信息可以减轻交通拥挤，提高驾驶安全性并尽快达到目的。如对时间敏感的物料获取、加工和配送活动，一个基于 GIS、为时间紧迫型物流而设计的、在交通拥挤时能发出最短路径的决策支持软件系统，可凭借精确细致的临时解决方案，预测道路网的交通量，并根据货物的最迟到达时间和目的地，找出车辆的最佳出发时间和行驶路线。

3）仓库（超市）的合理选择。运用适当的软件，结合相应的空间和属性数据，如一个地区的人口、人均收入、年龄分布、驾车时间等，综合这几个图层，可以得出仓库或超市的最佳地址。

4）综合物流分析。GIS 应用于物流分析，主要就是指利用 GIS 这种特有的强大的地理数据处理功能来完善物流分析工作。利用 GIS 在处理空间数据、多层分析、强大的地理图形和图形处理功能等领域的优势对物流过程相关数据进行深度分析，为物流过程参与各方提供决策依据。

7. 电子自动订货系统（EOS）

电子自动订货系统（Electric Ordering System，简称 EOS）是零售业与批发业之间通过增值网或互联网和终端设备以在线联结（On-Line）方式将各种信息从订货到接单，用计算机进行处理的系统。

EOS 系统并非单个的零售店与单个的批发商组成的系统，而是许多零售店与许多批发商组成的大系统的整体运作方式。EOS 系统基本上是在零售的终端利用条形码阅读器获取准备采购的商品条形码，并在终端机上输入订货资料；利用电话线通过调制解调器传到批发商的计算机中；批发商开出提货传票，并根据传票同时开出拣货单，实施拣货，然后依据送货传票进行商品发货；送货传票上的资料便成为零售商的应付账款资料及批发商的应收账款资料，并传送到应收账款的系统中去；零售商对送到的货物进行检验后，便可以陈列与销售了。

EOS 按应用范围可分为企业内的 EOS（如连锁店经营中各个连锁分店与总部之间建立的 EOS 系统），零售商与批发商之间的 EOS 系统及零售商、批发商和生产商之间的 EOS 系统。EOS 的基本框架如图 10-7 所示。

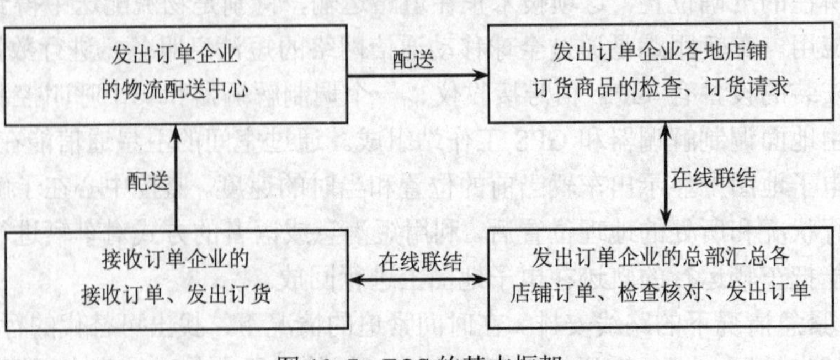

图 10-7 EOS 的基本框架

EOS 系统能及时准确地交换订货信息，它在企业物流管理中的作用如下：

（1）对于传统的订货方式，如上门订货、邮寄订货、电话、传真订货等，EOS 系统可以缩短从接到订单到发出订货的时间，缩短订货商品的交货期，减少商品订单的出错率，节省人工费。

（2）有利于减少企业的库存水平，提高企业的库存管理效益，同时也能防止商品特别是畅销商品缺货现象的出现。

（3）对于生产厂家和批发商来说，通过分析零售商的商品订货信息，能准确判断畅销商品和滞销商品，有利于企业调整商品生产和销售计划。

（4）有利于提高企业物流信息系统的效率，使各个业务信息子系统之间的数据交换更加便利和迅速，丰富企业的经营信息。

小思考 10－5

企业在应用 EOS 系统时应注意哪些问题？

答：企业在应用 EOS 系统时应注意：

（1）订货业务作业的标准化，这是有效利用 EOS 系统的前提条件。

（2）商品代码的设计。在零售行业的单品管理方式中，每一个商品品种对应一个独立的商品代码，商品代码一般采用国家统一规定的标准。对于统一标准中没有规定的商品则采用本企业自己规定的商品代码。商品代码的设计是应用 EOS 系统的基础条件。

（3）订货商品目录账册（Order Book）的制作和更新。订货商品目录账册的设计和运用是 EOS 系统成功的重要保证。

（4）计算机及订货信息输入和输出终端设备的添置与 EOS 系统设计是应用 EOS 系统的基本条件。需要制定 EOS 系统应用手册并协调部门间、企业间的经营活动。

8．销售时点信息系统（POS）

销售时点信息系统（Point of Sale，简称 POS）是指通过自动读取设备（如收银机）在销售商品时直接读取商品销售信息（如商品名、单价、销售数量、销售时间、销售店铺、购买顾客等），并通过通信网络和计算机系统传送至有关部门进行分析加工以提高经营效率的系统。POS 系统最早应用于零售业，以后逐渐扩展至其他如金融、旅馆等服务行业，利用 POS 系统的范围也从企业内部扩展到整个供应链。

商业 POS 系统分为硬件和软件两部分。

硬件是一个计算机网络系统，既可以是集中式的大系统，也可以用微型机连成局域网，这要视商场的规模、信息量、处理量和资金投入而定，但大致可分为以下三大组成部分，如图 10-8 所示。

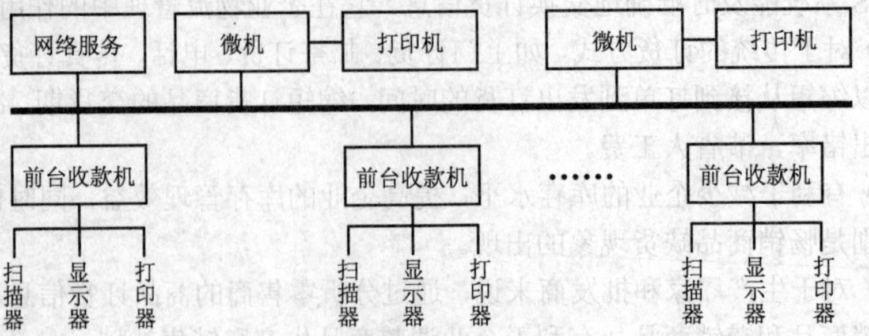

图 10-8　商业 POS 系统硬件组成示意图

1）前台收款机：可采用具有顾客显示屏和票据打印机、条形码扫描器的 POS 机型。条形码扫描器可根据商品的特点选用手持式或台式，以提高数据录入的速度和可靠性。

2）网络服务：目前我国大多数商场一般内部信息的交换量很大，而对外的信息交换量则很小，因此，计算机网络系统应采用以高速局域网为主、电信系统提供的广域网为辅的整体网络系统。

3）硬件平台：大型商业企业的商品进、存、调、销的管理复杂，账目数据量大，且需频繁地进行管理和检索，选择较先进的客户机 / 服务器结构，可大大提高工作效率，保证数据的安全性、实时性及准确性。

软件系统是商业 POS 系统的核心部分，从根本上说，它仍属于管理信息系统（MIS）的范畴，MIS 的三个层次：操作层、管理层、决策层，对于商业 POS 系统同样适用，但人们更习惯把商业 POS 系统的软件分为前台和后台两个部分，如图 10-9 所示。

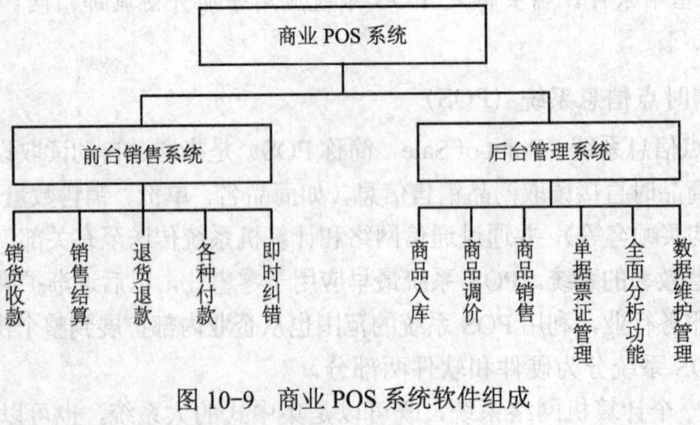

图 10-9　商业 POS 系统软件组成

1）前台销售系统应具有的功能：

日常销售。完成日常的售货收款工作，记录每笔交易的时间、数量、金额，进行销售数据输入操作。如果遇到条形码不识读等现象，系统应允许手工输入条形码号进行价格查询。

交班结算。进行交班收款员交班的收款小结、大结等工作，计算并显示出本班交班时的现金及销售情况，统计并打印收款机全天的销售金额及各售货员的销售额。

退货。退货功能是日常销售的逆操作。为了提高商场的商业信誉，更好地为顾客服务，在顾客发现商品出现问题时，允许顾客退货。此功能记录退货时的商品种类、数量、金额等，以便于结算管理。

各种付款方式。可支持现金、支票、赊账等不同的付款方式，以方便各类不同的顾客要求。

即时纠错，在销售过程中出现的错误能够立即修改更正，保证销售数据和记录的准确性。

2）后台管理软件应具有的功能：

商品入库管理。对入库的商品进行输入登录，建立商品数据库，以实现对库存的查询、修改、生成报表及商品入库验收单的打印等功能。

商品调价管理。由于某些商品的价格随季节和市场等情况而变动，本系统应能提供对这些商品进行调价的管理功能。

商品销售管理。根据商品的销售记录，实现商品的销售、查询、统计、报表等管理，并能对各收款机、收款员、售货员等进行分类统计管理。

单据票证管理。实现商品的内部调拨、残损报告、变价调动、仓库验收盘点报表等各类单据票证的管理。

报表打印管理。实现商品销售过程中各类报表的打印等管理功能。

完善的分析功能。POS 系统的后台管理软件应能提供完善的分析功能，分析内容涵盖进、销、调、存过程中的所有主要指标、同时以图形和表格方式提供给管理者。

数据维护管理。实现收款机、收款员的编码、口令管理，支持各类权限控制，具有对本系统所涉及的各类数据进行备份，交易断点的恢复功能。

10.2.3　物流企业管理信息系统

1．物流企业管理信息系统的概述

物流企业管理信息系统是由人员、计算机硬件、软件、网络通信设备及其他办公设备组成的人机交互系统，其主要功能是进行物流信息的收集、存储、传输、加工整理、维护和输出，为物流管理者及其他组织管理人员提供战略、战术及运作决策的支持，以达到组织的战略优化，提高物流运作的效率与效益。

物流管理信息系统是建立在物流信息的基础上的，只有具备了大量的物流信

息，物流信息系统才能发挥作用。在物流管理中，人们要寻找经济、有效的方法来克服生产和消费之间的时间距离和空间距离，就必须传递和处理各种与物流相关的情报，这种情报就是物流信息。它与物流过程中的订货、收货、库存管理、发货、配送及回收等职能有机地联系在一起，使整个物流活动顺利进行。

2．物流管理信息系统的功能

物流管理信息系统是物流系统的神经中枢，它作为整个物流系统的指挥和控制系统，可以分为多种子系统或者多种基本功能。通常，可以将其基本功能归纳为以下几个方面：

（1）数据的收集和输入。物流数据的收集首先是将数据通过收集子系统从系统内部或者外部收集到预处理系统中，并整理成为系统要求的格式和形式，然后再通过输入子系统输入到物流信息系统中。这一过程是其他功能发挥作用的前提和基础，如果一开始收集和输入的信息不完全或不正确，在接下来的过程中得到的结果就可能是与实际情况完全相左，这将会导致严重的后果。因此，在衡量一个信息系统的性能时，应注意它收集数据的完善性、准确性，以及校验能力、预防和抵抗破坏能力等。

（2）信息的存储。物流数据经过收集和输入阶段后，在其得到处理之前，必须在系统中存储下来。即使在处理之后，若信息还有利用价值，也要将其保存下来，以供以后使用。物流信息系统的存储功能就是要保证已得到的物流信息能够不丢失、不走样、不外泄、整理得当、随时可用。要考虑到存储量、信息格式、存储方式、使用方式、存储时间、安全保密等问题。如果这些问题没有得到妥善的解决，信息系统是不可能投入使用的。

（3）信息的传输。物流信息在物流系统中，一定要准确、及时地传输到各个职能环节，否则信息就会失去其使用价值。物流管理信息系统在实际运行前，必须要充分考虑所要传递的信息种类、数量、频率、可靠性要求等因素。只有这些因素符合物流系统的实际需要时，物流管理信息系统才是有实际使用价值的。

（4）信息的处理。物流管理信息系统的最根本目的就是要将输入的数据加工处理成物流系统所需要的物流信息。数据和信息是有所不同的，数据是得到信息的基础，但数据往往不能直接利用，而信息是通过数据加工得到的，它可以直接利用。只有得到了具有实际使用价值的物流信息，物流信息系统的功能才能发挥作用。

（5）信息的输出。信息的输出是物流管理信息系统的最后一项功能，也只有在实现了这个功能后，物流信息系统的任务才算完成。信息的输出必须采用便于人或计算机理解的形式，在输出形式上力求易读易懂、直观醒目。

这五项功能是物流管理信息系统的基本功能，缺一不可。而且，只有五个过程都没有出错，最后得到的物流信息才具有实际使用价值，否则会造成严重的后果。

3．物流管理信息系统的功能结构

物流管理信息系统应包括的功能子系统有物品管理子系统、存储管理子系统配送管理子系统、运输与调度子系统、客户服务子系统、财务管理子系统、人力资源管理子系统、质量管理子系统等，如图 10-10 所示。

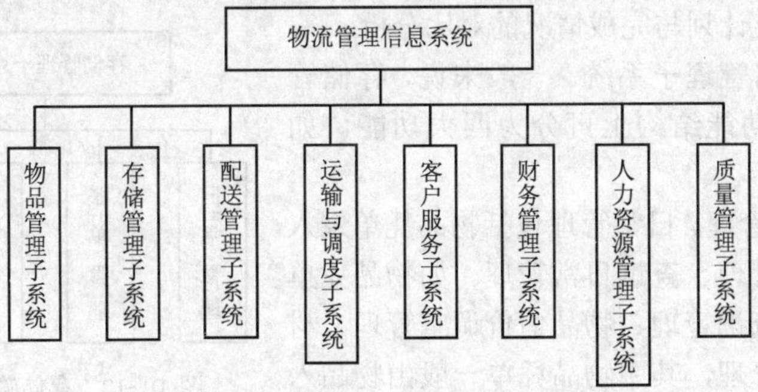

图 10-10　物流管理信息系统功能结构

下面将主要介绍物品管理子系统、存储管理子系统、配送管理子系统、运输与调度管理子系统和客户服务子系统的功能。

(1) 物品管理子系统。物品管理子系统覆盖的范围相当广泛，从物品的采购计划、审批、物品采购合同、合同执行情况的跟踪反馈，到物品到货入库、物品发货、结算与统计，全部都要通过这个物品管理子系统进行调度管理。

物品管理子系统由下列四个部分组成：采购计划管理、采购合同管理、物品出入库管理、物品进销存查询，如图 10-11 所示。

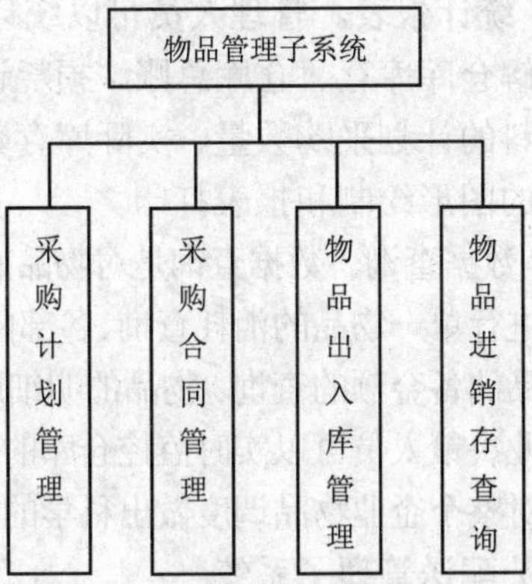

图 10-11　物品管理子系统

1）采购计划管理。采购计划管理的主要任务是用来产生物品采购计划，供物品采购者使用。主要功能有计划编制和选择、计划审核、查询修改及报表打印，根据需要对物品的采购进行合理安排，其中计划编制是辅助半结构化决策。

2）采购合同管理。采购合同管理的主要功能是管理物品及设备的采购合同。该模块有下列几个主要功能：合同生成、合同录入、查询修改、合同审核、合同处理及报表打印，可以完成全部合同的产生、输入、修改、查询、审核及打印等任务。对于合同的处理执行情况，应付款、已付款和未完成合同的各项统计可以做到一目了然。

3）物品出入库管理。出入库管理含有单据录入、查询、修改、调整、统计报表输出、打印、自检及月结算等功能。在物品入库后可以根据不同的物品属性，以及出入库条件进行查询和修改，同时可以对不同的库存情况进行及时调整，并且可以根据需要产生一些管理及结算报表供打印输出或预览，一定时间后可以对指定日期前的数据进行结算，准确反映物品的价值和数量等。

4）物品进销存查询。物品进销存查询功能提供物品管理子系统所覆盖业务的信息查询及计划与完成情况的对比分析。

（2）存储管理子系统。一般来说，存储管理子系统从功能结构上可分为四大功能，如图 10-12 所示。

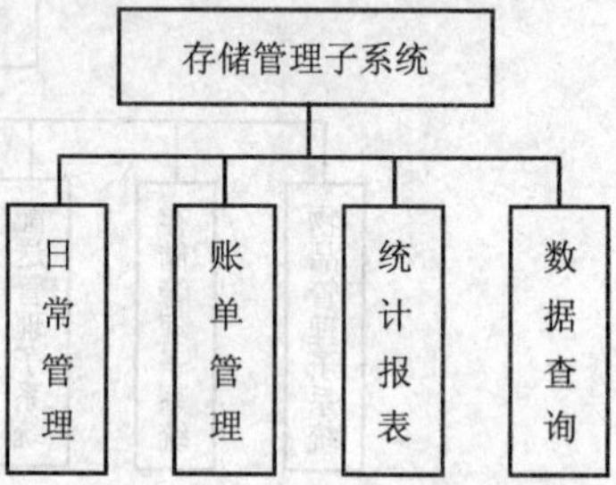

图 10-12　存储管理子系统

1）日常管理。日常管理包括物品凭单录入管理、冲账管理、查询日常管理。如物品凭单录入管理、查询管理、物品估价调整管理、材料修理凭单管理，其中物品凭单一般由物品入库单、物品出库凭单、销售出库凭单、报废出库凭单、委托加工出库凭单、物品库存调整凭单等组成。

2）账单管理。对仓库的使用资金账单进行管理，有利于领导和仓库管理人员了解并掌握仓库资金的调度。

3）统计报表。管理人员可以统计各种物品的出入库及使用情况，并具有进一步了解仓库库存、仓库总账、损耗误差、物品活动及材料进货情况，以及统计各种材料的计划采购数量、实际库存数量和总的库存数量等操作的功能，并可完成相应的图形绘制和报表打印。

4）数据查询。数据查询是对物品的消耗、库存数量和物品修理费支出的查询。可分别进行单一物品的消耗查询、各部门消耗物品的查询、各类物品消耗金额的查询、各类物品储备金额的查询、物品的明细库存查询、各部门支付物品修理费的查询。据此，企业决策人员可以实时监控仓库的储备金额和各部门使用材料的情况，并及时、准确地对整个企业物品调度做出科学的决策。

（3）配送管理子系统

配送管理子系统的主要功能结构如图 10-13 所示。

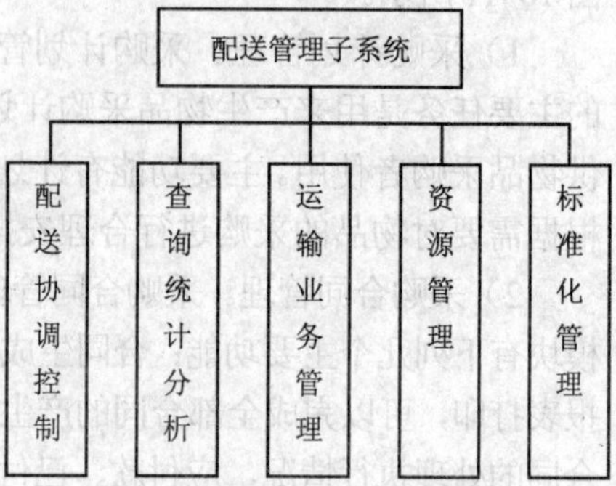

图 10-13　配送管理子系统

1）配送协调控制。分拣配货是配送的独特要求，特别是在共同配送中（多个货主货物同时配送运输），系统将根据货物的品种、目的地顺序、货主要求的送货时间等因素实现自动配载，选择最优行车线路，实时监控、调度整个运输网络。

2）查询统计分析。为总部、事业部、财务部等部门分级设立查询统计功能，可实时查看到整个配送中心的数据状况。

3）运输业务管理。此模块实现对运输配送活动过程的管理。包括货主订单管理、为货物投保、车辆调度、在途监控、货物到达签收及费用结算等。

4）资源管理。配送中心各类数据信息的管理，包括合同、客户资源、运输人、车辆、司机信息的管理及道路信息和运费的管理。

5）标准化管理。此模块包括货物分类代码管理，货物基本信息、城市信息管理及岗位人员信息维护和费用名目管理。

（4）运输与调度管理子系统。运输与调度管理子系统的主要功能结构如图10-14所示。

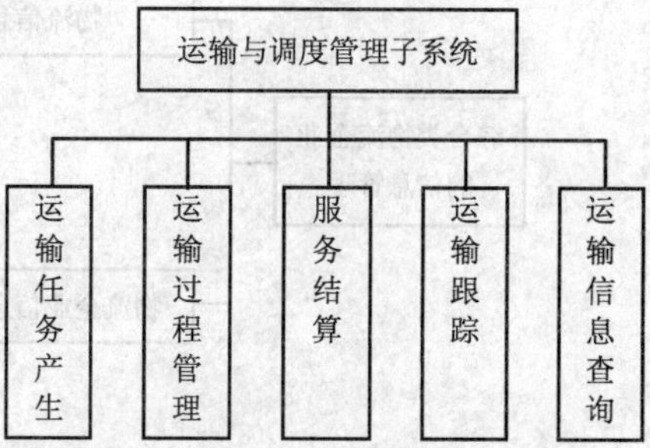

图10-14　运输与调度管理子系统

1）运输任务产生。根据起运地和到达地生成运输任务，对每一个承运公司生成运输任务交接单，同时打印装箱单、运单和运输标记，系统支持条形码输出。

2）运输过程管理。对于未完成的运输任务进行状态更新，生成各种统计报表，同时记录每一单的运费。

3）服务结算。对每一个承运公司进行运费结算，生成结算报表。承运公司通过互联网查询本公司的运输费用结算信息。

4）运输跟踪。利用GPS及GIS技术进行运输跟踪和车辆导航，跟踪车辆与货物的运输情况。

5）运输信息查询。对所有的运输任务进行查询，包括该运输任务的货物细目、在运和到达状态、签收和运费等情况。

（5）客户服务子系统。客户服务是物流公司和客户之间的接口和桥梁，也是物流公司进行采购、发货和运输的依据，它是现代物流的基本元素，也是物流企业提高服务水平和企业竞争能力的有效手段。客户服务子系统如图10-15所示。

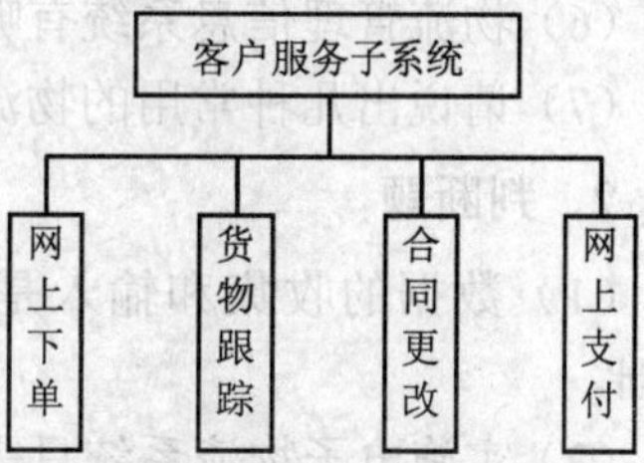

图10-15　客户服务子系统

1）网上下单。客户可以通过网络下单，将自己的物品需求品种、数量和时间发送给物流公司，同时物流公司也可以通过网络向供应商发出订货请求。

2）货物跟踪。客户可以通过物流公司的网络实时跟踪自己的货物状态。

3）合同更改。客户可以通过网络及时更改合同的内容，物流公司根据客户更改后的合同及时调整采购和运输计划，承运公司通过互联网对承运的运输任务进行状态更新。

4）网上支付。物流公司可以通过网络与客户和供应商进行网上支付，客户也可以在网上查询其费用。当然，网上支付还需要银行的配合和相应的法律、法规的支持。

本章知识结构图

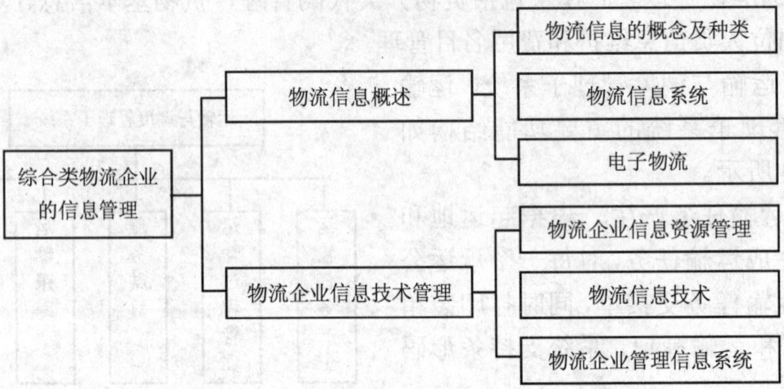

复习与训练

一、基本训练

1. 讨论题

（1）简述物流信息的种类。

（2）物流信息系统的类型有哪些？

（3）什么是电子物流？有何特点？

（4）物流信息资源管理的内容主要有哪些？

（5）简述条形码技术在物流中的应用。

（6）物流管理信息系统有哪些功能？

（7）请说出几种常用的物流信息技术。

2. 判断题

（1）数据的收集和输入是物流管理信息系统其他功能发挥作用的前提和基础。（ ）

（2）实施电子物流系统只需要关注物流企业内部即可，无需关注上下游相关企业。（ ）

（3）在物流信息资源管理中，所有的物流信息都可以在供应链中共享。

（　）

（4）条码技术是一种自动识别技术，即信息采集技术。（　）

（5）不同的物流企业其物流信息系统的功能模块也可以不同。（　）

3．选择题

（1）信息资源管理的英文简称是（　　）。

A．SRM　　B．IRM　　C．CRM　　D．EDI

（2）条形码用于表达特定信息的区域是（　　）。

A．静区　　B．起始符　　C．数据符　　D．终止符

（3）EDI指的是（　　）。

A．电子转账支付　　B．电子物流

C．销售时点系统　　D．电子数据交换

（4）下列关于GPS的说法错误的是（　　）。

A．全球连续定位　　B．定位精度高

C．接近实时定位　　D．容纳有限的用户

（5）需要地理空间数据为基础的信息技术是（　　）。

A．GPS　　B．GIS　　C．POS　　D．EOS

4．技能题

（1）某个综合性物流企业需要开发信息管理系统，为其做一个功能模块方面的规划。

实训目的：通过功能模块的规划和设计，了解综合类物流企业的业务范围、物流环节及企业管理模式，同时初步了解管理信息系统的开发步骤。

实训要求：参观一个综合类物流企业，或上网搜集资料。要求设计出的功能模块层次清晰、结构合理，符合物流企业的实际状况。

（2）走访几家物流企业，了解物流信息技术的应用状况，撰写一篇报告。

实训目的：通过实地了解物流企业信息技术的应用状况，加深对物流信息技术的理解，能够就物流企业存在的问题提出建设性的意见。

实训要求：制定访问计划，有针对性地了解相关信息，了解企业在运用信息技术时存在的问题，结合所学知识，查阅相应的资料。

二、综合实训

实训项目：物流信息软件仿真实训

1．实训目的

（1）使学生熟悉物流企业各个岗位的职责，掌握物流信息传递中各个环节的

连接方法，熟悉物流信息和单据流程。

（2）根据需要将学生分成不同角色（仓管员、运管员、配送员、综合管理员）。

（3）准确进行物流信息传递。

（4）利用物流信息系统对仓储、运输和配送资源进行整合管理。

（5）训练学生使用电子计算机系统管理物流，为以后适应计算机化管理物流的工作打下基础。

2．实训内容

（1）使用一体化物流仿真软件。

（2）模拟运输协管员，对车辆、运输货物根据预先设定的内容进行管理。

（3）模拟仓管员，对仓库货位、库存物资根据预先设定的内容进行分析、控制。

（4）模拟配送管理员，对配送车辆、配送货物、配送地点根据预先设定的内容进行决策和实施。

（5）利用物流仿真软件进行物流资源综合调度训练。

3．实训要求

（1）要求在4课时内完成。

（2）一人一机。

（3）撰写实践报告

4．注意事项

（1）模拟实际操作，各步骤之间结合紧密。

（2）最后结果相互进行对照。

（3）一次操作完成后，互换角色进行第二次操作。

三、案例分析

A公司是一家世界知名企业，曾经由于生产与物流环节不畅，出现了多年库存积压的现象。后来引入信息化管理手段，建立了一个全新的信息化物流管理系统，A公司将过去的“缺陷”变成了“特长”。

一、自己量身定造信息系统

经过认真的市场调查和专家咨询以后，A公司下属的物流公司发现找不到用于汽车外销的信息系统软件，最后只好自己设计开发，之后便推出了专门为出口物流提供合作物流操作的全新物流电子信息系统，把汽车制造、零售商、汽车部件生产商、承包商、托运人、承运人和运输公司全部联结在一起。因为物流公司看到，全球物流运作过程中大量的原材料、半成品、零部件和产成品均承受着沉重的费用负担。同时客户对物流提出越来越高的标准，迫切要求供应商随时提供有关订货情况和所需货物的实时信息。解决这些问题的关键在于提供实物分销或者供应运作的信息，还有就是传递这种信息的能力。物流公司的配送应用信息系统是一种覆盖面非常广泛的出口物流信息系统网站，从汽车生产流水线车间到交货地点，出口链上的所有部门和外商合伙人都能访问该网站的电子商贸平台，确保供应链的透明度。

二、保持与客户和合作伙伴从头到尾的紧密联系

物流公司不仅要与新老客户保持密切的联系，而且还要提供汽车从订货到交货的一条龙服务。在通常情况下，一些大型的汽车制造厂商会专门设立负责听取消费者投诉和提供售后服务的客户服务部，或者信息技术部门，但是A公司自从推出信息网络和数字交换系统以后，所有的售后服务和消费者投诉的受理全部由网络信息系统解决。通过该系统可以对每辆汽车进行跟踪和监督，取得有关数据。系统可以把生产厂商提供的产品、客户的订货和市场销售系统有机地结合起来，使得汽车零售商能够通过系统互联网络，清楚地了解新型汽车产品的信息。与此同时，A公司的配送系统随时向承运人和其他有关运输公司提供信息。每当汽车零售商把客户的订单输入信息系统后，有关汽车从生产、装配、包装、运输一直到交货的每一步都可以安排好。物流公司通过网络与多家承运人保持密切的联系，具有多种运输方式可供选择，有足够的能力优化组织交货。

由于现在A公司基本上都由网络信息系统指导，过去曾有过的库存积压的现象已经不复存在。在过去的几年中，物流公司在联合承包和提供物流服务等方面积极开展与其他汽车生产厂商的合作，信息化的物流管理系统，无疑为A公司良好地监控与合作伙伴的业务联系，提供了良好的基础。

问题：

1．促使A公司开发信息化的物流管理系统的因素有哪些？自己量身定造管理信息系统有什么好处？

2．该信息系统的运用对客户和合作伙伴有何意义？

参考文献

[1] 斯蒂芬 S 罗宾斯．管理学[M]．黄卫伟，等译．北京：中国人民大学出版社，1996.

[2] 何明珂．物流系统论[M]．北京：高等教育出版社，2004.

[3] 马士华，林勇．供应链管理[M]．北京：高等教育出版社，2006.

[4] 李伊松，易华．物流成本管理[M]．北京：机械工业出版社，2007.

[5] 黄中鼎．现代物流管理[M]．上海：复旦大学出版社，2008.

[6] 罗纳德·巴罗．企业物流管理——供应链的规划、组织和控制[M]．王晓东，胡瑞娟，等译．北京：机械工业出版社，2002.

[7] 唐纳德·鲍尔索克斯，戴维·克劳斯，比克斯比·库珀．供应链物流管理[M]．李习文，等译．北京：机械工业出版社，2004.

[8] 周三多，陈传明，鲁明泓．管理学——原理与方法[M]．上海：复旦大学出版社，1999.

[9] 李虹．物流企业组织结构创新与设计[J]．江苏商论，2005（5）：34-36.

[10] 李敏，刘云．基于流程的传统储运型物流企业组织结构研究[J]．交通企业管理，2009（1）：54-55.

[11] 郑雄．物流企业组织结构模式创新[J]．合作经济与科技，2008（6）：34-35.

[12] 孙健．海尔物流[M]．广州：广东经济出版社，2003.

[13] 郜振廷．海尔物流创新模式：一流三网[M]．北京：中国时代经济出版社，2003.

[14] 丁立言，张铎．物流企业管理[M]．北京：清华大学出版社，2000.

[15] 朱占峰．物流企业管理[M]．武汉：武汉理工大学出版社，2000.

[16] 方虹．物流企业管理[M]．北京：高等教育出版社，2000.

[17] 崔国成，黄雪峰．现代物流企业管理[M]．武汉：武汉理工大学出版社，2008.

[18] 张根东．管理学原理[M]．兰州：甘肃人民出版社，2008.

[19] 宋香去．管理学原理[M]．北京：中国传媒大学出版社，2008.

[20] 沈默．现代物流案例分析[M]．南京：东南大学出版社，2006.

[21] 赵涛．物流企业经营管理：理论、案例、制度、实务[M]．北京：北京工业大学出版社，2006.

[22] 邓爱民，沈文．国内外物流经典案例[M]．北京：人民交通出版社，2001.

[23] 沙丁．“物流企业分类与评估指标”国家标准五月起实施[J]．中国储运，2005（6）：61-65.

[24] 彭云飞，邓勤．现代物流管理[M]．北京：机械工业出版社，2009.

[25] 宋建阳．企业物流管理[M]．北京：电子工业出版社，2005.

[26] 苏雄义．企业物流总论——新竞争力源泉[M]．北京：高等教育出版社，2003.

[27] 查先进．物流与供应链管理[M]．武汉：武汉大学出版社，2005.

[28] 缪兴锋，秦明森．物流运筹学方法[M]．广州：华南理工大学出版社，2007.

[29] 钱智．物流管理经典案例剖析——物流师培训辅导教材[M]．北京：中国经济出版社，2007.

[30] 甘永生．物流企业战略定位分析浅谈[J]．交通企业管理，2007（5）：55-56．
[31] 赖菲．中小物流企业发展战略研究[J]．沿海企业与科技，2008（8）：118-119．
[32] 黄永福．论第三方物流企业的战略选择[J]．现代商贸工业，2008（11）：50-51．
[33] 施国雷．我国中小物流企业的竞争战略选择分析[J]．物流工程与管理，2009（2）：5-6．
[34] 程艳霞．动态环境下第三方物流企业竞争战略选择[J]．武汉理工大学学报——信息与管理工程版，2005（8）：235-236．
[35] 彭岩．物流企业管理[M]．北京：清华大学出版社，2009．
[36] 薛威，孙鸿．物流企业管理[M]．北京：机械工业出版社，2008．
[37] 朱新民．物流设施与设备[M]．北京：清华大学出版社，2007．
[38] 陈荣秋，马士华．生产与运作管理[M]．北京：高等教育出版社，2005．
[39] 张红波，邹安全．物流企业人力资源管理[M]．北京：中国物资出版社，2006．
[40] 张旭梅，伊辉勇．物流信息管理[M]．重庆：重庆大学出版社，2008．
[41] 苏春玲．现代物流信息技术[M]．北京：机械工业出版社，2008．
[42] 阮喜珍．生产与运作管理实务[M]．大连：东北财经大学出版社，2008．
[43] 严光伟．物流与信息技术[M]．北京：中国经济出版社，2008．
[44] 阎子刚．物流信息技术[M]．北京：高等教育出版社，2003．
[45] 张毅．现代物流管理[M]．上海：上海人民出版社，2002．
[46] 姚月娟．工作分析与应用[M]．大连：东北财经大学出版社，2007．
[47] 蒋祖星，孟初阳．物流设施与设备[M]．北京：机械工业出版社，2005．
[48] 刘丹．物流企业管理[M]．北京：科学出版社，2010．
[49] 徐维维．物流财务管理存在的问题及对策[J]．交通财会，2010（3）．
[50] 覃正宇．控股公司财务运作若干问题研究．西南财经大学学报，2001（5）．
[51] 李先富．企业集团财务运作若干问题研究．西南财经大学学报，2000（5）．
[52] 庾安勤，杨明娜．财务管理[M]．成都：电子科技大学出版社，2009．
[53] 杨春莆．财务管理[M]．武汉：华中科技大学出版社，2007．
[54] 杨紫元，刘静中，李超．财务管理[M]．开封：河南大学出版社，2007．
[55] 刘慧娟．财务管理[M]．武汉：华中科技大学出版社，2007．
[56] 崔国成，黄雪峰．现代物流企业管理[M]．武汉：武汉理工大学出版社，2008．
[57] 赵栓文，聂亦慧．财务管理学[M]．西安：西北大学出版社，2007．
[58] 曲建科，杨明．现代物流企业管理[M]．北京：中国经济出版社，2008．
[59] 俞明南，丁正平．质量管理[M]．大连：大连理工大学出版社，2005．
[60] 于晓霖．质量管理[M]．北京：中央广播电视大学出版社，2003．
[61] 龚益鸣．质量管理[M]．上海：复旦大学出版社，2006．
[62] 李晓春，曾瑶．质量管理学[M]．北京：北京邮电大学出版社，2006．
[63] 杨晓菲．基于顾客需求的物流企业质量管理研究[J]．西南交通大学学报，2007（7）．